A Punibilidade no Direito Penal

A Punibilidade no Direito Penal

2015

Walter Barbosa Bittar

A PUNIBILIDADE NO DIREITO PENAL
© Almedina, 2015

AUTOR: Walter Barbosa Bittar
DIAGRAMAÇÃO: Almedina
DESIGN DE CAPA: FBA
ISBN: 978-858-49-3032-6

Dados Internacionais de Catalogação na Publicação (CIP)
(Câmara Brasileira do Livro, SP, Brasil)

Bittar, Walter Barbosa
A punibilidade no direito penal / Walter
Barbosa Bittar. -- São Paulo : Almedina, 2015.
ISBN 978-85-8493-032-6
1. Delito (Direito penal) 2. Direito penal
3. Punibilidade (Direito penal) I. Título.
II. Série.

15-05394   CDU-343

Índices para catálogo sistemático:
1. Delito e punibilidade : Direito penal 343
2. Punibilidade e delito : Direito penal 343

Este livro segue as regras do novo Acordo Ortográfico da Língua Portuguesa (1990).

Todos os direitos reservados. Nenhuma parte deste livro, protegido por copyright, pode ser reproduzida, armazenada ou transmitida de alguma forma ou por algum meio, seja eletrônico ou mecânico, inclusive fotocópia, gravação ou qualquer sistema de armazenagem de informações, sem a permissão expressa e por escrito da editora.

Julho, 2015

EDITORA: Almedina Brasil
Rua José Maria Lisboa, 860, Conj.131 e 132 | Jardim Paulista | 01423-001 São Paulo | Brasil
editora@almedina.com.br
www.almedina.com.br

Dedicado a Deus, a minha família, aos meus professores e aos meus alunos

AGRADECIMENTOS

Para Karina, Giorgia, Paola e Maria Clara, cujo amor incondicional permitiu que mais uma empreitada em minha vida acadêmica chegasse ao final.

Aos meus queridíssimos pais, Walter e Maria José, por uma centena de motivos, mas, especialmente, pelo exemplo de garra e alegria de viver que me legaram.

Aos professores Doutores Cezar Roberto Bitencourt, Fabio Roberto D'Avila, Jose Paulo Baltazar Junior, Patrícia Faraldo Cabana e Rodrigo Sanchéz Rios pelas sugestões e críticas feitas durante minhas bancas de mestrado (As causas excludentes de punibilidade e sua repercussão na teoria do delito) e doutorado (A relevância do erro sobre a punibilidade nas causas de liberação da pena), em parte, presentes nesta obra.

Ao amigo e magistrado paranaense Alvaro Rodrigues Junior, pelas inúmeras referências bibliográficas que me remeteu quando cursou seu mestrado em Portugal, fundamentais para o embasamento da pesquisa, desde o seu início.

APRESENTAÇÃO

Já fomos honrados com convites para prefaciar (ou apresentar) algumas dezenas de livros jurídicos, inclusive de autores estrangeiros. Todos, sem exceção, muito nos gratificaram, pois além da distinção pela escolha dos autores, fomos brindados com a oportunidade de sermos os primeiros a tomar conhecimento de magníficos conteúdos, sempre enriquecedores, criados pelo mundo acadêmico, do qual temos orgulho de pertencer. Contudo, a missão, que ora cumprimos, qual seja, de *apresentar* mais um livro do Professor da Pontifícia Universidade Católica do Paraná, Walter Barbosa Bittar, supera, em grandes proporções, todas as satisfações por nós até agora experimentadas, pois traz, como acréscimo, um acervo de amizade, respeito e consideração que data desde 1.996, quando tivemos oportunidade de nos encontrarmos em aulas de um Mestrado na Universidade de Maringá. Depois, além de termos participado de sua Banca de Mestrado, voltamos a nos encontrar em aulas do Doutorado em Ciências Criminais na PUCRS, que culminaram com nossa participação em sua Banca, na qual se houve também com rara felicidade, inclusive em sua defesa oral.

Com o mesmo brilho que o caracteriza, o Professor Dr. Walter Bittar traz a lume o seu 5º livro, demonstrando sua extraordinária capacidade de produzir obras de inegáveis qualidades técnico-dogmática, a exemplo de seus quatro livros anteriores: 1º) As condições objetivas de punibilidade e as causas pessoais de exclusão de pena; 2º) A criminologia do século XXI; 3º) Delação premiada; 4º) Delação premiada, 2ª edição.

O advogado Bittar tem comprovado ao longo de sua brilhante trajetória acadêmica toda sua invejável aplicação intelectual e sua ousadia enquanto pesquisador incansável na luta infatigável pela descoberta e criação científica, não se preocupando com a dificuldade do tema ou mesmo de encontrar adequado material de pesquisa, como ocorre na presente obra, qual seja, trabalhar com a conceituação, extensão, limites e localização da **punibilidade em matéria penal.** Não ignorava, logicamente, as dificuldades das diversas concepções apresentadas pela doutrina relativamente a essa temática, podendo-se afirmar, com segurança, que rivalizam com as grandes polêmicas apresentadas pelo conceito de ação e de culpabilidade no âmbito da teoria do delito.

Criteriosamente, nosso autor estruturou seu novo livro em seis capítulos, distribuindo o estudo da matéria da seguinte forma: *a complexa questão quanto aos critérios de identificação da categoria da punibilidade; proposta de delimitação da categoria da punibilidade; a busca de fundamentação referente à existência de critérios para a unificação da categoria: a conformação das espécies do gênero punibilidade; delimitação das figuras afins, e, finalmente, as repercussões relevantes na teoria do delito.*

A doutrina, de um modo geral, reconhece a desinteligência em relação ao conceito de punibilidade e a sua disfuncionalidade na Teoria do Delito, além de sua identificação e estudo serem feitos com premissas distintas, o que não impede que, por vezes, cheguem as mesmas conclusões. A despeito da dificuldade de estabelecer toda a abrangência do termo *punibilidade*, além da grande discussão dogmática, é sempre benvinda uma tentativa de se estabelecer parâmetros sobre o alcance de tal conceito, inclusive como categoria integrante da Teoria do Delito. Nesse sentido, destaca o próprio Bittar, "Acrescente-se, ainda, a polêmica que cerca o próprio tema da punibilidade[1], ou seja, a existência de questões sempre debatidas, tais como a sua admissão (ou não), como uma categoria independente daquelas que integram o conceito de delito (objeto de análise mais detalhada no capítulo II infra) ou como pressuposto adicional adiante do injusto culpável, como requisito do fato punível[2] e, até mesmo, a possibilidade de reuni-lo em um conceito que permita restringir o objeto de estudo, quando se trata da temática 'punibilidade'...".

Não nos parece nem um paradoxo o fato de o Prof. Bittar ter escrito primeiro sobre as "causas objetivas de punibilidade", para só posterior-

---

[1] BRICOLA, Franco. *Punibilità (condizioni obiettive di). Novissimo digesto italiano.* Torino: UTET, 1976, v. XIV, p. 589.

[2] ROXIN, Claus. *Derecho penal – parte general.* Tomo I. 2. ed. Tradução de Diego-Manuel Luzón Peña; Miguel Diaz y Garcia Conlledo e Javier de Vicente Remesal. Madrid: Civitas, 1997, p. 970.

APRESENTAÇÃO

mente escrever o presente livro sobre a própria *punibilidade*, pois, a rigor, não há nenhum impedimento teórico-dogmático que se altere a ordem natural dos institutos, especialmente, por que referidos temas foram, de certa forma, objetos de sua dissertação de mestrado e, posteriormente, a *punibilidade*, de forma mais abrangente, integrou sua tese de doutorado.

No entanto, o conteúdo deste trabalho deve ser lido diretamente no livro, por isso, não nos pareceu adequado antecipá-lo neste modesto texto de apresentação desta belíssima obra, pois retiraria um pouco daquele prazer da descoberta a cada frase, a cada parágrafo que um bom texto científico- literário, como o presente, sempre nos proporciona, motivando a continuidade da leitura. Temos certeza que essa sensação será experimentada por todos aqueles que tiverem a oportunidade de manusear mais este grande trabalho do Professor Walter Bittar, que orgulha, todos nós, diga--se de passagem, com sua excelente trajetória acadêmica e profissional.

O leitor, para finalizar, tem em suas mãos um estudo profundo, criterioso, minucioso e, por que não dizer, completo sobre a *punibilidade em matéria penal*, que preenche uma grande lacuna na bibliografia brasileira, elaborado com o olhar apurado do Dr. Walter Barbosa Bittar, mas também com a atenção voltada à prática judiciária, o qual, certamente, será lido com avidez tanto na academia como no foro.

Parabéns, mais uma vez, caríssimo Professor e Advogado Dr. Walter Barbosa Bittar, pela excelência desse seu 5º livro!

Brasília, inverno de 2015.
Prof. Dr. Cezar Roberto Bitencourt

PREFÁCIO

A Revista Forense editou em 1962 a obra *Estudos de Direito e Processo Penal em homenagem a Nélson Hungria*, que fora aposentado do cargo de Ministro do Supremo Tribunal Federal, ao completar 70 anos de idade, após prestar fecunda jurisdição desde 1951. Apresentando a coletânea, o seu organizador, HELENO CLÁUDIO FRAGOSO, disse: "É esta, talvez, a mais representativa das homenagens, pois é prestada através do estudo e da pesquisa, na matéria a que o homenageado dedicou toda a sua atividade científica. Compõe-se de estudos de alto nível de alguns dos melhores penalistas do Brasil e de grandes mestres estrangeiros, que acederam ao convite que lhes foi formulado, todos assinalando, invariàvelmente, os altíssimos méritos do homenageado".[1]

O primeira artigo, "La 'ceguera jurídica' y el remanente imputable en el error de prohibición", era de autoria de LUÍS JIMÉNEZ DE ASÚA; outro, "Em tema de relações entre a Política e o Direito Penal", foi escrito por GIUSEPPE BETTIOL; enquanto REINHART MAURACH produziu notável e clara síntese sobre "Os caminhos do Direito Penal alemão ao projeto de 1960". Os autores nacionais trataram de matérias de grande repercussão na doutrina e nos tribunais, a exemplo de ANÍBAL BRUNO, "Sôbre o tipo no Direito Penal"; JOSÉ FREDERICO MARQUES deu sua valiosa contribuição ao escrever sobre o *Encerramento da formação da culpa no processo penal do Júri* ; LAERTES DE MACEDO MUNHOZ abordou "A imputabilidade e o princípio psiquiátrico-psicológico-jurídico, enquanto ODIN AMERICANO mostrava para o debate acadêmico o instigante assunto "Da culpabilidade normativa".

---

[1] *Estudos*, cit., p.7. (Acentuação do original).

HELENO FRAGOSO escolheu um tema de extraordinária complexidade: *Pressupostos do crime e condições objetivas de punibilidade".* [2] Assim o reconhecem grandes autores nacionais e estrangeiros porque o assunto contém a sedução para destrinchar uma *teia de aranha* gigante que pode envolver e asfixiar a sua presa com os fios de seda que têm a capacidade e a força de parar um besouro voando em alta velocidade.

O Professor WALTER BARBOSA BITTAR, com a preocupação dos penalistas- escritores em contribuir para o patrimônio acadêmico dos assuntos mais complexos, nos oferece um texto modificado e atualizado do primeiro livro que escreveu sobre o mesmo tema que ressurge com o *aggiornamento* quanto à forma e ao conteúdo: *As condições objetivas de punibilidade e as causas pessoais de exclusão da pena".* Há algumas coincidências que merecem observação. A primeira delas é que minha carreira como Professor de Direito Penal teve início em 1962, ano da publicação do artigo do professor Fragoso. A segunda mostra que as *condições objetivas de punibilidade* são objeto de intermináveis discussões científicas.

Como é óbvio, a pesquisa, a introspecção, a reflexão e o parto das ideias distribuídas na redação da monografia exigem maiores cuidados técnicos e científicos que os comentários *articulo per articulo* dos códigos que são facilitados pelo balizamento de conteúdo e significação. Assim ocorre quanto ao método e critérios de exposição porque a interpretação ou o simples aclaramento de dispositivos legais em série tem uma ordem preestabelecida para orientar o pensamento. Assim, por exemplo, a análise do art. 128 do Código Penal, que descriminaliza a interrupção da gravidez, quando praticada por médico *"se não há outro meio de salvar a vida da gestante"* ou *"se a gravidez resulta de estupro e o aborto é precedido do consentimento da gestante ou, quando incapaz, de seu representante legal"* (inc. I e II), é bem mais fácil que redigir uma dissertação ou tese sobre aspectos externos à tipicidade, desafio exigido do trabalho acadêmico. A dissertação ou a tese tem necessidade de ampliar o sentido da lei para declarar se tais hipóteses são de *exclusão de ilicitude* como espécie do *estado de necessidade,* revelando equívoco do legislador com a as palavras *"não se pune o aborto"* ou prevalece o sentido literal na linguagem para se concluir que *"o fato típico* deixa de ser

---

[2] *Estudos,* cit., p. 5-6. (Acentuação do original).

PREFÁCIO

punível, equivalendo a dizer que não há crime".[3] Outra hipótese que vem a calhar é a discussão sobre a aplicação dos critérios *benigna amplianda/ odiosa restringenda* para suprir a lacuna da lei permitindo a interpretação extensiva e aplicação analógica bem como os princípios gerais de Direito, consoante orientação do Código de Processo Penal (art. 3º). Por exemplo, o aborto necessário se for realizado por uma parteira descaracteriza a ilicitude? Ou assim apenas ocorre quando o procedimento for realizado por médico? Essas pequena e simples observação sugere a grande distância entre tais trabalhos de exegese com um relevante detalhe: o comentário está sempre vinculado à necessidade de explicar a natureza e o objetivo da norma o que não acontece na dissertação, definida como: "**1.** *Exposição escrita ou oral de um tema doutrinário. 2. Monografia apresentada para obtenção de título de mestre, defendida perante uma banca examinadora. 3. Monografia final exigida para a obtenção do grau de bacharel em direito*", enquanto a tese, na linguagem acadêmica, é: a) *o trabalho monográfico final do curso de pós-graduação, nível doutorado, submetida a uma banca examinadora para obtenção do título de doutor. Tal trabalho deve ser original e inédito;* b) *monografia escrita, apresentada para provimento de cargo de livre-docente ou titular em uma universidade*".[4]

Mas a nova contribuição de BITTAR não tem o modelo de nenhum dos trabalhos acima classificados, porque trata-se de um livro. Não é um texto restrito para o universo acadêmico mas, para além dele, é uma investigação para os profissionais do foro criminal. E qual, então, a vantagem desse tipo de comparação? É simples responder. Enquanto a dissertação e a tese têm armaduras formais determinadas pela própria natureza do objeto da interpretação o livro não está condicionado a restrições; o tema é absolutamente livre, o mesmo ocorrendo com a técnica de exposição.

A propósito e no que toca às *condições objetivas de punibilidade*, a maior dificuldade consiste na falta de um conceito normativo como reconhece HELENO FRAGOSO: "Não há em nossa lei penal disposição sobre as condições objetivas de punibilidade (...) É lamentável que o legislador brasileiro tivesse se esquivado de dar à matéria solução clara e precisa, na letra do

---

[3] NUCCI, Guilherme de Souza. *Código Penal comentado*, 13ª ed., São Paulo: Thomson Reuters/ Revista dos Tribunais, 2013, p. 670.
[4] DINIZ, Maria Helena. *Dicionário Jurídico*, São Paulo: Editora Saraiva, vol.2, p. 200 e vol. 4, p. 547 (Itálicos meus).

Código, ao invés de deixá-la entregue às incertezas da doutrina".[5]   Esse problema é também identificado por BITTAR em termos claros: "Estabelecer o seu conteúdo não é somente difícil, mas também obriga a reconhecer que, desde a sua concepção, faz-se a advertência sobre a diversidade de elementos"(IV, 2).

Produzir um livro é uma operação mais difícil e complexa, principalmente quando o autor escolhe como fonte um tema de menor dimensão, ou seja, *as condições objetivas de punibilidade e as causas pessoais de exclusão da pena"* para fazer do mesmo um ponto de partida e desenvolver o assunto de maior densidade que é a *"punibilidade".* A proposta é típica de uma *revolução copérnica* e permito-me usar como analogia o universo sideral e os corpos celestes: em lugar da punibilidade gravitar em torno de suas condições objetivas e das causas pessoais de sua exclusão, são estas que devem girar em torno da punibilidade.

O primeiro desafio do autor é a distribuição dos subtemas da categoria da punibilidade a começar pelos critérios para *identificá-la* como fenômeno autônomo. Segue-se a tarefa de sua *delimitação* conforme as várias definições do delito, especialmente quanto à concepção analítica, em busca de uma *concepção unitária.* Resolvido esse *quadro de uma exposição,* BITTAR dirige a sua investigação para o que chama de *"espécies do gênero punibilidade"* objetivando conformá-las a uma demonstração sistemática. As figuras afins (*causas de extinção da punibilidade* e *condições de punibilidade,* entre outras, também devem ter seus espaços delimitados. Finalmente, o livro analisa as repercussões de maior relevo desses temas em função da teoria do delito. Eis aí o mosaico da obra.

Mas, além de preencher as exigências elementares do tema proposto, o livro de BITTAR desenvolve um *sistema* organizado de conceitos que permitem ao leitor compreender a função de cada uma das instituições analisadas em função de uma perspectiva global. Com muita propriedade, FIGUEIREDO DIAS alude à categoria dos "pressupostos adicionais de punibilidade", sem os quais não estaria completa a exposição sistemática do fato punível. E observa que, "até há bem pouco tempo não existia capítulo daquela doutrina que mais defraudasse pela sua inconcludência. Décadas de especulação levaram só à magra conclusão (*negativa*) de que ali se trata

---

[5] Ob. cit., p. 173.

PREFÁCIO

de um conjunto de pressupostos que, se bem que se *não* liguem *nem* à ilicitude, *nem* à culpa, todavia decidem ainda da punibilidade do facto; e que, juntando às chamadas *condições objectivas de punibilidade* às *causas de exclusão da pena*, englobaria elementos tão diferentes, na sua estrutura, no seu relevo político-criminal e no seu significado e função dogmáticos, como, p. ex.., a consumação ou a tentativa de suicídio no crime de incitamento ou ajuda ao suicídio (art. 135º -1), o resultado morte ou ofensa à integridade física grave no crime de participação em rixa (art. 151º-1), a não ocorrência da insolvência ou o seu não reconhecimento judicial no crime de insolvência dolosa (art. 227º) ou a prática de um ilícito -típico no crime cometido em estado de embriaguez (art. 295º-1); a impunidade de votos e opiniões parlamentares (art. 160º-1 da CRP); o fato de o agente ser encontrado em Portugal quando o crime tenha sido praticado no estrangeiro (art. 5º-1/*c*,I); a desistência da tentativa (art.24º e s.); etc."[6]

Como uma das condições para o exercício da ação penal (CPP, art. 43, II) a *punibilidade* pode ser definida como a possibilidade jurídica do Estado aplicar a sanção penal (pena ou medida de segurança) ao autor do crime. Poderia soar estranha a conclusão de que também os inimputáveis, como os referidos pelo art. 26 e parág. ún. do Código Penal, estariam submetidos a uma forma especial de "punição", quando, ao reverso, devem ser objeto de medidas curativas (internamento em hospital de custódia e tratamento psiquiátrico, outro estabelecimento adequado ou ao tratamento ambulatorial). Mas as noções de *punibilidade* e de *pena* são distintas. Corolário desta afirmativa é a regra do parág. ún. do art. 96 do Código Penal: *"Extinta a punibilidade, não se impõe medida de segurança nem subsiste a que tenha sido imposta"*.

Para alguns escritores, a *punibilidade* seria um elemento do delito. Embora não incluída no fato material, ela integraria o conceito de crime (BATAGLINI)[7]. Em tal sentido, ASÚA, afirmando que *"el delito es el acto típicamente antijurídico culpable, sometido a veces a condiciones objetivas de penalidad,*

---

[6] FIGUEIREDO DIAS, Jorge de. *Direito penal: parte geral,* tomo I: questões fundamentais: a doutrina geral do crime, São Paulo: Editora revista dos Tribunais; Portugal: Coimbra Editora, 2007, p. 668-669. (Itálicos do original)

[7] BATAGLINI, Giulio. *Teoria da Infracção Criminal.* Trad. Augusto Victor Coelho, Coimbra:Coimbra Editora Ltda, 1961, p. 228.

imputable a un hombre y sometido a una sanción penal".[8] Esta, porém, não é a posição dominante na doutrina nacional e estrangeira. A propósito, pondera BRUNO: "Definindo o crime, o que se procura determinar é qual o fato que deve ser considerado punível, Incluir nessa definição a punibilidade é cair, como já tem sido afirmado, em uma tautologia. A pena não é um momento constitutivo do atuar criminoso, é a sua consequência jurídica; uma consequência cujos pressupostos são precisamente os elementos do crime"[9]. Conforme TOLEDO, "a pena criminal, como sanção específica do direito penal, ou a possibilidade de sua aplicação, não pode ser *elemento constitutivo*, isto é, *estar dentro* do conceito do crime. Ao contrário, pressupõe a existência de um crime já aperfeiçoado".[10] E reafirma: "(...)a punibilidade é efeito, consequência jurídica do crime, não um seu elemento constitutivo".[11]

Em conclusão: a punibilidade não é elemento do crime. E se a culpabilidade é o fundamento e o limite da pena, é óbvio que a culpabilidade não integra o delito que tem existência autônoma, com três elementos: conduta (ação ou omissão), tipicidade e ilicitude. A culpabilidade, é um *postfacto*, o *efeito* de uma *causa* que é o crime. [12]

Perante o sistema do Código Penal, distinguem-se perfeitamente as instituições do delito e da pena. Não somente porque estão regulados em setores diversos (Tit. II, DO CRIME; Tit. V, DAS PENAS), como também porque é possível a existência de crime sem a pena correspondente como ocorre nas hipóteses de inimputabilidade por doença mental, desenvolvimento mental incompleto ou retardado, menoridade e no caso de embriaguez completa, proveniente de caso fortuito ou força maior (CP, arts. 26, 27 e 28, § 1º).

---

[8] ASÚA, Luis Jiménez de. *La ley y el delito.* Caracas: Editorial Andrés Bello, 1945, p. 256.

[9] BRUNO, Aníbal. *Direito Penal: Parte Geral,* Rio de Janeiro: Editora Forense, t. 1º, p.290 (Nota de rodapé).

[10] TOLEDO, Francisco de Assis. *Princípios básicos de Direito Penal,* 5ª ed. 1994; 17ª tiragem,2012, § 95, p.81).

[11] *Idem, ibidem,* p.82. (Itálicos meus).

[12] Sobre essa concepção tripartite de delito que defendo, *vide* meu *Curso de Direito Penal: parte geral,* 5. ed., São Paulo: Thomson Reuters/Revista dos Tribunais, 2013, p. 452-463.

PREFÁCIO

As *condições objetivas de punibilidade* receberam do autor especiais considerações. Segundo de JESCHECK, "Las condiciones objetivas de punibilidad son circunstancias que se encuentran en relación inmediata con el hecho, pero que no pertenecen ni al tipo de injusto ni al de culpabilidad. Cuentan todas ellas entre los presupuestos materiales de la punibilidad, pero entre sí muestran importantes diferencias, y que algunas forman un proprio grupo específico mientras que otras se hallan próximas a los elementos del tipo. Pese a estas diferencias, todas se tratan con arreglo a mismo principio: en orden a la punibilidad únicamente importa el hecho de su concurrencia, no siendo necesario que el dolo ni la imprudencia se refieran a ellas".[13] Portanto, são independentes as noções de *punibilidade* e de *condição objetiva de punibilidade*. Esta é exterior à conduta típica, mas a lei a estabelece como inevitável para a punibilidade. Não existe crime antes que a condição objetiva de punibilidade se verifique. Antes dela não se pode falar em *crime condicional* ou *condicionado* e muito menos de *crime de punição condicionada*, como querem alguns autores italianos, porém um fato irrelevante para o Direito Penal. O fato somente se torna punível a partir do momento em que a condição se realiza.[14] Reale Júnior: "Ocorrida a ação antecedente é a mesma impunível se não vier a suceder a consequência exigida pela lei penal para que a mesma seja relevante e punível, constituindo elementos suplementares do tipo e alheias à conduta e à culpabilidade".[15]

A condição objetiva de punibilidade geralmente é referida no preceito ou na sanção, podendo, no entanto, resultar de uma normal geral. Como exemplos podem ser referidos: a) o resultado morte ou lesão corporal, no induzimento, instigação ou auxílio ao suicídio (CP, art. 122); b) a sentença que decreta a falência, concede a recuperação judicial ou extrajudicial (Lei nº 11.101, de 9.2.2005, art. 180); c) a existência do prejuízo quanto ao crime de introdução ou abandono de animais em propriedade alheia (CP, art. 164); d) a ocorrência do perigo (concreto) à vida, à integridade física ou ao patrimônio de outrem, quanto ao incêndio e outros crimes de perigo

---

[13] JESCHECK, Hans-Heinrich. *Tratado de Derecho Penal: Parte General*, trad. S. Mir Puig e F. Munõz Conde, Barcelona: Casa Editorial S.A, vol. 2º, § 53, p. 763-764. (Destaques do original).

[14] FRAGOSO, Heleno Cláudio. *Lições de direito penal*, 17ª ed., atual. Fernando Fragoso, Rio de Janeiro: Editora Forense, 2006, p. 267.

[15] REALE JÚNIOR, Miguel. Instituições de Direito Penal: Parte Geral, São Paulo: Forense, 2009, p.227. (Itálicos meus)

comum (CP, arts. 250 e s.); e) a entrada do agente no território nacional para ser aplicada a lei brasileira quanto ao crime praticado no estrangeiro (CP, art. 7º, II, *b* c/c o§ 2º, *a*).

As *escusas absolutórias* são também objeto de estudo no trabalho de BITTAR. Esse instituto é também designado por *causas pessoais de exclusão da pena, causas especiais de isenção da pena* e *causas de não punibilidade* em sentido estrito. Seu fundamento é ancorado em orientação da Política Criminal, que VON LISZT define como "sciencia *crítica* dominada pela idéa *finalistica* ou *teleologica*".[16] NOVOA MONREAL lembra que as mesmas se originaram como espécie de eximentes em uma época de conhecimento mais rudimentar acerca dos elementos do delito.Acreditava-se, então, que todas as escusas de responsabilidade poderiam ser reunidas em três grupos: a) causas de justificação; ,b) causas de inimputabilidade; c) escusas absolutórias. Ao observar que tal classificação perdurou no Chile durante muitos anos (remanescendo, porém, alguns vestígios) menciona antiga frase de JIMÉNEZ DE ASÚA com a qual se harmonizaria perfeitamente aquela orientação: "en las causas de justificación no hay delito; en las de inimputabilidad no hay delincuente, y en las excusas absolutorias no hay pena".[17]

É possível dizer que as escusas absolutórias são também condições de punibilidade do delito, porém, negativamente formuladas para excluir a punibilidade do crime em relação a determinadas pessoas, como sucede nas infrações previstas pelos arts. 1 . Embora presentes os elementos constitutivos do delito isenta-se o réu de pena por razões de Política Criminal (utilidade e conveniência), ou seja, são causas de impunidade *utilitatis causa*.[18]

Sob outro aspecto, as condições objetivas de punibilidade não se confundem com as *condições de procedibilidade* que nada tem a ver com a punibilidade e, sim, com o procedimento penal, impedindo a sua instauração ou sequência.

---

[16] VON LISZT, Franz. *Tratado de Direito Penal Allemão*, trad. José Hygino Duarte Pereira, Rio de Janeiro: F. Briguiet & C. - Editores, t. I, 1889, p. 105. (Nota de rodapé).(Ortografia e itálicos, do original).

[17] NOVOA MONREAL, Eduardo. *Curso de Derecho Penal chileno: Parte General,* Santiago: Editorial Jurídica Ediar-Cono Sur Ltda, t. 1, p. 646.

[18] PRADO, Luiz Regis. *Curso de Direito Penal brasileiro: Parte Geral*, 8ª ed., São Paulo: Editora Revista dos Tribunais, 2008, vol. I, p. 642.

PREFÁCIO

WALTER BITTAR amplia o estudo das *escusas* para abranger o tema da *imunidade parlamentar* e, ainda no que tange às *espécies* do gênero punibilidade.

Causas de anulação ou liberação da pena, condições de procedibilidade, desistência e arrependimento eficaz e delitos qualificados pelo resultado, constituem um variado e complexo material que o autor procura organizar para indicar, ao mesmo tempo, situações jurídicas semelhantes porém distintas quanto ao conteúdo e fundamento.

O sumário encerra tratando das "repercussões relevantes na teoria do delito", com os subtemas sobre o "erro sobre punibilidade; participação;[19] tempo e local da comissão do delito e prescrição".

Essa nova intervenção intelectual do autor nos domínios de alguns institutos que carecem de uma classificação didática quanto à sua natureza e sua funcionalidade, revela não apenas a sensibilidade e a pesquisa do penalista para abrir ou aviventar rumos de interpretação, mas sobretudo o empenho do criminalista em fazer de seu ofício o permanente vínculo entre a realidade palpitante da vida e as normas jurídicas de maneira a proporcionar a melhor aplicação da lei. E a escolha do assunto mostra que, podendo tecer opiniões e conclusões em terreno já explorado, BITTAR preferiu cultivar dúvidas e certezas em campos minados de dificuldades, como ocorre com a arte e a ciência da escrita com seus desafios de harmonia entre o pensamento e a palavra.

Afinal como diz o imortal poeta e humanista PABLO NERUDA (1904-1973): *"Escrever é fácil: você começa com uma letra maiúscula e termina com um ponto final. No meio você coloca as idéias".*

René Ariel Dotti

---

[19] Embora a participação possa apresentar-se sob as formas de instigação, determinação, chefia, organização, ajuste, cumplicidade, etc. A doutrina, de um modo geral, tem considerado, porém, somente duas espécies: *"instigação e cumplicidade".* BITENCOURT, Cezar Roberto. *Tratado de direito penal: parte geral* 1, 19ª ed., São Paulo: Saraiva, 2013, p. 562. (Itálicos do original).

SUMÁRIO

INTRODUÇÃO 25

CAPÍTULO I
A COMPLEXA QUESTÃO QUANTO AOS CRITÉRIOS
DE IDENTIFICAÇÃO DA CATEGORIA DA PUNIBILIDADE 33

1. Considerações iniciais 33
2. Dos diversos critérios de identificação das chamadas causas excludentes
da punibilidade 52
3. Orientação dogmática penal adotada referente à categoria da punibilidade ... 66

CAPÍTULO II
PROPOSTA DE DELIMITAÇÃO DA CATEGORIA DA PUNIBILIDADE 71
1. A punibilidade como categoria do delito 71
1.1. Teses que admitem a categoria da punibilidade 74
1.2. Teses que rechaçam a punibilidade como categoria essencial do delito 81
2. Tomada de postura 86

CAPÍTULO III
A BUSCA DE FUNDAMENTAÇÃO REFERENTE À EXISTÊNCIA
DE CRITÉRIO PARA A UNIFICAÇÃO DA CATEGORIA 95
1. Política criminal e motivações extrapenais 96
2. Do merecimento e da necessidade de pena 102
3. Sobre a norma primária e a norma secundária 111
4. Teorias dos fins da pena 116

CAPÍTULO IV

A CONFORMAÇÃO DAS ESPÉCIES DO GÊNERO PUNIBILIDADE 131

1. Considerações iniciais 131

2. As condições objetivas de punibilidade................................... 135

3. As causas pessoais de exclusão da pena (escusas absolutórias)...................... 154

3.1 – A questão da imunidade parlamentar.............................. 166

4. As causas de liberação ou anulação da pena (comportamentos positivos pós-delitivos).. 168

CAPÍTULO V

DELIMITAÇÃO ANTE FIGURAS AFINS.. 175

1. As chamadas causas de extinção da punibilidade................. 175

2. Condições de procedibilidade.. 179

3. A desistência na tentativa e o arrependimento eficaz 184

4. Anexo ao injusto culpável 195

5. Diferença com os delitos qualificados pelo resultado 198

CAPÍTULO VI

REPERCUSSÕES RELEVANTES NA TEORIA DO DELITO 203

1. O erro 203

2. Participação 236

3. Tempo e local da comissão do delito...................................... 238

4. Prescrição 239

BIBLIOGRAFIA 245

INTRODUÇÃO

A presente edição é o resultado - com significativas modificações e atualizações de vários anos de pesquisa, iniciada em 2001[1] e levada a termo até o final do ano de 2014, que também resultou na publicação de outros livros ligados ao tema[2], artigos científicos[3], além de uma tese de doutorado em Ciências Criminais[4], todos de minha autoria, sempre focados nas inúmeras variações do objeto de estudo de um dos tópicos mais polêmicos e controvertidos do Direito Penal, contido no que se costuma designar de categoria

---

[1] Publicada em 2004 sob o título "As condições objetivas de punibilidade e as causas pessoais de exclusão da pena"

[2] BITTAR, Walter Barbosa. As condições objetivas de punibilidade, Rio de Janeiro, Lumen Juris, 2004; Delação premiada, 1ª ed., Rio de Janeiro: Lumen Juris, 2011; Delação Premiada, 2ª ed., Rio de Janeiro: Lumen Juris, 2011.

[3] BITTAR, Walter Barbosa. Algumas reflexões sobre as chamadas condições objetivas de punibilidade, Revista Jurídica: Porto Alegre, 2002, p. 29-40; O erro sobre a punibilidade, Boletim do Instituto Brasileiro de Ciências Criminais, nº 177, 2007, p. 4-5; Considerações sobre o erro de punibilidade no sistema jurídico brasileiro, In, BITENCOURT, Cezar Roberto (Coord.). Novos rumos do direito penal contemporâneo, Rio de Janeiro: Lumen Juris, 2008, p. 717-733; Delação premiada no Brasil e na Itália: uma análise comparativa, Revista Brasileira de Ciências Criminais nº 88, São Paulo: Revista dos Tribunais, 2011, p. 225-269; Direito premial, teorias da pena e a delação premiada, In, BONATO, Gilson (Org.) Processo Penal, Constituição e Crítica, Rio de Janeiro: Lumen Juris, 2011, p. 843-860.

[4] BITTAR, Walter Barbosa. A relevância do erro sobre a punibilidade nas causas de liberação de pena. 2014, 247 f. Tese (Doutorado em Sistema Penal e Violência) – Programa de Pós-graduação em Direito, PUC/RS, Porto Alegre, 2014.

A PUNIBILIDADE NO DIREITO PENAL

da punibilidade, enquanto nível, autônomo, ou não, de análise do crime, distinta do tipo, da antijuridicidade e da culpabilidade[5].

Como também ocorre na doutrina estrangeira de outros países de tradição jurídico-penal comum (Alemanha, Espanha, Itália e Portugal), no Brasil o estudo e a evolução do tema da punibilidade mostrou-se irregular pois, enquanto a evolução da teoria do delito ganhou destaque acentuado nas últimas décadas, com a publicação de inúmeras obras voltadas ao seu desenvolvimento dogmático, tendo como vertente principal, em termos de conceito analítico de delito o aprofundamento das questões inerentes a tipicidade, a antijuridicidade e a culpabilidade, é possível afirmar que a punibilidade foi relegada a um plano secundário, chegando ao ponto de, sequer, ser objeto de estudo destacado pela maioria da doutrina pátria[6].

Mesmo assim, o tema ultimamente tem merecido destaque constante em diversas legislações, principalmente em face da proliferação de normas inerentes ao advento da responsabilidade criminal, cuja configuração resta dependente de circunstâncias pertinentes à punibilidade do fato, tais como as causas de impedimento, isenção ou diminuição de pena como, por exemplo, ocorrem nos crimes fiscais e previdenciários pelo pagamento de tributo ou contribuição social, a delação premiada, a exigência de sentença de falência nos crimes falimentares, as imunidades parlamentares ou outras circunstâncias pessoais que excluem a responsabilidade, ou objetivamente impedem o advento de um encargo penal, independentemente da configuração de um injusto culpável.

---

[5] PINTO, Frederico de Lacerda da Costa. A categoria da punibilidade na teoria do crime, tomo I, Coimbra: Almedina, 2013, p. xxvii

[6] Ressalvados algumas poucas monografias e artigos disponíveis sobre o tema: Dentre os principais livros publicados no país veja-se, por exemplo e não exaustivamente, além da 1ª edição da presente obra, as seguintes: RIOS, Rodrigo Sanchez. Das causas de extinção da punibilidade nos delitos econômicos, São Paulo: Revista dos Tribunais, 2003; SCHIMIDT, Andrei Zenker. Exclusão da punibilidade em crimes de sonegação fiscal, Rio de Janeiro: Lumen Juris, 2003; FERRO, Ana Luiza Almeida. Escusas absolutórias no direito penal – Doutrina e jurisprudência, Rio de Janeiro: Del Rey, 2003; ROSENTHAL, Sergio. A punibilidade e sua extinção pela reparação do dano, São Paulo: Dialética, 2005; CARVALHO, Erika Mendes de. Punibilidade e delito, São Paulo: Revista dos Tribunais, 2008. Alguns autores sequer abordam o tema em suas principais obras: BITENCOURT, Cezar Roberto. Tratado de direito penal, vol. 1, 20ª ed., São Paulo: Saraiva, 2013; NUCCI, Guilherme de Souza. Manual de direito penal, 10ª ed, Rio de Janeiro: Forense, 2014.

INTRODUÇÃO

Por outro lado, o estudo do tema demonstra, facilmente, que não existe consenso doutrinário acerca das conclusões existentes sobre a categoria da punibilidade, cujo alcance contempla diversos contornos e propostas, podendo ser abordado sob perspectivas variadas, sejam quanto ao Direito Penal material, o Processo Penal, a Política Criminal, as Teorias da Pena ou mesmo a Criminologia, sem que esta realidade permita afirmar que exista uma identidade, mínima, sobre o objeto do estudo da passagem da desaprovação de um fato até a aplicação da pena a uma conduta humana.

Esta realidade implica em admitir a existência de dificuldade palpável em estabelecer uma compreensão adequada, ou menos insegura, dos efeitos e limites do poder punitivo estatal, da percepção concreta da incidência da punibilidade, em especial no caso concreto, onde surgem as principais dúvidas e perspectivas de solução, mesmo sendo minoria as hipóteses em que as legislações estendem a possibilidade da não aplicação de uma pena, alheia ao fato típico, antijurídico e culpável.

A impressão é que resta um problema que nunca foi resolvido pela teoria do delito ou pela teoria da pena, gerando, de alguma forma, um tema caro ao ideal de segurança jurídica[7], pois há, de fato, uma enorme divergência sobre o que resta abrangido pelo conceito de punibilidade, e as publicações das últimas quatro décadas com suas diversas conclusões[8].

Contudo, o momento atual é de comprovada expansão dos limites alcançados pelo Direito Penal, impondo a doutrina à consciência de que a temática da punibilidade não pode mais ocupar um espaço secundário, quando os novos contornos adquiridos pelo sistema criminal atual apresentam, enormes, dificuldades para permitir a visualização real (ou pelo menos ideal) dos limites do fato punível, conferindo ainda significado e conteúdo explicativo.

Por outro lado, insta registrar que, diante da hipertrofia temerária das legislações penais em geral, o tema dos pressupostos adicionais da punibi-

---

[7] Não sendo possível olvidar a advertência incisiva de Vera Regina Pereira Andrade, quanto a servir à dogmática jurídica como instrumento legitimador do poder no direito, com a ficção da criação de um limite racional (ANDRADE, Vera Regina Pereira de. *A ilusão de segurança jurídica*: do controle da violência à violência do controle penal. 2. ed. Porto Alegre: Livraria do Advogado, 2003). No mesmo sentido, BATISTA, Nilo. *Introdução crítica ao direito penal brasileiro*. 10. ed. Rio de Janeiro: Revan, 2005, p. 118.

[8] Veja-se, por todos, a crítica elaborada por Frederico de Lacerda da Costa Pinto. A categoria da punibilidade na teoria do crime, Tomo I, Coimbra: Almedina, 2013, p. xxvii e segs.

lidade[9] ou outros pressupostos da punibilidade[10], a partir da sua característica comum de limitador do poder punitivo estatal, pois é um obstáculo claro a sanção criminal, ganha contornos importantes[11].

Dentre todas as questões que tocam o tema, importa perceber que há um paradoxo entre o vertiginoso crescimento de normas incriminadoras e, paralelamente, uma espécie de reação intrassistemática, a proliferação gradativa de limitadores da punibilidade anteriormente pouco destacados.

Nada obstante, há uma ausência de resposta doutrinária harmônica, que permita traçar um consenso ou mesmo um acordo entre os autores, como, por exemplo, qual seria a sua localização sistemática e os seus reais efeitos para o sistema penal. A utilização de normas inerentes a punibilidade ignora a realidade, trazendo um incômodo elemento intrínseco que, a partir de sua previsão do Direito Positivo, com a característica de limitar a aplicação da sanção criminal, em oposição em uma legislação que aumentou a quantidade de normas incriminadoras, demonstra a ambiguidade profunda em que está imersa a dogmática penal, em especial no marco do poder penal do Estado moderno e os fins aos quais o Direito Penal deve cumprir[12].

---

[9] A expressão pressupostos adicionais da punibilidade é comumente usada por Jorge de Figueiredo Dias. Questões fundamentais de direito penal revisitadas, São Paulo: Revista dos Tribunais, 1999, p. 244.

[10] FRISTER, Helmut. Derecho penal, parte general, trad. 4ª ed. Alemã de Marcelo A. Sancinetti, Buenos Aires: Hammurabi, 2011, p. 405.

[11] Há uma tensão clara entre os diversos fins do Direito Penal. De um lado a meta de redução da violência social informal (delitos e reações informais) junto a máxima realização das garantias individuais, formais e materiais, com vistas a máxima redução de todas as manifestações de violência estatal, pois o que legitima o Direito Penal é exatamente o seu fim. Porém, a realidade legislativa concreta é cada vez mais confusa e contraditória, ou seja, contrária as aspirações da doutrina, que continua a se esforçar para configurar um esquema de fins de Direito Penal que seja compatível com a máxima eficácia preventiva com o mínimo de sacrifício da liberdade individual, não permitindo perverter a finalidade preventiva do Direito Penal, sendo a mais justa, racional e controlável possível. SÁNCHEZ, Jesus María Silva. Aproximación al derecho penal contemporâneo, 2ª ed., Colección Maestros de Derecho Penal, nº 31, Buenos Aires: Editorial B de f, 2010, p. 471-472.

[12] Como recorda Jesus Maria Silva Sanchez não existem discrepâncias na doutrina no momento de definir o Direito Penal como um conjunto de normas. Estas – as normas jurídico-penais – integram, pois, o conteúdo do Direito Penal. Portanto, se o Direito Penal deve cumprir determinados fins resulta óbvio que deverá fazê-los por meio das referidas normas. SILVA SÁNCHEZ, Jesus María. Aproximación al derecho penal contemporâneo, 2ª ed., Colección Maestros de Derecho Penal, nº 31, Buenos Aires: Editorial B de f, 2010, p. 505.

INTRODUÇÃO

A questão das respostas contraditórias recebeu profundo estudo de Frederico de Lacerda da Costa Pinto, que demonstrou em sua tese de doutorado, que o contrassenso na doutrina é antigo e remete a Binding (1872), passando por Von Liszt (1881), que autonomizaram um nível distinto da ilicitude do fato e da culpabilidade do agente, contando ainda com as contribuições de Radbruch (1904) e Beling (1906). Posteriormente divergências foram surgindo passando pelos neo-kantianos (Hegler, Sauer, Max Ernst Mayer, Mezger), que reorganizaram o conteúdo metodológico do sistema do fato punível, reduzindo a categoria o conteúdo das categorias dogmáticas do sistema do fato punível, excluindo a punibilidade[13].

Nesta retrospectiva histórica observou Costa Pinto que a dogmática penal alemã da década de 30, do século passado, criou uma ruptura política e metodológica com as correntes liberais da república de Weimar e "com o pensamento fragmentador subjacente à análise e à diferenciação sistemática".[14] Passando a referência à punibilidade a corresponder à desvalorização da tipicidade[15].

Na década de 50 ponderou-se que entre o ilícito culpável e os pressupostos processuais não existia espaço dogmático para ponderar figuras autônomas que pudessem ser tratadas com generalidade, como Bemmann e Arthur Kaufmann e, em sentido contrário, as identificasse com um regime próprio e consequências específicas como, Schmidhäuser, Stratenwerth e Stree[16].

O quadro atual nada mais faz do que, espelhar as divergências históricas sobre o tema e as conclusões - absolutamente - opostas a que chegam os que se encorajaram a enfrentar o tema, razão pela qual o presente trabalho se propõe, não só a enfrentar as divergências, bem como sugerir uma visão ligeiramente diversa daquela produzida até o momento.

As conclusões possíveis sobre o tema implicam - diretamente - em uma série de consequências, tanto no campo teórico, como o prático, decor-

---

[13] PINTO, Frederico de Lacerda da Costa. *A categoria da punibilidade na teoria do crime*, tomo I, Coimbra: Almedina, 2013, p. xxviii.

[14] PINTO, Frederico de Lacerda da Costa. *A categoria da punibilidade na teoria do crime*, tomo I, Coimbra: Almedina, 2013, p. xxvii.

[15] PINTO, Frederico de Lacerda da Costa. *A categoria da punibilidade na teoria do crime*, tomo I, Coimbra: Almedina, 2013, p. xxvii.

[16] PINTO, Frederico de Lacerda da Costa. *A categoria da punibilidade na teoria do crime*, tomo I, Coimbra: Almedina, 2013, p. xxix.

A PUNIBILIDADE NO DIREITO PENAL

rente da proliferação de inúmeros temas pertencentes às discussões sobre a punibilidade, em especial dos limites e pressupostos da responsabilidade penal ligadas ao crescimento de normas relacionadas a condutas, ou elementos objetivos, localizados fora do injusto culpável como, por exemplo, as questões relativas a intervenção penal inerentes a delação premiada, os prêmios concedidos aos integrantes de organizações criminosas, as imunidades parlamentares ou mesmo as sucessivas alterações quanto a extinção da punibilidade dos crimes tributários, produzem diferentes efeitos e repercussões doutrinárias em questões como o erro, a participação, o tempo e o local da comissão do delito, prescrição e a desistência na tentativa e o arrependimento eficaz.

Assim, a presente obra foi reestruturada, tanto em face das mudanças legislativa ocorridas, desde a primeira edição, bem como da ampliação da pesquisa inicial, evoluindo para a ampliação dos temas tratados realinhando, dessa forma, a divisão por capítulos, buscando delimitar da forma mais didática possível, a compreensão do tema em toda a sua amplitude.

De tal modo, para compreender a dimensão e o alcance do capítulo da punibilidade no sistema do fato punível, na teoria da pena, no processo penal e na política criminal, a obra opta por dimensionar inicialmente a complexidade do tema de forma ampla, não limitada a legislação pátria ou a hipóteses isoladas (e, por si só, polêmicas) procurando não só identificar problemas, mas identificar estruturas difusas, presentes nas chamadas ciências criminais, em detrimento de uma análise das diversas teorias já formuladas lastreadas na ideia de sistemas fechados, permitindo, assim, subdividir o tema como um gênero subdividido em mais de uma espécie.

Esta escolha parte do raciocínio de que um dos maiores problemas do tema em apreço é justamente querer identifica-lo como uma unidade, ou uma categoria com pressupostos identificáveis de forma uníssona, encobrindo sua forma policrômica confundindo unidade com uniformidade.

A presente obra, agora dividida em seis capítulos, dilata a busca de critérios e fundamentos das estruturas de imputação, valoração e delimitação dos critérios que permitem reconhecer o advento da responsabilidade criminal.

O primeiro capítulo pretende demonstrar o reconhecimento da doutrina do conteúdo comumente tratado no âmbito da punibilidade, observando sua existência, funções, critérios de identificação e atribuição da responsabilidade criminal, permitindo não vincular a construção simplesmente comparando-a, ou realizando um paralelo, com o arcabouço normativo, determinando a orientação dogmática seguida pela obra.

Superada esta demonstração, agora no segundo capítulo, optou-se pela análise doutrinária quanto à delimitação da categoria, demonstrando a postura assumida quanto ao tema, por ser decisiva para o desenvolvimento e conclusões que se seguirão, pois, em regra, é o momento (mesmo que nem sempre ocorra dessa forma) em que os caminhos percorridos até as diversas conclusões da doutrina, terminam por divergir de forma expressiva.

No capítulo III, passa-se a análise dos diversos argumentos utilizados para justificar a existência de um fundamento, como critério para a unificação da categoria. Esta análise permitirá perceber a dificuldade em tratar o capítulo da punibilidade buscando uma unificação da categoria, que foi o caminho traçado pela doutrina até o momento, esta que sempre pretendeu uma unidade, desprezando o fato de que a uniformidade da categoria poderá, ou não, implicar no reconhecimento de um espaço dogmático autônomo na teoria do delito, localizado fora da tipicidade, da antijuridicidade e da culpabilidade.

Determinadas todas essas premissas, torna-se possível buscar a conformação das diversas espécies identificáveis de um gênero comum, que é justamente o conceito de punibilidade amoldado em três espécies distintas, mas que guardam uniformidade entre si. Tal percurso é necessário pois, em regra, estas espécies sempre foram identificadas pela doutrina, mas que foram centradas muito mais na identificação de gênero do que, em um gênero subdividido em três espécies muito similares, mas não idênticas fato que, por si só, não inviabiliza sua uniformidade enquanto categoria.

Na sequência, o capítulo V demonstra que outras figuras abordadas sob uma mesma denominação punibilidade, ou mesmo tratadas como similares a algumas espécies, não guardam identidade com aquelas conformadas no gênero punibilidade (na presente obra: condições objetivas de punibilidade, causas pessoais de exclusão da pena, causas de liberação ou anulação da pena), pois existe uma delimitação bastante clara entre elas.

Essa delimitação permite filtrar as classificações doutrinárias, equivocadamente feitas sobre o tema e que, historicamente, contribuíram para o desenvolvimento do estudo dogmático do tema da punibilidade, não só na teoria do fato punível, como será demonstrado, permitindo aumentar com maior rigor, as hipóteses que são identificadas como pressupostos autônomos da punibilidade.

Finalmente, no capítulo VI, que encerra o presente trabalho, serão analisadas as principais repercussões do tema na teoria do delito, com destaque para o erro, a participação, o tempo e o local da comissão do crime e a prescrição, com especial relevo a proposta de uma tese sobre a valoração do erro, que deve ser reanalisado, em termos do reconhecimento de sua relevância.

CAPÍTULO I
A COMPLEXA QUESTÃO QUANTO AOS CRITÉRIOS DE IDENTIFICAÇÃO DA CATEGORIA DA PUNIBILIDADE

1. Considerações iniciais

Sob o ponto de vista dos efeitos inerentes a punibilidade, um dos poucos pontos de convergência de opinião é que nem todas as causas incidentes sobre esta são iguais[17]. Porém, em que pese no capítulo II infra será tratado a questão da autonomia da punibilidade enquanto categoria do delito, o primeiro destaque a ser feito, no objeto do presente estudo é o de que talvez não exista, na Teoria do Delito, tópico com tamanha polêmica causada, especialmente, pelas inúmeras concepções sobre o alcance e o conteúdo compreendidos em um mesmo termo e que, ainda assim, é comumente utilizado pela doutrina, para delimitar e definir o que está incluído nesta seara[18]. Isso, de forma objetiva, pode ser resumido em uma

---

[17] PALAZZO, Francesco. *Corso di diritto penale – parte generale.* Torino: G. Giappichelli, 2013, p. 561-562.

[18] Conforme esclarece Maria Rosa Moreno-Torres Herrera, quanto à determinação do conceito de punibilidade, este implica dotar de conteúdo o dito conceito, mas esta é uma questão pacífica somente na aparência da doutrina, de acordo com a autora "Em princípio, pode observar-se como a imensa maioria dos autores se mostram partidários de incluir sobre esta denominação tanto as chamadas condições objetivas de punibilidade como as causas se exclusão ou anulação da pena, que se caracterizariam pela restrição do âmbito do punível de uma ação típica, antijurídica e culpável", o que, por si só, já é polêmico (HERRERA, Maria Rosa

A PUNIBILIDADE NO DIREITO PENAL

tentativa de racionalizar o contexto da existência de pressupostos da pena, localizados fora do injusto culpável, mas que podem determinar a punibilidade do fato[19].

Na abordagem do tema, nas mais variadas formas, o estudo pode ser desenvolvido a partir de diferentes pontos de partida, de acordo com a postura que se adote ou se pretenda adotar[20], independentemente do fato de se admitir, ou não, a punibilidade como uma categoria independente das que integram o delito, o que já é objeto de cerrada discussão doutrinária[21].

Entretanto, antes de adentrar as discussões inerentes à categoria, é imperativo iniciar a análise dos inúmeros problemas e situações tratadas sob uma mesma terminologia (a punibilidade), mas que comporta níveis distintos de discussão e percepção, em face da confusão existente entre características e consequências da punibilidade[22], bem como da dualidade

Moreno-Torres. *El error sobre la punibilidad*. Valencia: Tirant lo Blanch, 2004, p. 22). Portanto, imperativo adentrar ao problema de até que ponto a punibilidade constitui uma categoria independente dos elementos do delito.

[19] Importa destacar que uma parte expressiva da doutrina sublinha que, em alguns casos, para que seja possível a punição de um fato como delito, exige-se a presença de alguns elementos adicionais – não incluídos no injusto culpável – posto que não respondem à função dogmática e político-criminal assinaladas nestas categorias, admitindo a dificuldade de reconduzir tais elementos excepcionais e adicionais a uma categoria comum, especialmente, face à sua diferente função e significado político-criminal (CONDE, Francisco Muñoz; ARÁN, Mercedes Garcia. *Derecho penal – parte general*. 2. ed. Valencia: Tirant lo Blanch, 1996, p. 417); DIAS, Jorge de Figueiredo. *Questões de direito penal revisitadas*. São Paulo: Revista dos Tribunais, 1999, p. 245. Francesco Palazzo sublinha ser uma exigência a verificação de como pode ser possível que um fato típico, antijurídico e culpável não seja punível (PALAZZO, Francesco. *Corso di diritto penale – parte generale*. 5. ed. Torino: G. Giappichelli, 2013, p. 559). Por fim, resta registrar a existência de autores que não aceitam a categoria da punibilidade, reconduzindo os seus elementos ao injusto culpável ou à individualização da pena, nada obstante coincidam com o tratamento que conferem à punibilidade, em muitos pontos com os partidários da punibilidade (PÉREZ, Octavio Garcia. *La punibilidad en el derecho penal*. Pamplona: Aranzadi, 1997, p. 70).

[20] CORVALÁN, Juan Gustavo. *Condiciones objetivas de punibilidad*. Buenos Aires: Astrea, 2009, p. 3.

[21] O debate sobre a existência de condições que refletem sobre a punibilidade, sem a contrapartida de um princípio teórico retor, mas, de decisões político legislativas, suscitam inúmeros problemas de interpretação em torno de seus limites (SANCINETTI, Marcelo. *Casos de derecho penal*. Buenos Aires: Hammurabi, 2005, p. 307-308).

[22] "A questão, por outra parte, se complica devido à utilização lamentavelmente confusa que se faz de termos, como punibilidade, penalidade, punição e outros similares, com os que se enfrenta o leitor ante uma emaranhada terminologia da qual resta difícil obter algo claro"

de sentido que há na expressão, mais especificamente, daquela advinda do fato de - para uma parte da doutrina - se empregar a expressão com o sentido de merecimento de pena e, para outra, como a efetiva possibilidade jurídica de aplicar uma pena[23]. Assim, *prima facie,* é possível constatar a categoria da punibilidade, em um sentido funcional-normativo, como elemento de ligação entre a dogmática do fato e a política criminal[24].

Em outra vertente, é comum, na doutrina, a admissão da existência de limitadores da punibilidade[25], o que, evidentemente, coloca a questão do papel que possuem esses elementos no Direito Penal, pois a posição majoritária se inclina pela construção de uma categoria específica, para dar guarida a todos os elementos ou, ao menos, uma parte deles. Para tanto, diversas expressões são utilizadas (punibilidade, penalidade, outros pressupostos da punibilidade ou da pena, pressupostos da punibilidade fora do injusto culpável ou da responsabilidade)[26], porém, nem sempre representando um conteúdo similar ou identificando uma mesma situação concreta[27].

(ARNAU, Maria Luisa Cuerda. *Atenuación y remisión de la pena en los delitos de terrorismo.* Madrid: Ministerio de Justicia e Interior, 1995, p. 271).

[23] ZAFFARONI, Eugênio Raul... [et. al.]. *Derecho penal – parte general.* Buenos Aires: Ediar, 2002, p. 878-879.

[24] MILHEIRO, Tiago Caiado; VIEIRA, Frederico Soares. *Do erro sobre a punibilidade.* Lisboa: Quid Juris, 2011, p. 17.

[25] Geralmente, se afirma que as várias causas, incidentes sobre a punibilidade, respondem a razões de oportunidade, nas quais o ordenamento jurídico acredita ser preferível não optar imediatamente pela punição do réu (PALAZZO, Francesco. *Corso di diritto penale – parte generale.* 5. ed. Torino: G. Giappichelli, 2013, p. 615).

[26] PÉREZ, Octavio Garcia. *La punibilidad en el derecho penal.* Pamplona: Aranzadi, 1997, p. 69.

[27] A título de exemplo, afora a divergência na utilização do vocábulo, é possível encontrar autores que intentam estabelecer diferenças conceituais entre os diversos termos utilizados. Guillermo Sauer procura diferir penalidade de punibilidade (em que pese os termos sejam utilizados como sinônimos pela maioria da doutrina), afirmando que a primeira estaria por detrás da segunda ou, na maior parte das vezes, sendo a penalidade o conjunto de pressupostos positivos da pena Segundo a lei ou sentença, de acordo com as exigências da ideia do Direito e punibilidade, é o conjunto daqueles pressupostos da pena que devem ser realizados na lei e na sentença, a fim de que se satisfaça a ideia de Direito, fazendo, ainda, uma graduação subdividindo em punibilidade, pressupostos da pena e fundamentos da medição da pena (SAUER, Guillermo. *Derecho penal – parte general.* Tradução de Juan del Rosal y Jose Cerezo. Barcelona: Bosch, 2000, p. 36-37). Também, Miguel Polaino Navarrete entende ser necessário distinguir punibilidade que se constitui na necessidade de resposta penal, com a penalidade

Esse problema terminológico implica na elaboração de mais de um significado, mesmo pela forma de expressão, cujo sentido – para aumentar a confusão sobre o seu panorama – varia de um idioma para outro, geralmente, com matizes extremamente sutis[28].

Entre os termos que guardam alguma similitude com a ideia de punibilidade, cabe mencionar que os conceitos de penalidade, penabilidade e até merecimento e necessidade de pena possuem significados diferentes ao da palavra original "punibilidade"[29]. Note-se que o termo penalidade, com efeito, segundo o critério mais difundido em nossos dias, alude ao marco penal abstrato assinalado na lei para cada hipótese delitiva, se bem que alguns autores ainda o utilizam como sinônimo de punibilidade. O termo penabilidade, por sua parte, que figura em algumas traduções de textos alemães, carece de um sentido concreto e específico em idioma castelhano, motivo pelo qual não corresponde atribuir-lhe um referencial entre as instituições próprias do direito penal[30].

A questão da abrangência do termo fica estampada no incremento dos mecanismos legais de restrição ao âmbito da responsabilidade criminal, sem que se possibilite compreender o seu alcance e repercussão prática e teórica, em especial, quanto à falta de distinção da *ratio* referente ao conceito de punibilidade e às suas consequências na Teoria do Delito, na Teoria da Pena e da Política Criminal[31], que necessitam ser conceituadas

---

que constitui uma mera característica ou qualidade da pena (NAVARRETE, Miguel Polaino. La punibilidad en la encrucijada de la dogmática jurídico penal y la politica criminal. In: *Criminalidad actual y derecho penal*. Córdoba: Universidad de Córdoba, 1988, p. 32). Por outro lado, não é incomum encontrar autores que utilizam os termos "penalidade" e "punibilidade' como sinônimos, como, por exemplo: FLORIAN, Eugenio. *Parte generale del diritto penale*. Milano: Vallardi, 1934, p. 374 e seq.; CONDE, Francisco Muñoz; ARÁN, Mercedes Garcia. *Derecho penal – parte gereral*. 2. ed. Valencia: Tirant lo Blanch, 1996, p. 418; ASUA, Jiménez de. *Princípios de derecho penal*. 3. ed. Buenos Aires: Sudamericana, 1958, p. 417-431.

[28] COLLAO, Luis Rodriguez. Punibilidad y responsabilidad criminal. *Revista de Derecho de la Universidad Católica de Valparaíso XVI*, Valparaíso: Universidad Católica de Valparaíso, p. 361, 1995.

[29] *Ibidem*, p. 362.

[30] *Idem*, p. 361, 1995. Veja-se também a explicação a respeito de Eugênio Raul Zaffaroni. *Tratado de derecho penal*. Tomo V. Buenos Aires: Ediar, 1988, p. 16-17.

[31] Rodrigo Sanchez Rios adverte que o problema da legislação brasileira segue uma tendência dos ordenamentos jurídicos de um modo geral, quando se observa, no âmbito da política criminal referente aos delitos econômicos, um incremento de institutos jurídico-penais de natureza reparadora, tendentes a excluir ou reduzir a imposição efetiva das consequências

pela doutrina, ante a inexistência de definição legal, mesmo, com a proliferação e a constatação de diversas normas, esparsas pela legislação penal ordinária e extraordinária[32].

Esse problema específico, em relação ao âmbito de abrangência do conteúdo da punibilidade, pode ser percebido na legislação penal brasileira, com a observação da redação do artigo 107 do Código Penal, no qual bastaria considerar o conteúdo da norma, determinando o conceito de extinção da punibilidade (até porque o rol não é taxativo).

No entanto, a redação mostra-se insuficiente, para delimitar todo o conteúdo abordado, referente às condutas previstas em lei, cujo efeito prático é obstaculizar a incidência da pena, eis que há outras hipóteses de restrição do âmbito do punível, restando a sua compreensão dificultada diante do uso de diferente terminologia. Como exemplo cita-se a previsão do art. 181 do Código Penal brasileiro, na qual a opção do legislador deu-se em face da expressão "isenção de pena" ou mesmo dos inúmeros preceitos que se referem à redução de pena, cuja diferença de alcance e localização sistemática (mais especificamente as distinções necessárias à sua aplicabilidade) provoca uma incrível controvérsia no âmbito das Ciências Criminais[33].

---

jurídicas do delito nos crimes fiscais, previdenciários e ambientais, cuja aceitação hodierna de extinção da punibilidade está atrelada a própria atuação do Direito Penal em setores, onde anteriormente não se exigia a sua presença o que, por si só, já é passível de questionamento (RIOS, Rodrigo Sanchez. *Das causas de extinção da punibilidade nos delitos econômicos*. São Paulo: Revista dos Tribunais, 2003, p. 14). José Cerezo Mir adverte, há tempos, que a quantidade de escusas absolutórias vem aumentando na legislação espanhola (MIR, José Cerezo. *Derecho penal*. PG (lecciones 26-40). Madrid: Universidad Nacional de Educación a Distancia, 2000, p. 240). Por sua vez, Ferrando Mantovani observa que é preocupante a crescente tendência em considerar a punibilidade como uma variável independente da ofensa e da função geral preventiva como moeda de troca para conseguir vantagens excêntricas, como, por exemplo a colaboração de mafiosos e terroristas (MANTOVANI, Ferrando. *Diritto penale – parte generale*. 4. ed. Padova: Cedam, 2001, p. 837). Tiago Caiado Milheiro e Frederico Soares Vieira também ressaltam que a legislação hodierna cada vez mais frequentemente recorre a técnica da criação de condições de punibilidade (MILHEIRO, Tiago Caiado; VIEIRA, Frederico Soares. *Do erro sobre a punibilidade*. Lisboa: Quid Juris, 2011, p. 20).

[32] No sentido de ser uma função dogmática a definição legal dos vários institutos inerentes à punibilidade, é a posição de CABANA, Patrícia Faraldo. *Las causas de levantamiento de la pena*. Valência: Tirant lo Blanch, 2000, p. 23).

[33] Aníbal Bruno assinala que seria inútil ensaiar uma classificação das causas extintivas de punibilidade, porém elogia o legislador brasileiro, ao englobar, no artigo 107, do Código Penal, sob um título comum, as causas de extinção da punibilidade (BRUNO, Aníbal. *Direito penal*. Tomo III. 3. ed. Rio de Janeiro: Forense, 1967, p. 197).

Nada obstante, todas elas são tratadas como pertencentes à categoria da punibilidade, sem existir preocupação quanto à divergência de conteúdo existente entre as diversas figuras que compõem a abrangência do termo e mesmo do conceito de punibilidade.

Situação semelhante pode ser encontrada também em outros ordenamentos jurídicos, quanto a uma constatada dualidade de sentido existente na expressão punibilidade. Esta contradição advém da constatação de que para uns o delito é conduta punível e para outros a punibilidade pode depender de outros requisitos, ademais da existência de delito, pois em alguns casos se emprega a expressão punibilidade como merecimento de pena, e em outros como efetiva possibilidade jurídica de aplicar uma pena[34].

Adicione a toda essa dificuldade o fato de não existirem muitos estudos aprofundados sobre o capítulo da punibilidade, embora deva ser reconhecido que o tema vem galgando amplitude nas últimas décadas, principalmente, pela proliferação de trabalhos acadêmicos[35], e que a situação ganha em complexidade, na medida do surgimento de normas penais limitadoras da punibilidade, sem a contrapartida da definição legal dos institutos. A relevância da questão, assim, vai além do interesse meramente teórico, posto que há consequências jurídico-penais em especial nas hipóteses de erro (vide capítulo VII infra) e que, certamente, necessitam ser revistas.

A partir da constatação de que a consequência do delito é fundamentalmente a pena, precipita-se, assim, uma série complexa de indagações,

---

[34] Como é o caso da Argentina. ZAFFARONI, Eugênio Raul, et. al. Derecho penal, parte general, Buenos Aires: Ediar, 2002, p. 878-879

[35] A crescente produção acadêmica possibilitou ampliar os debates em torno dos inúmeros problemas inerentes ao tema da punibilidade, especialmente quanto à sua localização sistemática e consequências na teoria do delito e da pena, a partir da perspectiva funcionalista. A importância do estudo do capítulo da punibilidade e as novas perspectivas são bem explicitadas por Claus Roxin: (ROXIN, Claus. *Causas de justificación y de exculpación y su delimitación de otras causas de exclusión de la pena*. Dogmática penal y política criminal. Traducción de Abanto Vásquez. Lima: Idemsa, 1998, p. 115). Contra: de acordo com Érika Mendes de Carvalho, em obra específica sobre o tema "todo e qualquer avanço investigativo nos domínios da punibilidade só pode lograr o êxito pretendido quando calcado na defesa da dignidade do ser humano e do sistema político-democrático que lhe é consubstancial. E isso só é possível quando se parte de uma Dogmática do Direito Penal informada pelo método da vinculação do Direito às estruturas lógico-objetivas de sua material de regulação na sua versão mais genuína, isto é, naquela que se encontra protegida do mais mínimo traço normativo" (CARVALHO, Érika Mendes de. *Punibilidade e delito*. São Paulo: Revista dos Tribunais, 2008, p. 28).

tratadas como do âmbito da punibilidade, quanto às hipóteses em que ao crime não se sobreponha a coerção penal, porque a legislação determina que esta não deve advir em determinados casos[36]. Trata-se, portanto, de um grupo de exceções, em que a pena carece de operabilidade, por razões distintas ao Direito Penal, pois a regra é que o injusto e a culpabilidade sejam suficientes como pressupostos materiais da punibilidade[37].

Ainda que não seja possível precisar todo o conteúdo abrangido pelo termo "punibilidade", a par das inúmeras discussões dogmáticas conhecidas, uma tentativa de estabelecer parâmetros sobre o alcance deste conceito, como categoria substantiva na Teoria do Delito, é perfeitamente possível, ainda que considerando as inúmeras concepções difundidas comumente, quase sempre com critérios diferenciados, muitas vezes, sem uma base teórica definida ou mesmo identificável, de forma especial, porque se observa que o estudo desta temática e as conclusões apresentadas são dissonantes.

Embora, de uma forma geral, se reconheça o problema inerente ao conceito de punibilidade e a sua disfuncionalidade na Teoria do Crime, a sua identificação e estudo são feitos por meio de premissas díspares, mas que, por vezes, chegam a idênticas conclusões, o que é, por si só, um fato surpreendente e merecedor de muita atenção[38].

---

[36] Na legislação brasileira, a título de exemplo, podem ser elencados os seguintes: crimes patrimoniais, cometidos sem violência ou grave ameaça contra ascendente, descendente e cônjuge, na constância da sociedade conjugal, na forma prevista pelo art. 181, I e II do Código Penal Brasileiro; a isenção de pena, no caso de favorecimento pessoal, prevista no art. 348, § 2º, também do Código Penal brasileiro; a imunidade parlamentar (indenidade, prevista no art. 53, da Constituição Federal brasileira).

[37] MATTONE, Julieta. La excusa absolutoria entre cónyuges. A propósito de la actual redacción del art. 185 del código penal. In: PASTOR, Daniel R. (Dir.); GUZMÁN, Nicolas (Coord.). *Problemas actuales de la parte general del derecho penal*. Buenos Aires: Ad-Hoc, 2010, p. 620. Essa autora faz, ainda, a seguinte consideração: "em síntese, as causas que impedem a resposta penal estatal são: a) penais; i) que excluem a punibilidade; ii) que cancelam a punibilidade (prescrição, indulto, perdão do ofendido, etc.) e b) processuais – ausência de persecução" (*Ibidem*, p. 624-625).

[38] DIAS, Jorge de Figueiredo. *Questões fundamentais do direito penal revisitadas*. São Paulo: Revista dos Tribunais, 1999, p. 244; PÉREZ, Octavio Garcia. *La punibilidad en el derecho penal*. Pamplona: Aranzadi, 1997, p. 27-28; CARVALHO, Erika Mendes de. *Punibilidade e delito*. São Paulo: Revista dos Tribunais, 2008, p. 21.

Acrescente-se, ainda, a polêmica que cerca o próprio tema da punibilidade[39], ou seja, a existência de questões sempre debatidas, tais como a sua admissão (ou não), como uma categoria independente daquelas que integram o conceito de delito[40] (objeto de análise mais detalhada no capítulo II infra) ou como pressuposto adicional adiante do injusto culpável, como requisito do fato punível[41] e, até mesmo, a possibilidade de reuni-lo em um conceito que permita restringir o objeto de estudo, quando se trata da temática "punibilidade", isto é, sobre o que exatamente se está abordando, quando se utiliza o termo "punibilidade" nas Ciências Criminais e, especificamente, na Teoria do Delito e da Consequência do Delito[42].

Toda essa profusão de indagações sobre um mesmo tema, sem permitir representar uma unidade conceitual, implica estabelecer, o que está sendo analisado concretamente, abordando duas questões fundamentais: **a)** determinação do conceito de punibilidade, que não é pacífica, em que a maioria a coloca sobre a denominação tanto de condições objetivas como causas de exclusão (também chamadas de "escusas absolutórias") ou liberação/anulação da pena, que se caracterizariam pela restrição do âmbito do punível de uma ação típica, antijurídica e culpável, sendo essencial esclarecer sobre o que se está falando, quando se utiliza o conceito de punibilidade; e **b)** até que ponto a punibilidade constitui uma categoria independente, bem como se deve ela pertencer ao conceito de delito, porém, à margem do injusto culpável, ou mesmo como uma categoria inde-

---

[39] BRICOLA, Franco. *Punibilità (condizioni obiettive di). Novissimo digesto italiano.* Torino: UTET, 1976, v. XIV, p. 589.

[40] Santiago Mir Puig demonstra que frequentemente na doutrina se encontram definições de delito que acrescentam as notas de comportamento humano tipicamente antijurídico e culpável, que o mesmo seja punível, embora se posicione em sentido contrário, entendendo que não se trata de uma categoria unitária, mas, sim, que faz referência a dois grupos de elementos de distinta natureza (PUIG, Santiago Mir. *Derecho penal – parte general.* 7. ed. Buenos Aires: B de F, 2004, p. 150-151).

[41] ROXIN, Claus. *Derecho penal – parte general.* Tomo I. 2. ed. Tradução de Diego-Manuel Luzón Peña; Miguel Diaz y Garcia Conlledo e Javier de Vicente Remesal. Madrid: Civitas, 1997, p. 970.

[42] Como observa Francesco Palazzo, "A realização de um fato tipico, antijurídico e culpável, deve seguir a produção da consequência jurídica sancionatória estabelecida pela lei. 'Deve', no sentido de que aquele fato previsto como crime pela lei em vista da produção da consequência jurídica e no sentido de que existe todo um complexo aparato organizacional do Estado (o processo, com os seus sujeitos e seus mecanismos), a fim de que materialmente aquela consequência se aplique ao sujeito autor do fato penalmente ilícito" (PALAZZO, Francesco. *Corso di diritto penale – parte generale.* 5. ed. Torino: G. Giappichelli, 2013, p. 557).

A COMPLEXA QUESTÃO QUANTO AOS CRITÉRIOS DE IDENTIFICAÇÃO DA CATEGORIA ...

pendente dos elementos do delito, conceito, plenamente, formado à margem de dita punibilidade[43].

Decerto, é comum se admitir a existência de condições objetivas de punibilidade e escusas absolutórias, como espécies integrantes da categoria da punibilidade[44], como gênero (devendo ser observado que, no presente trabalho, utilizar-se-á a expressão "causa pessoal de exclusão da pena", por entender mais apropriado, para se compreender o que está inserido no termo "escusas absolutórias", mais utilizado pela doutrina brasileira e espanhola[45]), colocando a questão do estudo destes elementos – sua localização sistemática, em especial – no âmbito de estudo do Direito Penal material[46].

No entanto, o aparente consenso doutrinário restrito à punibilidade (mesmo compreendendo os que admitem a sua existência, independentemente de sua localização sistemática) de que esta seria integrada pelas condições objetivas de punibilidade e pelas escusas absolutórias, por questões terminológicas e conceituais, não delimita outros problemas de compreensão, especialmente, quanto ao que se entende abarcado nestas duas espécies do gênero punibilidade.

Enfatiza-se, assim, que há argumentos extremos para tanto e, especialmente, para aqueles que adotam a terminologia "escusas absolutórias", termina por provocar diferentes reflexos no tratamento do erro[47], motivo pelo qual resta imperativo determinar o que está entabulado quanto à incidência da punibilidade em suas diversas formas.

---

[43] HERRERA, Maria Rosa Moreno-Torres. *El error sobre la punibilidad.* Valencia: Tirant lo Blanch, 2004, p. 22.

[44] CORVALÁN, Juan Gustavo. Condiciones objetivas de punibilidad, Buenos Aires: Astrea, 2009, p. p. 95.

[45] ARNAU, Maria Luisa Cuerda. *Atenuación y remisión de la pena en los delitos de terrorismo.* Madrid: Ministerio de Justicia e Interior, 1995, p. 265. A utilização da expressão "escusas absolutórias" é atribuída a SILVELA. *El derecho penal estudiado en princípios y en la legislación vigente en España – segunda parte.* Madrid: Ricardo Fé, 1879, p. 249-250. Na doutrina italiana se fala em causa de exclusão da pena (*cause di non punibilità* e *cause di esclusione de lla sola non punibilità*). (VASSALI, Giuliano. *Enciclopedia del Diritto.* Milano: Giuffre, 1960, v. VI, p. 609 e seq.

[46] CARVALHO, Érika Mendes de. *Punibilidade e delito.* São Paulo: Revista dos Tribunais, 2008, p. 33-34; CORVALÁN, Juan Gustavo. *Condiciones objetivas de punibilidad.* Buenos Aires: Astrea, 2009, p. 95.

[47] A postura tomada em relação à punibilidade será determinante com relação à análise do erro.

Opta-se por discorrer sobre essa constatação, estabelecendo as diferenças conceituais entre as condições objetivas de punibilidade, as causas pessoais de exclusão da pena (escusas absolutórias), e as causas de anulação ou liberação de pena como espécies de um mesmo gênero (a punibilidade). Reserva-se para o capítulo IV, onde serão desenvolvidos tópicos específicos para estabelecer a autonomia de cada uma das três espécies identificáveis, como pertencentes ao gênero punibilidade, especialmente porque é determinante para tratar de sua localização sistemática e os efeitos que daí advém na teoria do delito.

Resumidamente, a questão pode ser colocada sob duas premissas básicas: uma, quanto às condições objetivas de punibilidade, na qual é possível encontrar desde autores que as subdividem em categorias (próprias/impróprias, extrínsecas/intrínsecas)[48] até aqueles que preferem estudar uma parte deste problema no tipo[49], bem como os que negam a sua existência[50] ou as admitem como condições de procedibilidade[51]. Noutra vertente, quanto às causas pessoais de exclusão da pena (escusas absolutórias), o maior problema reside naqueles que sustentam uma dicotomia existente no que designam como escusas anteriores e posteriores ao fato, os quais, conforme será demonstrado, aumentam os problemas de compreensão e interpretação destas figuras na Teoria do Delito, na Teoria da Pena e na Política Criminal.

Porém, todos esses destaques já permitem demonstrar a inconsistência reinante, quando o objeto é definir o que resta compreendido, ao se empregar não somente o conceito, mas ainda, o vocábulo "punibilidade" nos diversos estudos e legislações existentes.

Convém recordar que, muitas vezes, a utilização dessas expressões não condensa o mesmo conteúdo, sendo utilizadas como sinônimos, e outras, para designar diferentes conceitos que não são compreendidos nas denominações mais utilizadas, ou mesmo, para restringir o perímetro de estudo.

---

[48] CAFFARENA, Borja Mapelli. Estudio jurídico-dogmatico sobre las llamadas condiciones objetivas de punibilidad. Madrid: Ministério da Justiça, 1990, p. 20-28.

[49] PUIG, Santiago Mir. *Derecho penal – parte general*. 7. ed. Buenos Aires: Julio Cesar Faira, 2004, p. 151.

[50] ZAFFARONI, Eugenio Raul; PIERANGELI, José Henrique. *Manual de direito penal brasileiro*. São Paulo: Revista dos Tribunais, 1997, p. 772-773; TOLEDO, Francisco de Assis. *Princípios básicos de direito penal*. 4. ed. São Paulo: Saraiva, 1991, p. 155 seq.

[51] ROMEIRO, Jorge Alberto. *Da ação penal*. 2. ed. Rio de Janeiro: Forense, 1978, p. 175.

A COMPLEXA QUESTÃO QUANTO AOS CRITÉRIOS DE IDENTIFICAÇÃO DA CATEGORIA ...

Conforme recorda Juan Bustos Ramírez, "na doutrina espanhola, foram englobadas as escusas absolutórias e as condições objetivas de punibilidade sob a expressão comum de punibilidade"[52]. Porém, uma revisão bibliográfica da doutrina espanhola, mesmo não muito aprofundada, permite afirmar que essa assertiva não se sustenta, porque, nem de longe, representa um acordo sobre o tema, como pode parecer, pois há autores que compreendem, como integrantes da categoria punibilidade, outros institutos, além das condições objetivas de punibilidade e as escusas absolutórias[53].

Neste ponto específico, deve restar presente que o legislador espanhol facilitou, em parte, a diferenciação dos diferentes institutos, eis que, ao empregar o termo "causas de extinção da responsabilidade penal", para aludir aos requisitos que suprimem a obrigação do sujeito de suportar a sua responsabilidade pela comissão de um fato delitivo, mediante o cumprimento de uma pena estabelecida no artigo 95 do Código Penal[54], permite, em princípio, estabelecer uma diferenciação entre punibilidade e pena. Mesmo assim, não foi o suficiente, para obter consenso, ou mesmo, um acordo doutrinário[55].

Como já assinalado, a pesquisa bibliográfica mostra ser possível encontrar o emprego dos termos "punibilidade", "penalidade", "causas de exclusão da pena", "extinção da punibilidade" ou "da responsabilidade penal", entre outros já mencionados, em princípio, expressando um mesmo conteúdo ou uma ideia similar. Deste modo, além de delimitar as diversas formas de emprego da terminologia, torna-se necessário avançar algumas

---

[52] RAMÍREZ, Juan Bustos. *Obras completas*. Tomo I. Lima: Ara, 2005, p. 1013.

[53] Como, por exemplo, Cobo del Rosal, que inclui, neste âmbito, as causas de extinção da responsabilidade criminal (ROSAL, Juan Manoel Cobo del. La punibilidad nel sistema de la parte general del derecho penal español. In: *Estudios penales y criminológicos*. v. VI. Santiago de Compostela: Universidade de Santiago de Compostela, 1983, p. 38 seq.) ou Caffarena que cita, expressamente, a prescrição, a anistia e o perdão da vítima, ocorridos antes da condenação. (CAFFARENA, Borja Mapelli. *Estudio jurídico-dogmático sobre las llamadas condiciones objetivas de punibilidad*. Madrid: Ministerio de Justicia, 1990, p. 52).

[54] Morte do réu, cumprimento da condenação, indulto, perdão do ofendido, prescrição do delito e da pena (MARTIN, Gracia Luiz (Coord.); PASAMAR, Miguel Ángel Boldova; DOBÓN, M. Carmen Alastuey. *Lecciones de consecuencias jurídicas del delito*. Valencia: Tirant lo Blanch, 2000, p. 275).

[55] "Um setor da doutrina afirma que todas as causas de extinção da responsabilidade penal se projetam, não sobre o delito, mas sobre a pena, motivo pelo qual seria mais acertado falar de causas de extinção da pena" (MARTIN, Gracia Luiz (Coord.)... [et al.]. *Lecciones de consecuencias jurídicas del delito*. Valencia: Tirant lo Blanch, 2000, p. 276).

ideias para o estudo mais aprofundado, estabelecendo melhor o conteúdo da punibilidade.

De fato, poucos autores procuram determinar o que entendem por punibilidade. Para Gonzalo Quintero Olivares, "a punibilidade poderia definir-se como o cumprimento dos pressupostos legalmente necessários para que um injusto culpável possa ser castigado"[56]. Mas a definição em comento ainda é insuficiente, tampouco permite dar a dimensão de todo o conteúdo analisado pela doutrina e pelas diversas normas espalhadas pelas legislações penais em geral.

Ainda, segundo o autor supra citado, agora procurando detalhar melhor o entendimento que se deve ter sobre o tema da restrição da aplicação da pena em algumas ocasiões, a realização de um fato típico se oporá à concorrência de uma causa de justificação, ou bem faltará, no autor, imputabilidade, ou haverá atuado em uma situação exculpante – questões estas pertencentes ao âmbito da exclusão da responsabilidade criminal[57].

Já, quando um fato é típico, injusto e culpável, não restará, em princípio, outra opção senão a aplicação da pena, decisão que não é quantitativamente idêntica em todos os casos, porém, variável em função de diversos fatores, que correspondem ao âmbito da determinação da pena.

Entretanto, a concorrência, em alguns casos, da tipicidade, do injusto e da culpabilidade, não bastam para aplicar a pena, e não porque concorra uma causa de isenção, exclusão ou extinção da responsabilidade criminal, senão, porque faltará a punibilidade, definindo-a, como "o cumprimento dos pressupostos legalmente necessários para que um injusto culpável possa ser castigado"[58]. Nesses casos, o legislador inclui certas exceções que operam como pressupostos necessários, a fim de que se possa castigar o fato, e que contraem a eventual ausência de escusas absolutórias e ao cumprimento, se a lei as exige, das condições objetivas de punibilidade[59].

Francesco Palazzo procura estabelecer o universo da punibilidade, justificando a necessidade de uma melhor aproximação desta aos termos da conexão consequencial existente entre o crime e a pena, expresso no que

---

[56] OLIVARES, Gonzalo Quintero. *Parte general del derecho penal*. 3. ed. Pamplona: Aranzadi, 2009, p. 449.

[57] OLIVARES, Gonzalo Quintero. *Parte general del derecho penal*. 3. ed. Pamplona: Aranzadi, 2009.

[58] *Ibidem.*

[59] *Idem*, p. 450.

se compreende por punibilidade, e afirma ainda que este conceito é dinâmico, no qual podem ser distinguidas várias "fases"[60].

Primeiramente, o autor observa o que se considera como a previsão legislativa abstrata de um crime, independentemente, da realização de um fato concreto, de acordo com a previsão. Nesse caso, a pena vem considerada pelo legislador como a ameaça de uma consequência jurídica nas hipóteses em que um crime venha a ser praticado, ou seja, a cominação legal da pena[61].

A seguir, com a realização de um fato criminoso concretamente realizado, a punibilidade deve passar da perspectiva legal de aplicação da pena para a sua implementação efetiva contra a pessoa em carne e osso, autor do ilícito, o que só pode acontecer, por meio do processo penal de conhecimento, que conclua mediante sentença condenatória irrevogável, ou seja, realizado um fato criminoso, até a sentença condenatória definitiva, se fala de punibilidade em abstrato. Em outra vertente, com a sentença condenatória definitiva, a pena é imposta em concreto ao réu, encontrando, assim, a cominação legal da pena à sua execução e individualização[62].

Seguindo o seu raciocínio, Francesco Palazzo esclarece que é, após a irrogação da pena, mediante sentença definitiva, que se fala de punibilidade em concreto, abrindo-se, neste ponto, a fase da execução da pena durante a qual a sanção determinada pelo juiz é imposta ao infrator, vindo a ser efetivamente sofrida (por exemplo: com a detenção no cárcere ou com o pagamento da soma em dinheiro referente à pena pecuniária). Por fim, com a integral execução da pena, a punição se extingue, enquanto possam permanecer posteriores consequências sancionatórias[63]. Assim, Palazzo estabelece uma clara distinção entre a punibilidade em abstrato e em concreto[64].

---

[60] PALAZZO, Francesco. *Corso di diritto penale – parte generale*. 5. ed. Torino: G. Giappichelli, 2013, p. 558.

[61] *Ibidem.*

[62] PALAZZO, Francesco. *Corso di diritto penale – parte generale*. 5. ed. Torino: G. Giappichelli, 2013.

[63] *Ibidem*, p. 558-559.

[64] Outrossim, Francesco Palazzo, após estabelecer esta dicotomia, deixa claro que entende ser a punibilidade uma característica indefectível do crime (*Ibidem*, p. 559). A posição deste autor é a adotada pela maioria da doutrina italiana, no qual as causas de extinção do delito caracterizam-se com a violação do preceito penal, e as causas de extinção da pena restam

A PUNIBILIDADE NO DIREITO PENAL

Filippo Paterniti, de forma mais clara, com maior ênfase na abrangência sobre o universo da não punibilidade, esclarece que "literalmente punibilidade significa possibilidade de punir"[65]. Advirta-se, ainda, que a possibilidade de punição deve poder transformar-se em punição e, em seguida, exigir a previsão específica de uma pena. Quando carece a previsão da sanção e a proposição normativa, é limitada a uma mera punibilidade não realizável e não é possível a aplicação da pena, tampouco o advento da punibilidade[66].

Importante, ante esta colocação, estabelecer que é preciso ter presente que a punibilidade não se confunde com a pena, pois o crime pode existir sem a pena, enquanto, para a isenção da pena, deve existir um delito, mas este, sem a punibilidade, é logicamente inadmissível. Assim, a punibilidade encerra um conceito de possibilidade: é a possibilidade de aplicação da pena.

Portanto, sendo um conceito abstrato, não pode ser acolhida a distinção entre punibilidade em abstrato e punibilidade em concreto, pois o que seria chamado de "punibilidade em concreto" é a pena executável do sujeito não só punível, mas também, já punido[67], até porque o crime é um fato punível, não, um fato punido, ou seja, aquele fato do qual nasce o direito de punir[68].

Reforçando a posição aqui assumida quanto ao vocábulo "punibilidade", após todas essas considerações, para determinar a tomada de postura ao final deste capítulo, insta resgatar a lição de Jorge de Figueiredo Dias no tocante à punibilidade que seria, sob um ponto de vista ainda não evidenciado, um conceito equívoco[69]. Assim o é, porque, face à sua expressão semântica, poderia ser ele entendido como um requisito de cuja verifica-

---

concretizadas após a sentença condenatória transitada em julgado (ANTOLISEI, Francesco. *Manuale di diritto penale – parte generale*. Milano: Giuffré, 1994, p. 700-701).

[65] PATERNITI, Filippo. Appunti sulla non punibilità. *L'Indice Penale*, Padova: CEDAM, v. 8, n. 1, p. 148, 2005.

[66] RUGGIERO. Voce Punibilità. In: *Enciclopedia del Diritto*. Milano: Giuffré, 1988, v. XXXVIII, p. 1118.

[67] BATTAGLINI, Giulio. *Diritto penale, parte generale*. Padova: Cedam, 1949, p. 278.

[68] PATERNITI, Filippo. Appunti sulla non punibilità. *L'Indice Penale*, Padova: CEDAM, v. 8, n. 1, p. 150, 2005.

[69] Sustenta ainda que a categoria punibilidade deve designar a última pedra do edifício do conceito de crime e da respectiva doutrina geral (DIAS, Jorge de Figueiredo. *Direito penal – parte geral*. Tomo I. Coimbra: Coimbra Editora, 2004, p. 626).

A COMPLEXA QUESTÃO QUANTO AOS CRITÉRIOS DE IDENTIFICAÇÃO DA CATEGORIA ...

ção dependeria, em definitivo, a efetiva aplicação de uma pena (ou, eventualmente, de uma medida de segurança), porém não é o que ocorre[70].

Na visão do autor lusitano, a pretensão de traduzir apenas a ideia de que, uma vez presente a punibilidade, estão verificados, no crime, todos os pressupostos indispensáveis para o desencadeamento da punição, faz com que, em vez de dizer-se que os pressupostos da punibilidade desencadeiam sem mais a punição, melhor se dirá que, uma vez eles verificados, se perfecciona o Tatbestand (no sentido da Teoria Geral do Delito) que faz entrar em jogo a consequência jurídica (Rechtsfolge) e a sua doutrina autônoma[71].

Porém, ainda resta esclarecer que é possível acontecer a não efetividade da punição, por outros motivos que não a doutrina do fato, mas, da consequência jurídica (doutrina da pena), ou seja, o fato (ou o crime) apresenta-se integralmente realizado, nada faltando, nem sequer a dignidade penal e, portanto, a 'punibilidade', à sua aptidão para desencadear a consequência jurídica; esta, todavia, não sobrevém porque um tal efeito – a pena – não surge, perante as finalidades que deveria cumprir, como necessário ou proporcional[72].

Deste modo, nessa concepção, o autor apela para o que denomina "conceito de concreta dignidade punitiva", reformulando o conceito que, junto com o de dignidade penal, vem constituindo a *crux* da dogmática jurídico--penal moderna, que seria o conceito de carência de tutela penal efetiva.

Ressalte-se que, independentemente do nome que se dê ao conceito, o conteúdo da ideia fica atrelado não à doutrina do fato ou do crime, mas, da consequência jurídica ou da pena, razão pela qual não deve ser o conceito conexo ao fato punível, porém, à punição como tal. Assim, em vez de carência de tutela penal, melhor se falará, então, de carência punitiva ou carência de punição[73].

---

[70] *Ibidem.*

[71] *Idem*, p. 626.

[72] DIAS, Jorge de Figueiredo. *Direito penal – parte geral*. Tomo I. Coimbra: Coimbra Editora, 2004, p. 626.

[73] Frise-se que Jorge de Figueiredo Dias distingue dignidade penal de carência punitiva, afirmando não estar fazendo uma equiparação com a distinção da análise normológica entre norma de valoração ou de comportamento e norma de sanção, mas, sim, sublinhando que, no plano da norma penal, se dá uma diferença, lógico-materialmente fundada, entre o segmento dirigido à caracterização do comportamento e o da sanção, ou, transpondo a sua ideia para "um plano funcional-sistemático, sublinha que o sistema do crime e o sistema da sanção se

A PUNIBILIDADE NO DIREITO PENAL

Delimitado o conceito de punibilidade, é inevitável reconhecer que, a partir da conclusão de que a punibilidade é a possibilidade de aplicação de pena, em que pesem as posições contrárias (e difusas), tal possibilidade se refletirá na relevância do erro sobre a punibilidade, em face da heterogeneidade e do caráter disfuncional de sua incidência na Teoria do Delito – e a sua relação inevitável com a Teoria da Pena – impondo estabelecer divisões inerentes às diversas formas de restrição da punibilidade (no presente trabalho, separadas em três grupos distintos, conforme estabelecido no Capítulo IV, infra), ou seja, às espécies tratadas comumente sob o gênero punibilidade.

Mesmo assim, perante tantas abstrações feitas a um mesmo conceito, importa determinar ou, pelo menos, estabelecer, de forma aproximada, critérios mínimos àquelas subdivisões concentradas pela doutrina pesquisada, fazendo com que a distinção das suas diversas categorias seja determinada quanto ao conteúdo de seu significado (o que representa), visto que os reflexos, quanto às conclusões em face da relevância do erro sobre a punibilidade, são diferentes, de acordo com o universo compreendido na mesma.

Em resumo, deve ser compreendido o termo "punibilidade" como restrição do âmbito do punível, limitador do *jus puniendi* estatal, fixadas as premissas de admiti-lo como um elemento de ligação entre o delito tentado ou consumado – cujo injusto e culpabilidade já estão determinados definitivamente – e a pena em concreto. Resta imperativo estabelecerem-se as diversas formas de restrição e alcance da punibilidade, apontando as suas características e distinções ante figuras semelhantes, mas, não iguais, cujo tratamento e interpretação costumam variar, nada obstante as dificuldades expositivas que não se reduzem à escassa atenção e elaboração doutrinária que o tema recebe de distintos autores[74].

Porém, a compreensão do que resta compreendido sobre a temática da punibilidade provoca – não só no universo dos estudos existentes – incríveis controvérsias, começando pela terminologia adotada para o tratamento destas questões, culminando com um desencontro de posicionamentos poucas vezes visto na dogmática criminal, chegando Jorge de Figueiredo

---

comportam como dois subsistemas de referência mútua e de complementação obrigatórias" (DIAS, *op. cit.*, p. 626-628).

[74] CABANA, Patrícia Faraldo. *Las causas de levantamiento de la pena*. Valencia: Tirant lo Blanch, 2000, p. 41.

Dias[75] a dizer que aqueles que se deparam com o tratamento tradicional do capítulo relativo aos ditos pressupostos adicionais da punibilidade, não poderão evitar um sentimento de perplexidade e frustração.

Estes elementos ou pressupostos, que não recebem a atenção necessária, têm levado a doutrina, de uma forma geral, a conclusões nem sempre satisfatórias, estando o estado atual sobre o tema, muito distante de uma solução pacífica, reforçando a necessidade da elaboração de reflexões críticas, com o intuito de ultimar se, em alguns tipos concretos, concorrerão outras circunstâncias, aparte da responsabilidade por uma ação injusta, para que exista punibilidade, ou se a concorrência de determinadas circunstâncias exclui a punibilidade que em outro caso se produziria[76].

O apego à dogmática tradicional e a conseqüente dificuldade de encaixar estas figuras com o conceito analítico tripartido de crime é um dos aspectos de destaque, que podem causar – em princípio – uma grande resistência em se admitir sua ubiquação sistemática na teoria do delito.

Outra observação importante é que, o uso abusivo do Direito Penal como forma de controle social termina por resultar na utilização – pelo próprio legislador - de limitadores de punibilidade como forma de amenizar os efeitos drásticos, que surgem do uso desmedido da sanção penal, resultando, conforme o entendimento de uma parte da doutrina, na proliferação das figuras aqui tratadas[77], nas legislações penais em geral, o que reforça a necessidade de se conhecer melhor os critérios que as diferenciam de outras figuras, na busca de sua correta compreensão e aplicação no caso concreto, eis que a resposta da doutrina, em regra, tem sido confusa e pouco aprofundada.

O que é possível asseverar é que já está devidamente identificado pela maioria da doutrina à existência de circunstâncias que, para fundamentarem a aplicação de pena – mesmo ante a um injusto culpável - necessitam estar reconhecidas para possibilitar a imposição da sanção penal, incluídos aqueles autores que não dão importância à distinção conceitual

---

[75] Questões fundamentais do direito penal revisitadas, p. 244.

[76] ROXIN, Claus. Derecho penal, t. I, p. 970.

[77] MIR, Jose Cerezo chama atenção para o fato de que o número de escusas absolutórias aumentou já a partir do código penal espanhol de 1995. Derecho penal, parte general (lecciones 26-40), p. 240.

ou até mesmo negam a existência das chamadas condições objetivas de punibilidade[78].

Estas circunstâncias, não obstante as mais diversas expressões destinadas a sua conceituação, fazem com que a constatação da inexistência de equanimidade sobre o fundamento destas condicionantes justifique uma busca conceitual, em face da existência de outras figuras que possuem alguma semelhança[79] e que, também afastam a punibilidade do fato, mas sob fundamento diverso[80].

A elaboração conceitual ganha importância, na medida em que se observa as condições objetivas de punibilidade, as causas pessoais de exclusão da pena e as causas de liberação ou anulação da pena, por vezes, tratadas em conjunto com aquelas hipóteses em que a concorrência de tipicidade, ilicitude e culpabilidade também não bastam para aplicar a pena, como, por exemplo, as causas extintivas de punibilidade, mas justifica-se pela presença de uma causa de isenção ou exclusão da responsabilidade criminal, e não sob o argumento de que a punibilidade - elemento que para muitos constitui o último dos que compõem o conceito jurídico-penal de delito[81] – não esteja caracterizada.

Mesmo reconhecendo que o fundamento sobre estas excludentes seja heterogêneo, existindo uma certa polêmica até mesmo se estas circunstâncias pertencem ao injusto culpável[82], buscar-se-á superar esta dificuldade, no intuito de permitir uma melhor compreensão destas figuras e a possibilidade de compreende-las dentro do que a doutrina costuma tratar como condições objetivas de punibilidade, escusas absolutórias (ter-

---

[78] Para ZAFFARONI, Eugênio Raul e PIERANGELI, Jose Henrique, as condições objetivas de punibilidade, como foram concebidas "dissipam-se numa série de elementos heterogêneos e a pretensão de sua existência unitária choca-se com o princípio da culpabilidade". Manual de direito penal brasileiro, p. 772-3. ROMEIRO, Jorge Alberto sustenta que não lhe repugna "a conceituação jurídica da representação do ofendido e da queixa como condição de punibilidade, atendendo que é impossível punir se não se pode proceder e vice-versa". Da ação penal, p. 175.

[79] As exceções à punibilidade podem integrar-se em diversas instituições dogmáticas, JAKOBS, Günther. Derecho penal, parte general, p. 411.

[80] Observado o entendimento de parte da doutrina que não faz esta distinção, como por exemplo TOLEDO, Francisco de Assis, sob o argumento de que a doutrina penal não define com exatidão a natureza e o perfil destas figuras, negando até a existência das chamadas condições objetivas de punibilidade. Princípios básicos de direito penal, p. 155 e ss.

[81] QUINTERO OLIVARES, Gonzáles. Manual de derecho penal, p. 445.

[82] ROXIN, Claus. Derecho Penal, tomo I, p. 970.

minologia mais utilizada pelos autores pátrios) e causas de anulação ou liberação de pena.

O cerne da questão reside no fato de que - comumente - as legislações penais não descrevem as situações em que não se aplica pena, sem embargo de que, a existência de um fato típico, antijurídico e culpável, em regra, quando presentes, impõem a aplicação da punição[83], sem fundamentar os motivos pelos quais isenta o agente de pena, surgindo o complexo problema para a dogmática penal que se procurará discorrer no presente trabalho: explicar o fundamento jurídico, as diferenças destas figuras com outras semelhantes e as conseqüências que podem produzir na teoria do delito.

Uma exceção conhecida encontra-se no Código Penal italiano, em seu artigo 44[84], que procura descrever o que vem a ser condição objetiva de punibilidade. Mesmo assim, além da confusão dos termos utilizados, esta norma não aclara a natureza das condições de punibilidade, porque se limita a estabelecer a possível independência entre a condição e a voluntariedade do fato, e não entre aquela e a economia estrutural do delito[85].

Assim, faz-se necessário observar os critérios de individualização, que podem ser utilizados para distinguir estas causas excludentes de punibilidade ante outros institutos, reconhecidos por uma parte da doutrina - ainda que sob fundamentação heterogênea - que também restringem a possibilidade de punição do agente, para uma melhor compreensão destas figuras.

É justamente esta heterogeneidade que termina por não recomendar a elaboração de um rol taxativo das circunstâncias que as configuram, comentando-se cada uma daquelas, mas sim a busca de critérios, conforme o colocado, pois embora o presente trabalho enfrente a questão de onde estariam configuradas na legislação brasileira, isto não significa que se tenha criado uma catalogação absoluta das espécies de condições objetivas de punibilidade, de causas pessoais de exclusão de punibilidade e de causas de liberação ou anulação da pena.

---

[83] QUINTERO OLIVARES, Gonzales, op. cit., p. 445.

[84] "Quando, para a punibilidade do delito, a lei requer que se verifique uma condição, o réu responde pelo delito, ainda que o evento, do qual depende a ocorrência da condição, não seja por ele querido" (Quando, per la punibilità del reato, la legge richiede il verificarsi di una condizione, il cospevole risponde del reato, anche se l'evento, daq cui dipende il verificarsi della condizione, non è da lui voluto).

[85] BETTIOL, Giuseppe. Derecho penal, trad. Jose Leon Pagano, Bogota: Temis, 1965, p. 183.

2. Dos diversos critérios de identificação das chamadas causas excludentes da punibilidade

Com a presença de elementos que não permitem à aplicação de pena e que não pertencem nem ao injusto, nem a culpabilidade, verifica-se indistintamente, tanto na parte geral, quanto na especial do código penal e nas legislações extravagantes, sem que exista uma descrição, sequer indicativa, dos motivos pelos quais o legislador os distribui desta forma[86], que não são poucos os casos em que a culpabilidade jurídico-penalmente captável não justifica, por si só, a pena e que, em todos os casos, deverá agregar-se à necessidade prática de fazer uso da pena para a proteção da ordem social.

Daí supor que, além da realização do injusto culpável, existem outros pressupostos que restringem a punibilidade, que se referem a esta proteção. Isto porque há comportamentos que justificam a necessidade de uma intervenção punitiva que se fundamentam por circunstâncias situadas além da culpabilidade[87].

Como o que se pretende aqui é a delimitação de critérios para fundamentar esta categoria, as hipóteses existentes na legislação brasileira e estrangeira serão analisadas no desenvolvimento do trabalho, ressaltando alguns exemplos da própria lei pátria, bem como da italiana, espanhola e alemã, com o objetivo de não se buscar o casuísmo, colocando a questão de forma universal. Isto porque o estudo das figuras aqui tratadas tem se mostrado descuidado, limitando-se os Manuais e Tratados, a fazer referências genéricas, pois a identificação seria um trabalho da parte especial, já que, em regra, é onde se encontram[88], observando-se, porém, que nas obras da parte especial, em várias ocasiões, há omissão quanto à natureza

---

[86] Ressalvada a hipótese já citada do artigo 44 do código penal italiano.

[87] STRATENWERTH, Günter, Derecho penal, parte general, I, p. 72/73. Segundo Stratenwerth, este grupo de elementos constitui o último dos pressupostos da punibilidade, distinguindo-os em 3 categorias: condições objetivas de punibilidade, escusas absolutórias (causas pessoais que excluem a punibilidade) e causas que deixam sem efeito a punibilidade.

[88] Uma das exceções a qual se costuma fazer referência encontra-se no Código Penal uruguaio, onde as escusas absolutórias estão elencadas taxativamente na parte geral. RIPOLLÉS, Antonio Quintano. Curso de derecho penal, t. I, Madrid: Revista de derecho penal privado, 1963, p. 406 a 408. No mesmo sentido ASUA, Luis J. Op. cit., p. 433. No Código Penal do Brasil no art. 7º, § 2º, alíneas "b" e "c", consideram-se condições objetivas de punibilidade.

dos elementos mais conhecidos como condições objetivas de punibilidade e escusas absolutórias[89].

Resta oportuno analisar que, embora as condições objetivas de punibilidade, as chamadas escusas absolutórias (aqui tratadas como causa pessoal de exclusão da pena) e as causas de liberação ou anulação de pena estejam integradas por elementos muito heterogêneos[90], tratam-se de circunstâncias alheias ao injusto culpável[91], podem ser pessoais e objetivas[92], não se relacionam com o dolo ou a culpa do agente[93] e sua existência é reconhecida de forma quase unânime pela doutrina[94].

Por outro lado, na maioria dos delitos a comprovação de que se está diante de um fato típico, antijurídico e culpável é suficiente para a imposição de pena, mas, em alguns delitos, o legislador incluiu certas exceções que operam como pressupostos necessários para que surja o castigo[95]. Tais pressupostos contraem a eventual ausência de uma causa pessoal de exclusão da pena (escusas absolutórias) e a existência de uma condição objetiva de punibilidade[96].

Nestes casos, conforme a definição de Octavio Garcia Perez "(...) os preceitos penais conectam a imposição da pena à concorrência de uma circunstância adicional (condição objetiva de punibilidade) ou a ausência de um elemento determinado (escusa absolutória)"[97]. Mais: estas condicionantes de punibilidade têm por característica concorrerem durante a execução do delito, podendo ser pessoais e objetivas, sendo estas últimas as que supõem o reverso positivo das condições objetivas de punibilidade[98],

---

[89] PÉREZ, Octavio Garcia. Op. cit., p. 98.

[90] CONDE, Francisco Muñoz: El desistimiento voluntário de consumar el delito, Barcelona: Bosch, 1972, p. 64.

[91] PEREZ, Octavio Garcia. Op. cit., p. 59.

[92] CABANA, Patrícia Faraldo. Las causas de levantamiento de la pena, p. 75.

[93] Contra, no sentido de que estas não se relacionam com o dolo ou a culpa do agente, MESTIERI, João, para quem as condições objetivas de punibilidade integram o tipo subjetivo e devem ser abrangidas pelo dolo. Teoria Elementar do Direito Criminal, p. 383.

[94] PEREZ, Octavio Garcia, op. cit., p. 33.

[95] OLIVARES, Gonzales Quintero. op. cit., p. 446.

[96] Idem, ibidem.

[97] Op. cit., p. 33. No mesmo sentido: MIR, Jose Cerezo. Curso de derecho penal español, parte general, p. 18. RODA, Juan Córdoba. In, Tratado de Derecho penal de MAURACH, Reinhart, nota n. 15, p. 75

[98] CABANA, Patrícia Faraldo, op. cit., p. 75.

A PUNIBILIDADE NO DIREITO PENAL

evitando assim que esta surja quando não configuradas[99], pressupõem a existência de um injusto culpável[100], podem existir não só por motivos de política criminal[101], como também por razões de política geral ou extra-penais, e pertencem ao Direito material[102]. Mas não é só.

Mesmo diante da identificação da doutrina das condições objetivas de punibilidade, parte da doutrina ao dedicar atenção a outras circunstâncias relevantes para a atribuição da responsabilidade penal, também distintas daquelas que compõem o injusto culpável, destaca este efeito negativo, ou face negativa, da possibilidade de permitir a aplicação da pena prevista, com diversas identificações terminológicas, mas que podem ser tratadas como "um conjunto de cláusulas legais habitualmente designadas como causas de não punibilidade"[103].

A distinção pode ser resumida da seguinte forma: quando ausente uma condição objetiva de punibilidade o fato não é punível e, quando ausente a causa de não punibilidade o fato se mantém punível. "Deste modo, o significado axiológico das condições objetivas de punibilidade e das causas de não punibilidade é em regra oposto – as primeiras identificam razões adicionais para punir e as segundas para não punir – e, por isso, estas não podem apenas ser vistas como imagem negativa daquelas"[104].

De outra forma, e deve restar presente que as causas de não punibilidade (causa pessoais de exclusão da pena e causas de liberação ou anula-

---

[99] Idem, p. 45.

[100] A questão de se – em alguns tipos concretos – concorrem outras circunstâncias, aparte do injusto culpável para que haja punibilidade, ou se a concorrência de determinadas circunstâncias exclui a punibilidade que em outro caso se produziria é extremamente polêmica, questionando-se até mesmo sua existência, a quais elementos pertencem e quais os critérios comuns existentes em seu caso que as caracterizem, existindo somente acordo sobre o ponto de partida: que tais elementos não podem pertencer ao injusto ou a culpabilidade. ROXIN, Claus. Derecho penal, parte general, tomo I, p. 970.

[101] Para um setor da doutrina as condições objetivas de punibilidade e as escusas absolutórias têm em comum o fato de basearem-se em razões de política criminal. Neste sentido, por todos: MIR, Jose Cerezo, Curso de derecho penal espanõl, tomo II, p. 18.

[102] JESCHECK, Hans-Heinrich. Tratado de derecho penal, parte general, trad. Jose Luiz Manzanares, 4ª ed., Granada: Comares, 1993, p. 500.

[103] PINTO, Frederico de Lacerda da Costa. A categoria da punibilidade na teoria do crime, tomo II, Coimbra: Almedina, 2013, p. 553.

[104] PINTO, Frederico de Lacerda da Costa. A categoria da punibilidade na teoria do crime, tomo II, Coimbra: Almedina, 2013, p. 553.

A COMPLEXA QUESTÃO QUANTO AOS CRITÉRIOS DE IDENTIFICAÇÃO DA CATEGORIA ...

ção da pena) compreendem comportamentos e elementos (em especiais do agente) que limitam o alcance de seus efeitos[105].

Para que concorra uma causa excludente de punibilidade permitindo caracteriza-la (condição objetiva de punibilidade, causa pessoal de exclusão da pena, causa de anulação ou liberação da pena), é preciso observar, além do que já foi supra mencionado, o momento consumativo do delito, bastando notar se, no decorrer do *iter criminis*, seja possível verificar a presença ou ausência desta, impossibilitando ou autorizando que surja a punibilidade, independentemente da vontade do agente, pois não se relacionam com o dolo ou a culpa.

Contudo, Carlos Martinez Pérez[106] faz a ressalva de que resulta possível a verificação de uma condição objetiva de punibilidade posteriormente a consumação de um fato delitivo, como pode acontecer nos delitos falimentares (onde a exigência de uma sentença declaratória de falência para que surja a punibilidade seria um exemplo emblemático de condição objetiva de punibilidade). Conquanto a sentença declaratória seja posterior a consumação do fato delitivo tal fato, por si só, não desautoriza sustentar que uma das características das condicionantes de punibilidade é concorrer durante o cometimento do delito, ou até mesmo antes.

Para tanto se deve observar que, no tangente a prática do delito falimentar, já se sabe de antemão que a punibilidade somente advirá, caso o juiz prolate a pertinente sentença de quebra, o que é uma condição anterior que poderá ou não advir. De tal modo que, a sentença de quebra - neste caso - só faz depender a punibilidade do agente, não cria uma situação (ou

---

[105] Para Patrícia Faraldo Cabana todas as condutas reparadoras que a lei exige que sejam voluntárias limitam pessoalmente os efeitos das causas de não punibilidade. Las causas de levantamento de la pena, Valencia: Tirant lo Blanch, 2000, p. 74-78. Porém, a legislação não limita a anulação da pena somente ao agente que praticou o comportamento voluntário para diminuir ou eliminar os efeitos de sua conduta. Assim como ocorre com o pagamento do tributo ou com a delação premiada, a conduta voluntária do agente, não impede a punibilidade somente em relação a este, mas pode atingir os demais agentes que tenham praticado um injusto culpável, porém não atuaram voluntariamente. Em suma o comportamento pós delitivo positivo não vincula a não punibilidade somente ao agente, mas poderá alcançar outros que não tenham participado ativamente da conduta que obstruiu a punibilidade, no entanto, dependendo de sua situação jurídica no caso concreto, poderá ser contemplado por uma conduta positiva e pós delitiva de outro agente.

[106] La condiciones objetivas de punibilidad, Madrid: Edersa, 1989, p. 128 e ss.

A PUNIBILIDADE NO DIREITO PENAL

fato) posterior fazendo com que dependa a condição de punibilidade, que – no caso do crime falimentar – é anterior a própria conduta do agente.

Embora tenha em comum o fato de que tratam de liberação de pena de caráter jurídico-material adiante do injusto e da culpabilidade[107] e, em princípio, possa haver uma dificuldade em designar todo o conteúdo objetivamente comum das causas que excluem a punibilidade, principalmente por serem inúmeros os casos particulares de liberação de pena[108], resta possível adotar o critério de discernimento aqui sugerido, que se pretende suficiente para delimita-las, até porque, "(...) é possível dizer que as escusas absolutórias também são condições de punibilidade do delito. Todavia, são condições de punibilidade negativamente formuladas, excluindo a punibilidade do crime no tocante a determinadas pessoas (...)"[109].

Não poucos doutrinadores admitem que a exclusão da pena possa encontrar fundamento, ainda quando já exista um delito perfeito, por motivos de política criminal[110] porém, nem sempre será possível fundamentar a não punibilidade do fato, ainda que exista um injusto culpável, somente em face de ponderações político criminais, quando desde já se reconhece que a liberação de pena poderá ocorrer por outros interesses de caráter extrapenal[111], discussão que será objeto de apreciação específica mais adiante (Veja-se, de forma aprofundada, as observações consignadas no capítulo III, infra).

A busca do critério de distinção entre as diversas causas que restringem ou excluem a punibilidade em determinados delitos, não possui apenas importância formal, pois, em face do entendimento que se tenha destas figuras, podem surgir distintos efeitos jurídicos, principalmente quanto à punição do partícipe[112] e as repercussões que podem ecoar em matéria

---

[107] Segundo ROXIN, Claus há consenso doutrinário neste sentido, in Dogmática penal y política criminal, trad. Manuel A. Abanto Vásquez, Lima: Idemsa, 1998, p. 116.

[108] Idem, p. 115.

[109] PRADO, Luiz Regis. Apontamentos sobre a punibilidade e suas condicionantes positiva e negativa, in, Revista dos Tribunais, n. 776, São Paulo: Revista dos Tribunais, 2000, p. 449/450.

[110] GUIMERÁ, Juan-Felipe Higuera. Las condiciones objetivas de punibilidad y las excusas absolutórias, el nuevo código penalÇ libro homenaje al prof. Dr. Don Ángel Torío Lópes, Granada: Editorial Comares, 1999, p. 387.

[111] ROXIN, Claus. Dogmática penal y política criminal, p. 120.

[112] Neste sentido, CAFFARENA, Borja Mapelli. Estúdio jurídico-dogmático sobre las llamadas condiciones objetivas de punibilidad, p. 158. Por entender que, diferentemente das causas pessoais de exclusão da pena, o reconhecimento de uma condição objetiva de punibilidade

de erro[113], onde há restrições de uma parte da doutrina sobre sua irrelevância em face das excludentes de punibilidade[114].

Claus Roxin[115], reconhece que são numerosos os casos particulares de liberação de pena, cujo pertencer à categoria de causas de exclusão da pena é amplamente discutível, não encontrando um critério de conteúdo que poderia designar o objetivamente comum de todas as causas de exclusão da pena. Mesmo assim, sugere a existência de dois grupos nos quais se realiza o injusto culpável, mas aos quais, por outras razões, lhes nega a punibilidade.

No primeiro grupo estariam: a desistência voluntária na tentativa, o incesto quando os irmãos tenham mais de 18 anos (artigo 173, III, StGB[116]), e o encobrimento de punição a favor de parentes (artigo 258, VI, StGB[117]). Tais casos pressupõem uma conduta injusta, mas o legislador renuncia a

---

afeta tanto ao autor quanto aos partícipes, devido a sua natureza objetiva, bem como quando não haja simultaneidade entre o momento de comissão do fato principal e a verificação do elemento condicionante a participação que se produza nesse espaço temporal intermédio merecerá uma valoração jurídica de acordo com a natureza de dito elemento. Se se trata de condição extrínseca, havida conta de que o objeto da valoração de apoio somente poderão castigar-se, em seu caso, como encobrimento. Pelo contrário, são formas de participação os comportamentos de cumplicidade posteriores ao fato principal mas anteriores a condição objetiva intrínseca ou imprópria.

[113] Segundo CABANA, Patrícia Faraldo, como as excludentes de punibilidade situam-se fora do injusto e da culpabilidade, nem o dolo e nem o conhecimento da proibição necessitam referir-se a elas, resultando irrelevante o erro sobre as mesmas, posição adotada pela maioria da doutrina, op. cit., p. 180. Entretanto, BACIGALUPO, Enrique tem se manifestado criticamente sobre a irrelevância do erro nas escusas absolutórias, Delito y punibilidad, 2ª ed., Buenos Aires: Hammurabi, 1999, p. 165 e ss.

[114] A maioria da doutrina considera que a falta de representação pelo autor do elemento condicionante não impede que este seja penalmente relevante, CAFFARENA, Borja Mapelli, op. cit., p. 119. No mesmo sentido, narrando quanto às escusas absolutórias, de que a opinião majoritária considera que é irrelevante o erro sobre a punibilidade e sobre os pressupostos que servem de fundamento as escusas absolutórias, GUIMERA, Juan Felipe Higuera, Las escusas absolutórias, p. 155. ROXIN, Claus, ao contrário de JAKOBS, Günther entende, por exemplo, que nas causas de exclusão da pena a participação não seria sempre punível, e o erro segue a regra geral. Dogmática penal y política criminal, p. 121.

[115] Dogmática penal y política criminal, p. 115.

[116] "O que consuma o coito com um descendente biológico, será castigado com pena privativa de liberdade até três anos ou com multa. III. Os descendentes e irmãos não serão castigados de acordo com este preceito quando no momento do fato não tenham ainda dezoito anos de idade".

[117] "quem cometa o fato em favor de um familiar não será castigado".

A PUNIBILIDADE NO DIREITO PENAL

pena, por parecer preventivamente inadequado e não necessária. Nestes casos são ponderações sobre os fins da pena que conduzem a impunidade. No segundo grupo não é baseado em reflexões político-criminais, senão em ponderações extrapenais, como por exemplo, a imunidade parlamentar (motivo de Direito Público de proteger a liberdade de expressão); a reciprocidade na punição de delitos contra estados estrangeiros (motivo de política exterior)[118]. Mas esta divisão, ainda não permite um conceito mais exato do que se entende por excludente de punibilidade.

Importante destacar que, ausentes os motivos que autorizam o reconhecimento de uma condicionante de punibilidade, esta em si ainda não surgiu, embora já se esteja diante de um fato ilícito[119]. É o caso, por exemplo, de quando, na situação concreta, verificam-se determinadas circunstâncias que não se produzem até depois de haver realizado a ação punível e eliminam com caráter retroativo a punibilidade já existente[120].

Também não se pode confundi-las com outras causas que impedem a aplicação de pena, como as causas de levantamento (ou liberação) de pena, as causas de extinção da punibilidade e a desistência da tentativa (que serão analisadas individualmente neste trabalho), conforme se observa em uma parte da doutrina, até porque algumas destas podem se configurar, ainda que verificada a punibilidade, ou seja, podem ser independentes da punibilidade e podem possuir consequências distintas.

Como em quase todas as questões relativas a distinção das causas de restrição de pena, não há critério pacífico, existindo outros utilizados para fundamentar a inexistência de condições objetivas de punibilidade e causas pessoais de exclusão da pena (escusas absolutórias) adiante do injusto culpável, sob diversos argumentos que serão analisados posteriormente,

---

[118] Idem, pp. 116/8. Para o autor somente os casos do segundo grupo devem ser reconhecidos como causas de exclusão da pena e condições objetivas de punibilidade, p. 119/120.

[119] Também é importante não confundir as causas que excluem a punibilidade, com as causas de exclusão do crime, "posto que nestas a conduta humana é lícita, isto é, autorizada pelo Direito". DOTTI, René Ariel, Curso de Direito Penal, parte geral, Rio de Janeiro: Forense, 2002, p. 671. Por outro lado, "uma coisa é deixar que um delito se extinga antes de ditar-se sentença – que até pode ser absolutória – e outra permitir que se extinga a pena como consequência jurídica da infração, já declarada em uma sentença penal condenatória". BETTIOL, Giuseppe, Derecho penal, parte general, p. 714.

[120] JESCHECK, Hans-Heinrich faz esta referência para explicar, utilizando a desistência da tentativa como exemplo principal, que, em tais casos, há uma causa pessoal de anulação de pena, op. cit., p. 501.

A COMPLEXA QUESTÃO QUANTO AOS CRITÉRIOS DE IDENTIFICAÇÃO DA CATEGORIA ...

discorrendo sobre a natureza jurídica e análise das diversas posições sobre a ubiquação sistemática na estrutura do delito destas figuras.

Mas, embora de uma forma geral a denominação condições objetivas de punibilidade[121] seja utilizada indistintamente, inclusive por aqueles autores que negam o caráter material destas, o mesmo não ocorre com as causas pessoais de exclusão da pena, mais conhecidas como escusas absolutórias, cuja questão terminológica utilizada para delimita-las termina por trazer ainda mais confusão a sua compreensão.

Alguns autores, embora sustentando que as condições objetivas de punibilidade pertencem ao tipo objetivo, devendo ser abrangidas pelo dolo ou culpa; enquanto outras delas seriam apenas condições de procedibilidade[122], admitem que apesar de que, em regra, todo delito é merecedor de pena, esta ocasionalmente não será aplicada, porque existe impedimento à sua imposição, aceitando que a coerção penal pelo delito atua somente sob certas condições, as quais chamam de condições de operatividade da coerção penal, preferindo-o por entenderem que o termo adotado na maioria dos casos negativos, ou ausência destas condições, chamadas de escusas absolutórias, não teriam um sentido dogmático definido, distinguindo-as em penais e processuais, pois costumam depender de disposições de ambos os caracteres[123].

Mesmo assim, tais autores reconhecem, quanto ao caráter penal, que podem consistir em causas pessoais que excluem a punibilidade, como por exemplo, o artigo 181[124] do Código Penal brasileiro, para alguns delitos patrimoniais entre parentes próximos, podendo ser também causas pessoais que extinguem o castigo porque, "(...) dependendo de um ato ou de uma circunstância superveniente ao delito, fazem cessar a coerção

---

[121] CAFFARENA, Borja Mapelli Caffarena, assevera que a denominação utilizada para identifica-las é pouco afortunada, pois grande parte das circunstâncias do delito que se conhecem como condições objetivas de punibilidade somente em um sentido lato podem admitir dita denominação. Entretanto prefere manter o nome majoritariamente aceito para não acrescentar outro ponto de confusão e conflito. Op. cit, p. 12.

[122] Assim: ZAFFARONI, Eugênio Raul; PIERANGELI, José Henrique, op. cit., p. 769.

[123] Idem, p. 743.

[124] "É isento de pena quem comete qualquer dos crimes previstos neste título, em prejuízo: I – do cônjuge, na constância da sociedade conjugal; II – de ascendente ou descendente, seja o parentesco legítimo ou ilegítimo, seja civil ou natural".

A PUNIBILIDADE NO DIREITO PENAL

penal que até esse momento se havia posta ou poderia ter sido posta em movimento"[125].

Certo é que a utilização do termo escusas absolutórias não é pacífica, embora a exclusão de punibilidade em tais casos seja admitida, mas sob outras denominações, com fundamentos semelhantes[126].

Jescheck[127], que não utiliza a expressão escusas absolutórias, ao abordar os pressupostos da punibilidade localizados fora do injusto e da culpabilidade, admite que as exceções pessoais à punibilidade são circunstâncias que não afetam ao bem jurídico protegido, nem ao modo de cometer-se o delito, nem a atitude do autor frente ao Direito segundo aquele se manifesta no fato, senão que se situam além do injusto e da culpabilidade, guardando relação com a pessoa do autor, também entendendo que estas se encontram fora do injusto e da culpabilidade e que, nem o dolo do autor nem o conhecimento da proibição necessitam referir-se as mesmas, fazendo a importante ressalva de que certas circunstâncias pessoais alheias ao injusto culpável não se configuram como causas de exclusão da pena, senão que tem somente o efeito de pressupostos processuais.

O penalista alemão divide ainda as exceções pessoais a punibilidade como causas de *exclusão da pena* ou causas de *anulação* da pena, ressaltando que as primeiras devem concorrer ao tempo do fato, incluindo a inviolabilidade dos parlamentares[128] e a impunidade dos informes parlamentares verdadeiros[129], com a particularidade deste último de não atuar pessoalmente, senão objetivamente, como exemplos; e as segundas como circunstâncias que não se produzem até depois da realização da ação punível,

---

[125] ZAFFARONI, Eugênio Raul e PIERANGELI, José Henrique incluem ainda como causas extintivas de punibilidade de um ato ou fato, ou circunstância do agente ou de terceiro, ou, ainda, da natureza, posterior ao crime: desistência voluntária e o arrependimento eficaz na tentativa (artigo 15), a prescrição da pena (artigo 109), a graça e o indulto (artigo 107, II), a morte do agente (artigo 107, I), a retratação do agente (artigo 107, VI), o casamento do agente com a vítima ou desta com terceiro, nos casos previstos em lei (artigo 107, VII e VIII), o perdão judicial (artigo 107, IX), o ressarcimento do dano no peculato culposo (artigo 312, parágrafo 3), op. cit., p. 744..

[126] Sobre esta diversidade terminológica ver: PUENTE, Jose LLamas Garcia. Nuestra concepción de las excusas absolutórias, Anuário de derecho penal y ciências penales, vol. 34, Madrid, 1981, p. 81 e ss.

[127] Op. cit., p. 500 e ss.

[128] arts. 46 I GG e parágrafo 36 StGB.

[129] § 37 StGB.

A COMPLEXA QUESTÃO QUANTO AOS CRITÉRIOS DE IDENTIFICAÇÃO DA CATEGORIA ...

eliminando com caráter retroativo a punibilidade existente, citando como exemplo principal à desistência da tentativa[130].

Da mesma forma, o fundamento utilizado por Jescheck para descrever as causas pessoais de exclusão da pena[131], encaixa-se no que se denomina como escusas absolutórias, ressalvada a questão da desistência da tentativa, que parte da doutrina inclui sob a denominação de escusas absolutórias, hipótese que será analisada posteriormente, mas serve de exemplo para demonstrar a confusão causada pela terminologia utilizada para definir o instituto.

Carlos Martínez Pérez[132], que também prefere o termo causas pessoais de exclusão da pena ao de escusas absolutórias, sob o fundamento de que há uma maior propriedade para esclarecer sua preferência, ressalta que as genuínas condições objetivas de punibilidade se encontram estreitamente vinculadas àquelas. Esta vinculação foi tradicionalmente ressaltada na doutrina alemã[133], na ciência penal italiana (advertindo que se afirmasse que semelhante relação permaneceu, em geral, desatendida), onde por vezes se fala de causas de não punibilidade, e na espanhola, em que é freqüente utilizar a expressão escusas absolutórias[134].

Ainda segundo Martinez Pérez[135], o íntimo parentesco destas emana da ideia (destacada pela doutrina alemã dominante) de que em ambas se trata

---

[130] JESCHECK ressalta, todavia, que o indulto, a anistia e a prescrição da persecução penal oferecem uma dupla natureza: constituem tanto causas de anulação de pena como obstáculos processuais, op. cit., p. 502. Quanto à tentativa, ROXIN considera que no caso da desistência voluntária, desde um ponto de vista sistemático, é uma causa de exclusão da culpabilidade, tornando-se até necessário um aprofundamento sobre a posição de ROXIN, inviável nos limites deste trabalho, podendo ser consignado apenas que considera ser preciso ver os conceitos de tentativa e desistência como uma unidade, e que não considera a culpabilidade unicamente do ponto de vista do poder atuar de outro modo, senão interpretando-a partindo da teoria do fim da pena, mas a responsabilidade jurídico-penal desaparece, sendo assim, partindo da teoria do fim da pena, não existe razão para impor sanção, Sobre el desistimiento en la tentativa inacabada, Problemas básicos del derecho penal, trad. Diego-Manuel Luzón Peña, Madrid: Réus, 1976, p. 269 e ss.

[131] Terminologia também empregada por JAKOBS, Günther, Derecho penal, parte general, pp. 410 e ss.

[132] Op. cit., p. 91.

[133] JAKOBS, Günther assevera que quanto às exceções pessoais da punibilidade, excepcionalmente não pertencem sequer ao Direito substantivo, mas sim ao processual, Derecho penal, parte general, p. 411.

[134] Op. cit., p. 91.

[135] Idem, p. 91/2.

A PUNIBILIDADE NO DIREITO PENAL

de pressupostos materiais da punibilidade que se situam fora do injusto culpável, equiparados na estrutura da teoria do delito.

Todavia, após acrescentar que a própria doutrina alemã usualmente distingue as causas de exclusão da pena, com outra conhecida como causas pessoais de levantamento de pena, que podem ser equiparadas para o efeito de distinção com as condições objetivas de punibilidade, consigna que a delimitação destas deve efetuar-se sobre a base de seus efeitos opostos, pois admite que as causas pessoais de exclusão da pena constituem o reverso ou contrapartida das condições objetivas de punibilidade.

Assim, compreende ser possível assegurar que ambas as instituições divergem na medida em que nas causas de exclusão da pena o fato típico é geralmente punível salvo nos supostos especiais em que determinadas pessoas ficam excluídas do castigo penal; pelo contrário, nas condições objetivas de punibilidade, o fato típico não é geralmente punível para nada: exceto no caso de que concorra à condição objetiva[136].

Contudo, tanto nas condições objetivas, como nas causas pessoais de exclusão da pena (ou escusas absolutórias), o que se renuncia é o combate de um comportamento, apesar de que a conduta é desvaliosa e a ameaça da pena poderia estender um efeito inibitório[137].

A este fato, deve-se somar que " (...) o reconhecimento das condições objetivas de punibilidade e das escusas absolutórias é fruto da identificação pela doutrina e jurisprudência de uma série de circunstâncias recolhidas em diferentes preceitos que não se podem introduzir inequivocamente no injusto culpável. Afirma-se que são circunstâncias alheias a este. Sem embargo, mais adiante desta caracterização negativa não se oferecem critérios para delimita-las dos componentes do injusto culpável. Ele pode ser devido a que as condições objetivas de punibilidade e as escusas absolutórias abarcam – segundo se diz – requisitos muito heterogêneos. Daí que a única via para proceder a sua identificação seja a interpretação do correspondente preceito penal"[138].

O que se pode verificar em comum da análise da doutrina, ressalvada a incrível disparidade de posições surgidas sobre uma mesma hipótese, é que nem sempre o injusto culpável se basta para o advento da punibili-

---

[136] Idem, p. 92.

[137] ORDEIG, Enrique Gimbernat., Estudios de derecho penal, 3ª ed., Madrid: Tecnos, 1990, p. 233 e ss.

[138] PEREZ, Octavio Garcia, op. cit., p. 34/5.

dade, mas que a questão terminológica não se apresenta como um obstáculo intransponível para fundamentar a categoria, isto porque, dentre aqueles que admitem a existência de condições objetivas de punibilidade, observa-se que a discussão não reside no termo empregado para delimitá-las, mas muito mais em sua ubiquação sistemática na teoria do delito.

Entretanto, o mesmo não pode ser dito quando se refere as escusas absolutórias[139], termo de origem francesa[140] que, embora adotado pela maioria da doutrina espanhola e italiana, é admitida sob fundamentos semelhantes pela doutrina alemã que prefere o termo causa pessoal de exclusão da pena e causa de supressão ou levantamento de pena. Aliás, quanto a esta última (causa de supressão ou levantamento de pena), deve-se ressaltar – por enquanto - que não possui o mesmo embasamento das chamadas escusas absolutórias, aqui chamadas de causa pessoal de exclusão da pena.

O que se observa é que a preferência terminológica – se escusas absolutórias ou causa pessoal de exclusão da pena[141] – tem pouca importância para a delimitação e fundamentação da categoria, pois há outros exemplos em Direito Penal, tais como o emprego como sinônimo dos termos antijuridicidade e ilicitude, cuja preferência terminológica não compromete o tratamento da matéria.

A doutrina brasileira, em regra, prefere o termo escusas absolutórias para tratar das situações em que se renuncia ao advento da punibilidade,

---

[139] Este termo foi empregado pela primeira vez por Luis Silvela, na obra El derecho penal estudiado en principios y en la legislación vigente em España, em 1879, p. 249 e ss.. Apud, GUIMERA, Juan Felipe Higuera, Las excusas absolutórias, p. 30. e ss.

[140] Apud, GUIMERA, Juan Felipe Higuera, Las excusas absolutórias, p. 29. No mesmo sentido CABANA, Patrícia Faraldo, reforçando que a denominação escusas absolutórias é de procedência francesa, entendendo ser mais clara a classificação, habitual na doutrina alemã, entre causas de exclusão da pena (*Strafausschließungsgründe*) e causas de levantamento ou anulação da pena (*Strafaufhebungsgründe*). Op. cit., p. 45. ZAFFARONI, Eugenio Raul e PIERANGELI, José Henrique, preferem o termo "condições da operatividade penal e não a que uma parte da doutrina deu à maioria dos casos negativos, ou ausência destas condições, chamados de 'escusas absolutórias', que para estes autores não têm um sentido dogmático definido, op. cit., p. 743.

[141] SANTOS, Juarez Cirino dos, utiliza o termo fundamentos excludentes de pena, asseverando que também se chamam escusas absolutórias. A moderna teoria do fato punível, p. 273. Segundo ASUA, Luis Jiménez de, as chamadas escusas absolutórias são reconhecidas pelos escritores alemães sob os termos causas pessoais que liberam da pena (persönliche Straffreiheitsgründe) e causa pessoais que excluem a pena (persönliche Straffausschliessungsgründe). Princípios de derecho penal, p. 432.

A PUNIBILIDADE NO DIREITO PENAL

mesmo ante a um incontroverso injusto culpável. Contudo, o termo não consegue delimitar o conceito daquelas figuras que excluem a punibilidade, em face de uma característica agregada a condição pessoal do agente.

Pior: embora seja freqüente a utilização do termo escusas absolutórias, inclusive por uma parte expressiva da doutrina estrangeira[142], é possível afirmar que assiste razão a Luzón Peña[143] quando - ressaltando a confusão terminológica - recorda que, primeiro a posição tradicional também emprega o termo escusas absolutórias para definir as causas de supressão ou anulação – *a posteriori* – da punibilidade, outros o reservam somente para estas últimas ou somente para as de exclusão de punibilidade; e segundo porque "escusa absolutória" pode fazer pensar em uma exculpação ou exclusão da culpabilidade, não recomendando esta terminologia, por entende-la como uma denominação muito extensa, sugerindo somente a distinção entre causas pessoais de exclusão e de supressão da punibilidade.

No presente trabalho a opção pelo termo causas pessoais de exclusão da pena é adotada, por ser a que melhor permite conceituar as figuras aqui tratadas, bem como para propiciar uma melhor distinção com outras causas (que também serão abordadas neste trabalho) que impedem o castigo mesmo ante a um injusto culpável, já que a divergência de fundamentação sobre esta instituição sugere um grande esforço para não polemizar, ainda mais a matéria, pois sendo o seu reconhecimento pela ciência penal uma realidade - embora seja inegável o mal estar doutrinal causado pelas distintas explicações surgidas desde então – resta em nossa opinião válido o esforço em distingui-la de outras afins.

Nada obstante a questão terminológica existente sobre o termo escusas absolutórias ou causas pessoais de exclusão da pena, afora tantos posicionamentos dissonantes sobre o tema, o tratamento das causas excludentes de punibilidade, como uma categoria inserida como causas excludentes de punibilidade, Roxin sustenta que "(...) em contraposição as condições objetivas de punibilidade, as causas de exclusão de punibilidade (ou de pena) são aquelas circunstâncias cuja concorrência exclui a punibilidade ou cuja não concorrência é pressuposto da punibilidade. A este respeito é freqüente voltar a distinguir entre causas pessoais de exclusão de punibi-

---

[142] Segundo PEÑA, Diego-Manuel Peña, desde SILVELA (1879), a doutrina española emprega o termo escusas absolutórias. La punibilidad, La ciência del derecho penal ante el nuevo siglo. Libro homenaje ao prof. Dr. Don Jose Cerezo Mir, Madrid: Tecnos, 2002, p. 839.

[143] Idem, 839/840.

lidade, causas materiais (objetivas) de exclusão de punibilidade e causas de supressão da punibilidade"[144].

Assim, o mesmo autor, adverte ainda que "(...) a diferença entre condições objetivas de punibilidade e causas materiais de exclusão de punibilidade é de caráter puramente formal; pois é indiferente que, por exemplo, se qualifique a impossibilidade de provar a verdade na injúria como condição objetiva de punibilidade, ou que se qualifique o fato de lograr a prova da verdade como causa material de exclusão de punibilidade"[145].

Todo esse desencontro doutrinário, especialmente no que tange a terminologia adequada para o tratamento destas figuras, permite asseverar que em um ponto há convergência de opinião: o de que tanto as condições objetivas de punibilidade, como as causas pessoais de exclusão da pena, são pressupostos (quer positivos, quer negativos) da punibilidade.

Desse modo, com supedâneo em Octavio Garcia Pérez[146], é possível concluir que como a pena se vincula geralmente a presença de um injusto culpável, tanto as condições objetivas de punibilidade como as causas pessoais de exclusão da pena viriam a constituir circunstâncias que restringem o âmbito da punibilidade, ainda que existam indícios que apontam a existência de diferenças materiais entre elas. Mas as diferenças existentes entre uma e outra não impedem o tratamento de ambas sob a denominação de causas excludentes de punibilidade, eis que esta é a grande questão que se apresenta: entender aquelas hipóteses onde se está diante de um injusto culpável, mas para a aplicação da pena ainda há dependência de outros fatores cuja explicação pela doutrina é heterogênea e não satisfatória.

Como existe uma necessidade de condensar as diversas opiniões existentes sobre o tema, alinhando-as onde são semelhantes, especialmente separando as causas excludentes de punibilidade de figuras afins, já cientes dos critérios que as fundamentam, resta analisar estas outras figuras, disciplinando sua individualização, permitindo observar onde difere das figuras aqui tratadas, tanto no aspecto formal, quanto às conseqüências que advém no caso concreto, o que será feito no capítulo IV infra.

---

[144] Derecho penal, parte general, tomo I, p. 971.
[145] Idem, p. 972.
[146] Op. cit., p. 33 e ss.

3. Orientação dogmática penal adotada referente à categoria da punibilidade

Conforme recorda Adela Asúa Batarrita[147], desde a orientação teleológica-político-criminal, que se proclama continuadora da perspectiva valorativa neokantiana, a apelação aos fins da pena e aos fundamentos político criminais do direito penal, tem enriquecido as explicações sobre o fundamento das categorias tradicionais do sistema tripartido de delito.

Ainda neste sentido, argumenta Batarrita que[148], as bases assentadas por Roxin no início dos anos 70 sobre o sentido e limites da pena estatal assinalaram o marco normativo do Estado de direito e do Estado democrático e social como referente de legitimação e de limitação da faculdade punitiva. Desde estes parâmetros se reconstrói a cadeia argumental integrando na explicação do significado das categorias à referência aos fins, mas também aos limites e funções garantistas que se predicam da faculdade punitiva estatal.

A orientação teleológica político-criminal se desenvolve soltando as amarras do porto da construção formalista-conceitual com o fim de aproximar o discurso dogmático da realidade social do que significa a intervenção punitiva e suas conseqüências.

Em resumo, a obra de Claus Roxin aspira restringir a separação entre política criminal e sistema dogmático, permitindo concluir que "a abertura ao problema, como característica do giro metodológico que se produz na ciência do direito, resulta potencializada na proposta funcional-teleológica ou político criminal, sem renunciar ao sistema cuja construção ou reelaboração prossegue como tarefa irrenunciável ainda quando se proponha um sistema aberto, como síntese provisional em constante revisão (...)"[149], no que arremata Bernd Schünemann que "(...) a opção por um sistema aberto do Direito Penal implica, por um lado, que o conhecimento existente se dispõe em uma ordem removível em qualquer momento; e, pelo outro, que os casos e problemas todavia não advertidos não se julga-

---

[147] Causas de exclusión o de restricción de la punibilidad de fundamento jurídico constitucional, in, MIR, Jose Cerezo (et. al.) El nuevo código penal: presupuestos y fundamentos, libro homenaje al profesor doctor Don Angel Torio López, Granada: Comares, 1999, p. 221/222.

[148] Idem., p. 222.

[149] Idem, ibidem.

rão em reparos pela mesma razão, senão que sempre haverá ocasião para modificar o sistema dado"[150].

Mas esta possibilidade de modificação não autoriza a conclusão de que se deve renunciar a este sistema, conforme observa o próprio Schünemann[151] (entendendo sistema como simplesmente uma ordenação lógica dos conhecimentos particulares alcançados na ciência de que se trate[152]), lecionando que, "(...) ordenação e regulação do saber existente, averiguação das contradições que se dêem e disponibilidade permanente de dito saber em forma orientada ao problema provam, portanto, o valor da construção sistemática, iniludível em qualquer ciência desenvolvida"[153].

Sendo assim, resta advertir que a orientação dogmática pertinente à categoria da punibilidade neste trabalho, ao buscar soluções materiais e sistemáticas, que se impõem sobre o tema aqui tratado, reconhece que somente se poderá realizar a localização sistemática das causas excludentes de punibilidade, adotando-se o conceito de sistema aberto de Direito Penal, o que não significa adotar *in totum*, a proposta de Roxin, porém partindo desta para desenvolver o raciocínio que se pretende dilatar sobre a categoria da punibilidade, tendo como referencial o ensinamento de Schünemann de que o sistema pode ser alterado, o que não significa renunciar a sua existência e importância para a compreensão da ciência penal, conforme se poderá sentir na busca de se compreender as figuras aqui tratadas.

Feito o esclarecimento, cabe - por ora - recordar a conclusão do penalista pátrio Juarez Tavares de que, apenas uma pequena parte da doutrina propõe, no plano teórico em que se move o jurista dogmático, na formulação analítica do conceito de delito, a punibilidade da conduta, alinhando-a junto às categorias jurídicas do injusto e da culpabilidade. A formulação de crime como ação típica, antijurídica e culpável ganhou corpo definitivo e é a mais aceita pela doutrina[154], permanecendo como os pressupostos básicos da imputação da responsabilidade.

---

[150] Introducción al razonamiento sistemático en derecho penal, El sistema moderno del derecho penal: Cuestiones fundamentales, Madrid: Tecnos, 1991, p. 37.

[151] Idem, p. 31.

[152] Esta advertência sobre o significado da idéia de sistema faz-se necessária, pois este significado, é tema dos mais discutidos da metodologia jurídica, restando as opiniões muito divididas. CANARIS, Claus-Wilhelm, Pensamento sistemático e conceito de sistema na ciência do direito, 2ª ed., trad. A. Menezes Cordeiro, Lisboa:Fundação Calouste Gulbenkian, 1996, p. 5.

[153] Idem, p. 32.

[154] Teorias do delito, p. 1.

A PUNIBILIDADE NO DIREITO PENAL

Todavia, como já está consignado de que se parte do entendimento de Roxin, não se pode ignorar que para este autor a culpabilidade fica integrada a categoria ao qual denomina como responsabilidade, incluindo a necessidade preventiva de sanção penal, onde a constatação da responsabilidade do injusto culpável conduz a afirmar a punibilidade, salvo em casos particulares quando esta requer a concorrência de uma condicionante[155].

De tal modo, é possível concluir que, para Roxin, a punibilidade como categoria não pode ostentar a mesma classe que a antijuridicidade ou a responsabilidade, não sendo uma categoria própria do conceito analítico de crime, mas funcionando como verdadeiro filtro para excluir a sanção penal em alguns casos específicos. Noutra vertente, um amplo setor da doutrina alinha, ao conceito de delito, ao lado do injusto e da culpabilidade, também a punibilidade, categoria do delito que procede em suas origens de Binding[156].

Ao reconhecer a existência de elementos fora do injusto culpável que limitam a punibilidade, não se assume, via transversa, a idéia de que se pode incluí-los em uma categoria alusiva a punibilidade[157]. As excludentes de punibilidade de fato não afetam ao injusto nem a culpabilidade, mas tal não significa adotar uma orientação dogmática, alusiva a punibilidade, quando as condições objetivas de punibilidade, as causas pessoais de exclusão da pena e as causas de liberação ou anulação da pena, na verdade, delimitam o âmbito do punível e não somente a aplicação de pena.

Fica assim estabelecida a orientação adotada neste trabalho, relativa a questão da punibilidade, que voltará a ser tratada, em tópico específico, ficando outras questões dogmáticas de grande relevância - que só podem ser analisadas após discorrer sobre todas estas questões já suscitadas - e

---

[155] Derecho penal, parte general, tomo I, p. 977/978.

[156] CAFFARENA, Borja Mapelli. Op. cit., p. 50. Segundo FRAGOSO, Heleno Claudio, foi BINDING quem primeiro destacou a existência das condições objetivas de punibilidade, tendo-as disciplinado com fundamento em sua teoria das normas, Pressupostos do crime e condições objetivas de punibilidade, 1ª parte, p. 744. Segundo HASS, citado por CAFFARENA, o mérito deve ser compartilhado com FRANKE (*Das Deutsche Strafgesetzbucht und die Strafsachen aus Handlungen der Zeit vo dessen Gesetzeskraft*, en "GA", 1872, 20, p. 14 e ss., op. cit., p. 16, nota de rodapé n. 4.

[157] Contra: CABANA, Patricia Cabana. Op. cit., p. 37; PÉREZ, Carlos Martinez Bujan. Los delitos contra la hacienda pública y la seguridad social, p. 133; CONDE, Francisco Muñoz e ARÁN, Mercedes Garcia, Derecho penal, parte general, p. 417 e ss; JESCHECK, Hans-Heinrich. Op. cit., p. 500, PÉREZ, Octavio Garcia. op. cit., p. 380 e ss., dentre outros.

que, depois de ultrapassadas, possibilitam um tratamento mais adequado das conseqüências que podem surgir, de acordo com a orientação dogmática ora seguida.

CAPÍTULO II
PROPOSTA DE DELIMITAÇÃO
DA CATEGORIA DA PUNIBILIDADE

1. A punibilidade como categoria do delito

Dentre as grandes discussões inerentes ao tema em debate, uma das mais importantes resta focada na argumentação referente à localização sistemática da punibilidade, como uma categoria autônoma dentro do conceito de delito. Essa discussão possui indiscutível relevância, pois o reconhecimento da categoria autônoma da punibilidade traz consigo uma série de consequências dogmáticas em matéria de "participação, determinação do tempo e lugar da comissão do crime, aplicação do princípio *in dubio, pro reo*, legítima defesa e princípio da legalidade"[158], entre outros reflexos importantes.

Além do mais, o reconhecimento da existência de pressupostos autônomos da punibilidade impõe algumas perguntas ainda não respondidas, a contento, pela doutrina, tais como: a existência de uma categoria do delito, adiante da tipicidade, antijuridicidade e culpabilidade, bem como, se essa categoria existe, qual lugar ocuparia dentro da estrutura do fato punível e com qual função ou, por hipótese, se poderia configurar uma dogmática

---

[158] PÉREZ, Octavio Garcia. *La punibilidad en el derecho penal*. Pamplona: Aranzadi, 1997, p. 83.

ou política criminal específicas, com características próprias e diferenciada das demais categorias do conceito analítico tripartido do crime?[159]

O objeto de estudo sobre tais pressupostos da punibilidade na teoria do delito, reconhecendo a punibilidade como sendo integrada por figuras de enquadramento sistemático complexo, como o presente trabalho reconhece circunscrito ao que a doutrina comumente identifica como condições objetivas de punibilidade, causas pessoais de exclusão da pena e causas de liberação ou anulação da pena, implicando em investigar se dentro do conceito analítico tripartido (tipo, antijuridicidade e culpabilidade) seria possível afirmar a presença da totalidade dos elementos que determinam e quais são os pressupostos materiais da responsabilidade criminal[160].

Estas questões estão longe de consenso na doutrina - por diferentes razões - especialmente quando esta ignora algumas situações específicas onde tenha de recorrer a enquadramentos sistemáticos, que ultrapassam os limites do conceito tripartido como, por exemplo, acontece com a exigência de sentença declaratória de falência nos crimes falimentares (vide capítulo IV, item 2, infra).

Portanto, antes de abordar as diferentes espécies pertencentes ao gênero punibilidade cujo desenvolvimento será feito no capítulo IV infra, com vistas a dividir e delimitar o universo da punibilidade, no intuito de permitir uma melhor compreensão de todo o seu conteúdo, torna-se fundamental destacar que a admissão da existência de limitadores da punibilidade impõe determinar qual é o efeito destes no Direito Penal.

Basicamente, a doutrina pode ser dividida em duas posições antagônicas: de um lado, aquela inclinada para a construção de uma categoria específica, a fim de dar guarida a todos os elementos (condições objetivas de punibilidade, causas pessoais de exclusão da pena, causas de liberação da pena)[161]; de outro, aquela defensora de que a categoria da punibilidade

---

[159] CÓRVALAN, Juan Gustavo. Condiciones objetivas de punibilidad, Buenos Aires: Astrea, 2009, p. 93.

[160] Questão longe de restar pacificada entre a doutrina, por diferentes razões, que ignora algumas situações específicas tenha de recorrer a enquadramentos sistemáticos que ultrapassam os limites do conceito tripartido.

[161] CONDE, Francisco Muñoz; ARÁN, Mercedes Garcia. Derecho penal – parte general. 2. ed. Valencia: Tirant lo Blanch, 1996, p. 417 e seq.; PALAZZO, Francesco. Corso di diritto penale – parte generale. 5. ed. Torino: G. Giappichelli, 2013, p. 557 e seq.; OLIVARES, Gonzalo Quintero. Parte general del derecho penal. 3. ed. Aranzadi: Pamplona, 2009, p. 449 e seq.; BUJÁN, Carlos Martinez Pérez. Los delitos contra la hacienda pública y la seguridad social. Madrid: Tecnos, 1995,

PROPOSTA DE DELIMITAÇÃO DA CATEGORIA DA PUNIBILIDADE

não pode ser equiparada aos restantes elementos do delito, porque "possuem um caráter residual, excepcional ou não essencial, devido ao escasso número de condições objetivas de punibilidade e de escusas absolutórias existentes"[162], ou mesmo porque, ainda que o número não fosse escasso, não alteraria o conceito de delito[163].

Entretanto, essa divisão entre autores que admitem uma categoria adicional ao injusto culpável, e aqueles que não admitem, apresenta outro problema – diferente daquele já referido ao conceito ínsito na terminologia "punibilidade" (já exposto no capítulo I supra) – que é justamente não conferir identidade de conteúdo, embora possuam o traço comum de não se confundirem com o injusto culpável (posição majoritária, porém, não unânime). Neste sentido, assinala-se que existem autores que outorgam à punibilidade um sentido amplo e doutrinadores que lhe dão um sentido restrito[164], bem como aqueles que rechaçam esta categoria e a reconduzem aos restantes elementos do delito ou à individualização da pena[165].

---

p. 133; JESCHECK, Hans-Heinrich. *Tratado de derecho penal – parte general*. 4. ed. Tradução de José Luis Manzanares Samaniego. Granada: Comares, 1993, p. 500; PÉREZ, Octavio Garcia. *La punibilidad en el derecho penal*. Pamplona: Aranzadi, 1997, p. 380; NAVARRETE, Miguel Polaino. La punibilidad en la encrucijada de la dogmatica jurídico-penal y la política criminal. In: *Criminalidad actual y derecho penal*. Córdoba: Universidad de Córdoba, 1988, p. 26 e seq.; MARINUCCI, Giorgio; DOLCINI, Emilio. *Manuale di diritto penale – parte generale*. 4. ed. Milano: Giuffré, 2012, p. 171; LACERDA, Frederico Pinto de. A categoria da punibilidade na teoria do crime, vol. II, Coimbra: Almedina, 2013, p. 502.

[162] PÉREZ, Octavio Garcia. *La punibilidad en el derecho penal*. Pamplona: Aranzadi, 1997, p. 69. No mesmo sentido: RAMÍREZ, Juan J. Bustos; MALARÉE, Hernán Hormazábal. *Lecciones de derecho penal – parte general*. Madrid: Trotta, 2006, p. 156; MIR, José Cerezo. *Curso de derecho penal español – parte general*. Tomo II. 6. ed. Madrid: Tecnos, 1998, p. 22; MARTIN, Luiz Gracia. *Fundamentos de dogmática penal. Una introducción a la concepción finalista de la responsabilidad penal*. Barcelona: Atelier, 2006, p. 65, nota 115; HERRERA, Maria Rosa Moreno-Torres. *El error sobre la punibilidad*. Valencia: Tirant lo Blanch, 2004, p. 48-49.

[163] CARVALHO, Érika Mendes de. *Punibilidade e delito*. São Paulo: Revista dos Tribunais, 2008, p. 62.

[164] PÉREZ, *La punibilidad en el derecho penal*. Pamplona: Aranzadi, 1997, p. 36.

[165] *Ibidem*, p. 70.

1.1. Teses que admitem a categoria da punibilidade

Ao observar a parte da doutrina que admite a punibilidade, como uma categoria independente na estrutura do delito, conforme já assinalado, verifica-se a inexistência de um mesmo conteúdo. De um lado, podem ser agrupados os autores que outorgam à punibilidade um sentido amplo, abarcando ela todas as condições objetivas de punibilidade, as causas pessoais de exclusão da pena e as causas de liberação da pena. Do outro, aqueles que excluem as condições objetivas de punibilidade, posto que estariam conectadas ao tipo, devendo estar a categoria reservada, apenas, às causas pessoais de exclusão da pena[166].

Pelo fato de, para os autores que se referem às diversas circunstâncias comumente chamadas de "condições objetivas de punibilidade" e "escusas absolutórias" (causas pessoais de exclusão da pena), como aquelas abarcadas como punibilidade, não existir a expressão de idênticas situações, se deve optar pelo vocábulo "teses" no plural, a fim de indicar ao que se propõem, posto haver estreita vinculação com as ilações sobre o que se compreende como condições objetivas e escusas absolutórias, assim como as conclusões obtidas em torno das categorias centrais do delito quanto à concepção que se tenha em torno das categorias centrais do delito[167].

No grupo dos autores partidários das chamadas "teses amplas', é possível observar uma parte que, ao admitir a punibilidade como categoria, termina por justificar que a integração se dá tanto nas circunstâncias que respondem à necessidade de pena, como nas que, apesar desta, dão prefe-

---

[166] MIR, José Cerezo. *Curso de derecho penal*. Tomo II. Madrid: Tecnos, 1998, p. 18 e seq.; PÉREZ, Carlos Martinez. *Las condiciones objetivas de punibilidade*. Madrid: Edersa, 1989, p. 116; ORDEIG, Enrique Gimbernat. *Estudios de derecho penal*. Madrid: Tecnos, 1998, p. 233; ROXIN, Claus. *Derecho penal – parte general*. Tomo I. Tradução de Diego-Manuel Luzón Peña; Miguel Díaz Y Garcia Conlledo e Javier de Vicente Remesal. Madrid: Civitas, 1997, p. 866 e seq.; PÉREZ, *op. cit.*, p. 70; CORVALÁN, Juan Gustavo. *Condiciones objetivas de punibilidade*. Buenos Aires: Astrea, 2009, p. 120-121; PUIG, Santiago Mir. *Derecho penal – parte general*. 7. ed. Buenos Aires: B de F, 2004, p. 50-152. Deve ser observado que muitos autores utilizam a expressão "escusas absolutórias", nos quais acumulam as causas pessoais de exclusão da pena, como escusas absolutórias anteriores, e as causas de liberação da pena, como escusas absolutórias posteriores. Isto implica a realização de uma espécie de subclassificação, de acordo com o grau de amplitude (maior ou menor) que se dá ao conceito de escusas absolutórias, fazendo a distinção, desta forma, entre os autores que denominam "conceito amplo" e "conceito estrito de punibilidade'.

[167] PÉREZ, Octavio Garcia. *La punibilidad en el derecho penal*. Pamplona: Aranzadi, 1997, p. 71.

PROPOSTA DE DELIMITAÇÃO DA CATEGORIA DA PUNIBILIDADE

rência à realização de outros interesses, procedentes do restante do ordenamento jurídico, unificando as condições objetivas de punibilidade, as causas de exclusão da pena, as causas de liberação da pena e algumas das causas de extinção da responsabilidade criminal[168].

Para tanto, esses autores, "partindo de uma concepção da norma penal como norma de determinação, limitam o conteúdo do injusto, ao desvalor de ação"[169]. Desse modo, "enquanto o injusto, baseado unicamente no desvalor da ação e a culpabilidade a ele referido, determina o merecimento de pena, e o resultado afeta a necessidade de pena"[170].

Neste setor da doutrina, que parte de um sistema de Direito Penal funcional, é comum observar a fundamentação da existência de um injusto culpável, no qual o legislador soberanamente decide não castigar o(s) autor(es); portanto restringe o âmbito da punibilidade, em face da necessidade de reconhecer os critérios político-criminais, que tendem a converter o sistema penal em um sistema aberto e conectado à realidade social, sofrendo forte crítica, em especial, quanto ao significado do recurso à política-criminal, como elemento fundamentador do conteúdo das categorias do sistema dogmático e a incidência de limites externos (em particular, ontológicos) a tal recurso, sobretudo quando lhes imputam consequências de arbitrariedade, decisionismo e insegurança jurídica[171].

---

[168] JESCHECK, Hans-Heinrich. *Tratado de derecho penal – parte general*. 5. ed. Tradução de M. Olmedo Cardenete. Granada: Comares, 2002, p. 592 e seq.; PÉREZ, *op. cit.*, 1997, p. 69; CORVALÁN, Juan Gustavo. *Condiciones objetivas de punibilidad*. Buenos Aires: Astrea, 2009, p. 120. Há, ainda, autores que, sem adentrar a discussão das teses amplas e restritas, tratam a graça, a anistia, o indulto, o perdão do ofendido e a prescrição, sob a terminologia escusas absolutórias, como, por exemplo: Enrique Cury Úrzua em sua obra *Derecho penal – parte general*. 3. ed. Santiago de Chile: Universidad Católica de Chile, 2004, p. 789.

[169] CORVALÁN, *op. cit.*, p. 120.

[170] *Ibidem*, p. 121.

[171] SÁNCHEZ, Jesus-Maria Silva. Política criminal em la dogmatica: algunas cuestinoes sobre su contenido y limites. In: *Política criminal y nuevo derecho penal (libro homenaje a Claus Roxin)*. Barcelona: Bosch, 1997, p. 17-18. Neste sentido, veja-se a contundente crítica de Érika Mendes de Carvalho, especificamente, acerca da punibilidade, contra as teses funcionalistas, rechaçando as investigações que tenham por objeto a punibilidade, qualquer avanço investigativo que não esteja calcado na defesa da dignidade do ser humano e do sistema político democrático que lhe é consubstancial o que só seria possível, quando se parte de uma dogmática do Direito Penal "informada pelo método da vinculação do Direito às estruturas lógico-objetivas de sua matéria de regulação na sua versão mais genuína, isto é, naquela que se encontra protegida do mais mínimo traço normativo" (CARVALHO, Érika Mendes de. *Punibilidade e delito*. São Paulo: Revista dos Tribunais, 2008, p. 28 e seq.).

No entanto, mesmo para aqueles que partem da premissa funcionalista, ignorando as críticas aos seus postulados no tocante ao fundamento das categorias do sistema dogmático, encontram-se autores que negam a punibilidade, como pertencente às circunstâncias, baseadas na necessidade de pena, admitindo que tais circunstâncias dão preferência a critérios alheios ao Direito Penal[172], portanto, extrapenais, o que termina por abrir uma outra face da discussão.

Claus Roxin, um de seus principais expoentes, ao asseverar que toda a Teoria do Delito não pode ficar alheia aos critérios político-criminais, sustenta que, em relação à punibilidade, se está diante de uma exceção posto que, neste caso, o elemento que expressa uma decisão sobre a necessidade de sanção é alheio à Teoria dos Fins da Pena, face a considerações extrapenais[173]. Então, cruzando no caminho dos ditos objetivos penais[174], termina por impor a conclusão de que os critérios político-criminais influenciam, sim, a Teoria do Delito, mas não, a punibilidade[175].

As mudanças, postuladas a partir da década de 70 do século passado[176], terminaram por acrescentar novas polêmicas no âmbito da punibilidade,

---

[172] SCHÜNEMANN, Bernd. Introducción al razonamiento sistemático em derecho penal. In: *El sistema moderno del derecho penal*: cuestiones fundamentales. Madrid: Tecnos, 1991, p. 63; ROXIN, Claus. *Derecho penal – parte general*. Tomo I. Tradução de Diego-Manuel Luzón Peña; Miguel Díaz Y Garcia Conlledo e Javier de Vicente Remesal. Madrid: Civitas, 1997, p. 970.

[173] ROXIN, Claus. *Derecho penal – parte general*. Tomo I. Tradução de Diego-Manuel Luzón Peña; Miguel Díaz Y Garcia Conlledo e Javier de Vicente Remesal. Madrid: Civitas, 1997, p. 969 e seq.

[174] CORVALÁN, Juan Gustavo. *Condiciones objetivas de punibilidad*. Buenos Aires: Astrea, 2009, p. 122.

[175] Insta ainda recordar que Claus Roxin propõe a criação de uma categoria dentro do conceito analítico de delito, a qual chama de "responsabilidade", na qual realiza a dogmática de sua Teoria Político-criminal dos Fins da Pena, em que distribui os pressupostos da punibilidade que funcionam como critérios da preeminência de determinadas finalidades extrapenais, concebendo a responsabilidade como uma categoria composta de dois aspectos: um, a culpabilidade; outro, a necessidade preventiva a deduzir da lei a sanção penal (necessidade de pena).

[176] "Em 1970, são publicados três trabalhos que, com diferentes matizes, realizam propostas neste sentido. E. Schmmidhäuser, é quem declara expressamente que seu objetivo é a construção de um sistema teleológico de delito. Isto significa – segundo este autor – que o sistema se elabora desde o fim deste que é 'a justa aplicação do Direito'. Ele supõe – conclui o autor – desenhar a estrutura do delito desde a pena" ROXIN, C.: Kriminal politik. *Passim*, se plante a superar a separação entre a dogmática e a política criminal, introduzindo conteúdos desta na primeira. (SCHMMIDHÄUSER, E. Strafrecht, *op. cit*, ps. 110 e ss., *apud* PÉREZ, Octavio Garcia. *La punibilidad en el derecho penal*. Pamplona: Aranzadi, 1997, p. 71, nota de rodapé n.

PROPOSTA DE DELIMITAÇÃO DA CATEGORIA DA PUNIBILIDADE

no que concerne à sua localização sistemática e ao seu reconhecimento, enquanto categoria autônoma, posto que a integração da política-criminal na Teoria Jurídica do Delito, com especial atenção às procedentes da pena e aos seus fins, deslocam a discussão em torno da necessidade e conveniência da sanção penal, até então alocadas como objeto da política criminal[177], mas, apenas, com referência aos fins da punição, através das condições objetivas de punibilidade, e às causas pessoais de exclusão da pena[178].

Essa heterogeneidade de espécies do gênero "punibilidade", percebida entre os defensores das teses amplas e restritas, embora representem a admissão pela maioria da doutrina da existência de pressupostos limitadores da punibilidade, mesmo sopesando que estão muito distantes de um consenso sobre estas figuras, certamente, sugerem que elas são um obstáculo considerável às ponderações sobre a relevância do erro, pois, quase sempre, não se sabe o que está delimitado como elemento inerente à punibilidade (muitas vezes, confundido como da culpabilidade[179]).

Dentro deste emaranhado de argumentações, tendo como premissa os postulados funcionalistas, Octavio Garcia Pérez traz a lume outras ponderações quanto à necessidade de agregar uma outra categoria adiante do injusto culpável, admitindo uma finalidade preventiva geral positiva à pena, que se justifica, por sua utilidade social para o sistema (sua funcionalidade), cuja existência fundamental é assegurar a confiança que a

---

14). E. Gimbernait propõe a renúncia a um Direito Penal, baseado na culpabilidade, e a sua substituição por outro construído, a partir das necessidades preventivo-gerais e preventivos especiais". (GIMBERNAIT, E.: Estudios. *op. cit.*, ps. 140 e ss., *apud* PÉREZ, Octavio Garcia. *La punibilidad en el derecho penal.* Pamplona: Aranzadi, 1997, p. 71, nota de rodapé n. 14).

[177] RIPOLLÉS, Jose Luiz Díez. Recensión a *Rechtfertigung und Entschuldigung im deutschen und spanischen Recht* de Walter Perron. In: Anuario de Derecho Penal y Ciencias Penales, 1988, p. 1086 e seq.

[178] PÉREZ, Octavio Garcia. *op. cit.*, p. 71.

[179] CARVALHO, Érika Mendes de. *Punibilidade e delito.* São Paulo: Revista dos Tribunais, 2008, p. 39. Outrossim, em outras situações, para efeito de relevância do erro, encontram-se autores, como por exemplo, Enrique Bacigalupo e Maria Rosa Moreno-Torres Herrera, que propõem uma aproximação analógica de algumas modalidades de erro sobre a punibilidade, em face de causas pessoais de exclusão da pena, com o erro de proibição (BACIGALUPO, Enrique. *Delito y punibilidad.* Madrid: Civitas, 1983, p. 160 e seq.; HERRERA, Maria Rosa Moreno-Torres. *El error sobre la punibilidad.* Valencia: Tirant lo Blanch, 2004, p. 104 e seq.). Convém, ainda, observar que da leitura das ilações de Bacigalupo, ao fundamentar sua posição, não é possível excluir a admissibilidade do erro sobre as condições objetivas de punibilidade, embora não exista uma referência expressa quanto a essa possibilidade.

sociedade deve ter na validade da norma, sendo esta a função inerente à punibilidade, como categoria do delito[180].

Acrescenta ainda que a subsidiariedade do Direito Penal sustenta as justificativas sociais da pena, pois admite que, se a estabilização da vigência da norma pode ser alcançada por outros meios menos gravosos, logo, extrapenais, o recurso à pena não será funcional, concluindo que a justificativa social da pena implica uma valoração específica, que faz jus à criação de uma categoria autônoma denominada "punibilidade"[181].

Podem ainda ser considerados como pertencentes ao grupo de autores que são partidários das teses amplas da punibilidade, mesmo sem admitir explicitamente a existência de uma categoria adicional ao injusto culpável, aqueles que atribuem uma relevância especial à punibilidade, com diferentes matizes daqueles sustentados pela parte da doutrina que o faz de forma mais explícita.

Marcelo Sancinetti sustenta ser a punibilidade uma consequência do delito e não, o seu pressuposto, destaca porém que a aplicação de uma pena pode depender também de outras circunstâncias próprias do direito material (por exemplo, as condições objetivas de punibilidade e as causas pessoais de exclusão da pena). Admite, assim, a existência de várias condições que influenciam na punibilidade e que não respondem a um princípio teórico dominante, mas, sim, a decisões de política legislativa, visto que, para a sua aplicação, não faz falta uma preparação especial, podendo suscitar problemas de interpretação em torno de seus limites[182].

Maria Rosa Moreno-Torres Herrera, embora admita a punibilidade como uma quarta categoria, afirma que, assim o fazendo, não está afirmando existir uma outra categoria do delito, mas, sim, de que a punibilidade seria um conceito que não se une aos outros, para conformar o delito, entretanto, que, na maioria das vezes, perfila o conceito de delito, acrescentando-lhe um matiz que se refere à conduta qualificada como delitiva e que seja, ainda, punível, não formando este termo uma parte do conceito de crime. Tampouco completa a sua definição acrescentando, apenas, uma nova característica, concluindo que, diante de um delito punível, se exige a

---

[180] PÉREZ, Octavio Garcia. *La punibilidad en el derecho penal*. Pamplona: Aranzadi, 1997, p. 380 e seq.

[181] *Ibidem*. Recorde-se que Claus Roxin relaciona a justificação social da pena com a culpabilidade, sustentando a inclusão na categoria da responsabilidade.

[182] SANCINETTI, Marcelo. *Casos de derecho penal*. Buenos Aires: Hammurabi, 2005, p. 307-308.

realização de uma dupla valoração e recorre aos conceitos de merecimento de pena, como desvalor da ação, e à necessidade de pena, como a utilidade ou a conveniência da sanção criminal[183].

Em outra vertente, ainda que admitam a punibilidade como uma categoria autônoma do delito, mas atribuindo um conceito mais restrito, parte da doutrina, diferente daquela que admite o conteúdo amplo, limitando o seu conteúdo, sustenta que as chamadas "condições objetivas de punibilidade" localizam-se no injusto, como elementos do tipo, ainda que diferenciadas de alguns deles[184].

Esta postura, atribuída a Sauer, sustenta que a não inclusão das condições objetivas de punibilidade deve-se ao fato de sua proximidade ao injusto, como elementos típicos, mas não, idênticos e receber um tratamento diferenciado[185].

A objeção, quanto a considerar as condições objetivas de punibilidade, como não integrante da punibilidade, enquanto categoria do delito reside, precipuamente, a partir de uma diferente concepção do tipo de injusto, em fazer a distinção entre tipo legal, que são as circunstâncias fixadas, a partir do dolo e do tipo de injusto, que é composto do tipo legal e da lesão merecedora de pena de um bem jurídico[186].

Desta forma, as condições objetivas de punibilidade passam a ser co--fundamentadoras do injusto, mesmo que possam ser objeto de dolo e não pertençam ao tipo, por motivos político-criminais, porque, se for exigível o dolo sobre estas, o preceito seria praticamente inaplicável[187].

---

[183] HERRERA, Maria Rosa Moreno-Torres. *El error sobre la punibilidad*. Valencia: Tirant lo Blanch, 2004, p. 62-68.

[184] ÁSUA, Jimenez de. *Tratado de derecho penal*. Tomo VII. Buenos Aires: Losada, 1977, p. 48; HASSEMER, Winfried. *Fundamentos del derecho penal*. Tradução de Francisco Muñoz Conde e Luis Arroyo Zapatero, Barcelona: Bosch, 1984, p. 236 e seq.; MEZGER, Edmund. *Tratado de derecho penal*. Tradução de José Arturo Rodríguez Muñoz. *Revista de Derecho Privado*, Madrid, tomo I, p. 367-370, 1955; DEVESA, Rodriguez; GÓMEZ, Serrano. *Derecho penal español – parte general*. 16. ed. Madrid: Dykinson, 1993, p. 419.

[185] SAUER, *apud* CORVALÁN, Juan Gustavo. *Condiciones objetivas de punibilidad*. Buenos Aires: Astrea, 2009, p. 126.

[186] Posição de Sax, compilada por PÉREZ, Octavio Garcia. *La punibilidad en el derecho penal*. Pamplona: Aranzadi, 1997, p. 74-75.

[187] CORVALÁN, Juan Gustavo. *Condiciones objetivas de punibilidad*. Buenos Aires: Astrea, 2009, p. 126.

A PUNIBILIDADE NO DIREITO PENAL

Seguindo esta linha de pensamento, mas não, com identidade de posição, Borja Mapelli Caffarena leciona que, mesmo com a possibilidade, em determinados momentos de, nas condições objetivas de punibilidade, estas poderem estar concretizadas em resultados alheios ao dolo, tal não enseja a ubiquação desses elementos condicionantes na punibilidade (fora do delito), pela sua proximidade com o injusto culpável, enquanto, em outras, não se constata o mesmo vínculo. Reconhecendo a heterogeneidade da situação, o autor admite a dificuldade da inserção de todas as condições objetivas de punibilidade na categoria punibilidade, posto que nem todas possuem proximidade com o injusto culpável[188].

Santiago Mir Puig afirma, no que tange às condições objetivas, que estas afetam o caráter penal da antijuridicidade do fato, fazendo depender delas o injusto penal. Para o autor, "a antijuridicidade de fato não pode, certamente, condicionar-se a que seja penal, mas sem esta característica é evidente que não será penal[189]. Já, quanto às causas pessoais de exclusão da pena, nas quais também são agregadas as causas pessoais de liberação da mesma, entende ele que estas não impedem a presença de um delito, mas, excepcionalmente, o castigo do mesmo[190].

No entanto, o autor admite que a punibilidade afeta todas as categorias do delito e reconhece que as causas de exclusão da responsabilidade criminal vêm sendo ampliadas, à medida que aparecem tratamentos alternativos à pena e se define o delito como um comportamento humano penalmente antijurídico e imputável a seu autor, compondo um conceito que engloba "antijuridicidade penal, tipicidade penal e responsabilidade penal"[191], motivos pelos quais terminam por incluí-lo no rol dos autores que admitem a punibilidade em sentido estrito.

---

[188] CAFFARENA, Borja Mapelli. *Estudio jurídico-dogmatico sobre las llamadas condiciones objetivas de punibilidad.* Madrid: Ministerio de Justicia, 1990, p. 56. O autor chega a sustentar que a busca por um fundamento material para a categoria punibilidade está fadada ao fracasso, pois, ela não traria um novo elemento de valoração sobre o fato ou o autor.

[189] PUIG, Santiago Mir. *Derecho penal – parte general.* 7. ed. Buenos Aires: B de F, 2004, p. 151. Para o autor, "o tipo penal é o conceito que serve para selecionar os fatos que são penalmente relevantes, o mais oportuno parece incluir todos os elementos que condicionam a objetiva punibilidade de um fato – tanto se afetam a gravidade do injusto, como se obedecem a outras razões politico-criminais – no tipo penal. Este aparecerá, então, não somente como tipo de injusto, senão como tipo de injusto penal".

[190] *Ibidem*, p. 152.

[191] *Idem*, p. 152.

PROPOSTA DE DELIMITAÇÃO DA CATEGORIA DA PUNIBILIDADE

Porém, à parte de todo esse manancial argumentativo, deve restar presente, independentemente da adesão às teses restritas ou amplas da punibilidade como categoria autônoma, que, simplesmente, não existe acordo quanto aos grupos de situações que configuram quer as condições objetivas de punibilidade, quer as causas pessoais de exclusão da pena (escusas absolutórias) e as causas de liberação da pena, conforme será visto no capítulo seguinte. A disparidade de conceituações é impressionante, trazendo problemas óbvios no que concerne à avaliação dos efeitos que provocam na teoria do delito, decorrente do conceito que se tenha quanto à categoria da punibilidade, recomendando, a partir do reconhecimento, quase unânime da disfuncionalidade destas figuras, estabelecer as diversas espécies do gênero "punibilidade" em grupos distintos, buscando detalhá-las e identificá-las, face à semelhança e aos requisitos inerentes à sua identificação.

1.2. Teses que rechaçam a punibilidade como categoria essencial do delito

Contrariando a posição que admite a existência de uma categoria do delito localizada além da tipicidade, da antijuridicidade e da culpabilidade, convictos de que se trata da posição mais adequada, especialmente, porque o seu tratamento possui inúmeras particularidades, alguns autores negam ser necessário o seu reconhecimento, reconduzindo, por conseguinte, a sua incidência ao âmbito da individualização da pena.

Mesmo assim, até mesmo para aqueles que negam a possibilidade de agregar a definição de delito à punibilidade, como seu elemento constitutivo, também não se observa identidade de fundamentação.

Luis Gracia Martin é um dos mais ardorosos críticos contrários à admissibilidade da punibilidade, como categoria autônoma do delito. Para o autor, a punibilidade não afirma nada, nem afeta o fato de poder ser apenado, pois o que se denomina "punibilidade" constitui um juízo posterior de se, ou, em que medida procede a imposição e a aplicação da pena[192]. Desta forma, sob este ponto de vista, as circunstâncias do fato da norma não possuem relação com a punibilidade, restrita à condição de consequência jurídica do delito, ou seja, à imposição da pena.

Érika Mendes de Carvalho, na mesma linha crítica, primeiramente, realiza a distinção entre a punibilidade, em termos de consequência, e como

---

[192] Prefácio em CARVALHO, Érika Mendes de. *Delito y punibilidad*. Madrid: Reus, 2007, p. 13.

pressuposto na definição de delito, para, após, afirmar existir a ocorrência de uma verdadeira tautologia ou a inclusão da punibilidade, como elemento do delito, visto que, em sua visão, não seria lógica a existência de um elemento que fosse, ao mesmo tempo, causa e consequência do crime[193].

Segundo a autora, sequer seria admissível qualquer dependência ou porosidade entre o delito e a punibilidade que são independentes, sendo a punibilidade um pressuposto da pena exigida, excepcionalmente, por razões político-criminais. Afirma ainda que a natureza dos elementos condicionantes e a Teoria da Pena, que deve informar um Estado democrático e social de direito, são fatores que impedem a inserção da punibilidade, como elemento do delito. Entretanto, após inúmeras considerações, admite que, em ocasiões excepcionais, se exija, como pressuposto da imposição da pena alheio ao delito, a concorrência de uma condição objetiva de punibilidade ou a ausência de uma escusa absolutória[194].

Juan José Bustos Ramírez e Hernán Hormazábal Malarée, em argumentação mais resumida, opinam que, na definição do delito, não se exige acrescentar o elemento "punibilidade", visto que este não seria um elemento constitutivo. Para os pesquisadores, a punibilidade "se trata de considerações de necessidade de pena ou de caráter político-criminal que conduzem a prescindir da pena ou a mitigá-la atendendo a uma possível resolução do conflito"[195].

Neste contexto, conforme Manuel Cobo del Rosal, todo delito é fato punível, ao admitir que a referência à punibilidade, quanto à cominação de pena, no conceito de delito, é indiscutivelmente lógica, faltando sentido a uma noção de delito sem punibilidade, ou seja, como fato não punível, porém reconhece que existem delitos sem pena, em suma, que não são punidos[196].

Como assevera o doutrinador supra mencionado, deve ser admitida a diferenciação entre uma função conceitual e outra estrutural ou sistemá-

---

[193] CARVALHO, Érika Mendes de. *Punibilidade e delito*. São Paulo: Revista dos Tribunais, 2008, p. 60 e seq.

[194] CARVALHO, Érika Mendes de. *Punibilidade e delito*. São Paulo: Revista dos Tribunais, 2008, p. 60 e seq.

[195] RAMÍREZ, Juan J. Bustos; MALARÉE, Hernán Hormazábal. *Lecciones de derecho penal – parte general*. Madrid: Trotta, 2006, p. 156.

[196] ROSAL, Juan Manuel Cobo del. La punibilidad en el sistema de la parte general de derecho penal español. *Estudios penales y criminológicos*. Santiago de Compostela, 1983, v. VI, p. 38 e seq.

tica da punibilidade, sendo que naquela torna-se necessária a utilização do termo "punibilidade", como uma possibilidade legal de pena no conceito de delito, não significando, via transversa, que, por isto, exista outro ou novo elemento sistemático, sendo a punibilidade uma espécie de nota conceitual. Representa, assim, que o delito é um fato punível, mas não necessariamente punido, estando alocado na Teoria das Consequências do Delito[197].

Porém, deve ser ressaltado que Cobo del Rosal equipara as causas de extinção da responsabilidade penal (equivalente às causas de extinção da punibilidade no ordenamento jurídico brasileiro), em termos de valor interpretativo, conferindo identidade às causas pessoais de exclusão da pena[198], o que demonstra que, mesmo entre aqueles que rechaçam a punibilidade, como categoria do delito, o reconhecimento dos elementos que compõem o universo, compreendido como punibilidade, não é o mesmo.

Nesta perspectiva, note-se que Juan Bustos Ramírez, alinhado à opinião de que a punibilidade não faz falta como categoria, posiciona-se de forma diferente, eis que, embora admitindo que as causas pessoais de exclusão da pena (o autor prefere a expressão "escusas absolutórias") e as condições objetivas de punibilidade não sejam equivalentes aos elementos do injusto, estabelece, contudo, que, de certa forma, dizem respeito à necessidade de pena, sendo considerações estritamente político-criminais, mas, ligadas ao injusto em determinados casos, com referência ao sujeito ativo, e, em outras, à mesma situação sobre a que se erige o injusto, as explicativas de sua presença dentro do sistema da Teoria do Delito e não, da Pena[199].

Para os críticos da punibilidade como categoria independente, o foco da discussão reside no âmbito da individualização da pena, basicamente na necessidade de pena, por razões político-criminais, sempre referidas na fundamentação das posições críticas, devendo restar o merecimento de pena atrelado ao desvalor sobre a essência do ilícito, constituído como desvalor da ação[200].

---

[197] *Ibidem*, p. 22 e seq.

[198] O autor reconhece que a expressão "causas pessoais de exclusão da pena" se sobrepõe ao vocábulo "escusas absolutórias", termo comumente utilizado entre os autores de língua hispânica e portuguesa. (*Ibidem*, p. 46 e seq., 1983).

[199] RAMÍREZ, Juan Bustos. *Derecho penal – parte general*. Tomo I. Lima: Ara, 2005, p. 1013-1020.

[200] HERRERA, Maria Rosa Morento-Torres. *Tentativa de delito y delito irreal*. Valência: Tirant lo Blanch, 1999, p. 51 e seq. Em sentido semelhante: JESCHECK, Hans-Heinrich. *Tratado de*

A PUNIBILIDADE NO DIREITO PENAL

Opondo-se a esta distinção, mas, alinhando-se à doutrina que não integra a punibilidade como elemento do crime, Günther Jakobs afirma que esta desconhece que a determinação dos pressupostos da punição deve observar a necessidade de solucionar um conflito por meio de uma pena, restando ao tipo a função de contribuir para a necessidade de solução do conflito, não sendo possível, com caráter anterior à tal função, estabelecer se uma conduta é, em si, merecedora de pena[201].

O autor faz a sua colocação, referindo-se ao dilema de que as condições objetivas resolvem para o legislador os delitos de perigo abstrato, no qual a formulação de um tipo deste perigo pode resultar que este abarque, também, ações que não podem ser consideradas perturbadoras em uma sociedade. Exemplifica com as hipóteses de embriaguez, caso o legislador decidisse punir ante o perigo que representa um indivíduo completamente embriagado, com a punição de toda embriaguez plena, transformando a pena em uma arma que não mais discriminaria, tornando-se inócua[202]. Na hipótese, Jakobs aponta como solução a exigência de materialização de um resultado que condiciona o injusto ou, pelo menos, a sua tipicidade penal, cuja função é mostrar a necessidade da proibição do perigo abstrato[203].

A mesma postura crítica pode ser percebida em relação às causas pessoais de exclusão da pena, na qual o autor não admite o fundamento do merecimento de pena sem a contrapartida da necessidade, não sendo possível caracterizá-las como um elemento inerente, apenas, à necessidade, não atingindo, portanto, o merecimento. Devem tais elementos afetar a existência do injusto culpável, com significado próprio, apenas, se não puderem ser diluídos no tipo de injusto ou na culpabilidade, quando se

---

derecho penal – parte general. 4. ed. Traducción de José Luis Manzanares Samaniego. Granada: Comares, 1993, p. 504; SANCHÉZ, Jesus Maria Silva. *Aproximación al derecho penal contemporâneo.* Barcelona: Bosch, 1992, p. 407-408; ZIELINSKI, Diethart. *Disvalor de la acción y disvalor de resultado em el concepto de ilícito. Análisis de la estructura de la fundamentación y exclusion del ilícito.* Tradução de Marcelo A. Sancinetti. Buenos Aires: Hammurabi, 1990, p. 238 e seq.

[201] JAKOBS, Günther. *Derecho penal – parte general.* 2. ed. Tradução de Cuello Contreras y Serrano Gonzáles de Murillo. Madrid: Marcial Pons, 1995, p. 407-408.

[202] *Ibidem*, p. 404. Destaca, ainda, o autor o exemplo das festas populares, como o carnaval, por exemplo, quando várias pessoas ficam por demais embriagadas.

[203] *Idem*, p. 405.

PROPOSTA DE DELIMITAÇÃO DA CATEGORIA DA PUNIBILIDADE

apresentam como condições referidas às funções de excluir o injusto ou a tipicidade penal[204].

Enrique Bacigalupo, com outros argumentos, e, em posição muito particular, também rejeita a necessidade de criação de outra categoria da Teoria do Delito, porque, em sua visão, deveria ser reconhecida uma categoria intermediária entre o ilícito-típico e a culpa, ao qual capitula como responsabilidade pelo fato[205].

Em sua construção teórica, o autor, a par das causas de justificação que traduziriam a concordância pela ordem jurídica sobre determinados comportamentos inicialmente típicos, admite a existência de outros pressupostos, nos quais o Estado renuncia aplicar uma pena, em virtude de constatada insuficiência de gravidade da ilicitude em concreto[206].

O fundamento conceitual da categoria que resta designada como responsabilidade pelo fato de, para o doutrinador, ser encontrado nas diferenças que existem entre as causas de justificação da ilicitude e as causas de exclusão da culpa em sentido estrito, permite agrupar, conjuntamente, por exemplo, o estado de necessidade exculpante, as causas pessoais de exclusão da pena e todas as demais causas de exclusão da punibilidade nos casos de conflitos de direitos fundamentais.

Essa busca por um elemento concentrador de todas as circunstâncias, inseridas na categoria da responsabilidade pelo fato, faz com que se presuma uma categoria que absorva a exclusão da desaprovação jurídico-penal, visto que, mesmo diante de um fato típico e ilícito, se o desvalor da conduta está atenuado, no caso em concreto, não é merecedor de censura jurídico-penal.

Essas ponderações de Bacigalupo refletem-se concretamente em sua tese sobre o erro inerente à punibilidade[207], de forma muito particular, e

---

[204] *Idem*, p. 413. Observa Octavio Garcia Pérez que a construção de Jakobs adota a estrutura tripartida do delito (tipicidade, antijuridicidade e culpabilidade) e, sendo assim, culpabilidade e Direito Processual Penal se sucedem sem solução de continuidade. "Entre ambos não existe lugar para outro grupo de elementos" (PÉREZ, Octavio Garcia. *La punibilidad en el derecho penal*. Pamplona: Aranzadi, 1997, p. 79).

[205] BACIGALUPO, Enrique. *Princípios de derecho penal*. 4. ed. Madrid: Akal, 1997, p. 278 e seq.

[206] *Ibidem*, p. 278.

[207] Segundo o autor, quando as causas de exclusão da pena (escusas absolutórias nos termos da obra) se vinculam à culpabilidade, aquelas, apenas, se diferenciam dos pressupostos do estado de necessidade exculpante, motivo pelo qual o erro, nestes casos, deve ser tratado como um erro sobre o estado exculpante (BACIGALUPO, Enrique. El error sobre las excusas abso-

serão analisadas no item 1 do Capítulo VI infra, com maior atenção, em face de sua posição singular quanto à temática da punibilidade, sendo um dos autores com maior produção acadêmica sobre o tema.

Com tais considerações, demonstra-se que o rechaço à punibilidade, como categoria autônoma, à parte das variações quanto ao emprego do vocábulo "punibilidade" (em especial, alcance e sentido), comportam inúmeras nuances que não podem ser consideradas como uma unidade de pensamento, ou mesmo, um conjunto de ideias semelhantes.

Um ponto sempre recordado na doutrina é que o reconhecimento das circunstâncias, inerentes à punibilidade, sempre foi escasso e, por consequência, não desempenhava – de forma significativa – uma função sistemática e interpretativa na Teoria do Delito como elemento estrutural do mesmo[208].

Contudo, com a expansão do Direito Penal e a consequente proliferação de normas, tanto incriminadoras, como limitadoras da punibilidade, além de o fato de não ser aceitável, somente devido à escassez das circunstâncias inerentes à discussão sobre a punibilidade, a conclusão de que sua função sistêmica e interpretativa na Teoria do Delito seria insignificante e, por consequência, não sustentaria os argumentos empreendidos para tanto, exigem novas reflexões, pois, como o presente trabalho pretende demonstrar, existem motivos bastante razoáveis, para rever alguns conceitos doutrinários sobre os reflexos da punibilidade na mensuração da responsabilidade criminal.

2. Tomada de postura

Após repassar as inúmeras posições quanto às referências sobre a punibilidade, como elemento essencial, ou não, para o conceito de delito, localizado adiante do injusto culpável, impõe-se esclarecer a posição assumida

---

lutórias. *Cuadernos de Política Criminal,* Madrid: Instituto de Criminologia de la Universidad Complutense de Madrid, n. 6, p. 20-21, 1978).

[208] Esta posição pode ser encontrada em diversos autores, dentre eles: PÉREZ, Carlos Martinez. *Las condiciones objetivas de punibilidad.* Madrid: Edersa, 1989, p. 116; MIR, José Cerezo. *Curso de derecho penal español – parte general.* Madrid: Tecnos, 1998, v. II, p. 20; ROSAL, Juan Manuel Cobo del. *La punibilidad en el sistema de la parte general de derecho penal español.* Estudios penales y criminológicos. Santiago de Compostela, v. VI, p. 9 e seq., 1983; PEÑA, Manuel Diego Luzón. Punibilidad. In: *Enciclopedia jurídica básica.* Madrid: Civitas, 1995, v. IV, p. 5423 e seq.

PROPOSTA DE DELIMITAÇÃO DA CATEGORIA DA PUNIBILIDADE

a respeito do reconhecimento da punibilidade como uma categoria independente, visto que, diante da admissão de um sistema penal aberto, a sua relevância sistemática e interpretativa ganha contornos que não estão recebendo a devida atenção doutrinária.

A punibilidade é uma presença que remonta à evolução do estudo do crime, visto que Beling já identificava neste o elemento da punibilidade[209], bem como Arturo Rocco relevava a existência de normas que, excepcionalmente, comandam ou permitem a não punição de um fato em regra punível[210]. Desde os primeiros que comentavam sobre os códigos, é possível verificar observações sistemáticas da definição formal de crime como fato humano, cuja lei conecta uma sanção penal ou como complexo dos elementos, necessários a produzir efeito sancionatório[211].

Mesmo com toda a sofisticação e o aprimoramento da Teoria do Delito, muitos autores já atentam para a sua insuficiência se restar isolada, a fim de compreender e sistematizar os diversos pressupostos da imposição da pena, devendo o sistema penal ser ampliado, integrando ao injusto culpável outros fatores de individualização, determinantes à imposição da sanção criminal[212].

A estrutura delitiva, quanto aos elementos pertencentes à Teoria do Delito, historicamente, sofreu algumas alterações, em especial, a partir do século XIX, diante de uma intensa atividade intelectual experimental, proporcionando ao desenvolvimento da teoria algumas reestruturações em relação ao seu conteúdo e elementos formadores e, obviamente, à relação entre estes. Todavia, essa realidade terminou por concretizar a opinião dominante quanto ao pensamento de aperfeiçoamento do delito, com a verificação ordenada e subsequente de uma ação típica, antijurídica e culpável[213].

---

[209] BELING, *apud* PATERNITI, Filippo. Appunti sulla non punibilità. *L'Indice Penale*, Padova: CEDAM, v. 8, n. 1, p. 148, 2005.

[210] ROCCO, Arturo. L'oggetto del reato e della tutela giuridica penale, contributo alle teorie generali del reato e della pena. Torino: Fratelli Bocca, 1913, p. 68.

[211] ALIMENA, Francesco. *Le condizioni di punibilità*. Milano: Giuffré, 1938, p. 3 e seq.

[212] SÁNCHEZ, Jesus Maria Silva. Introducción: dimensiones de la sistematicidad de la teoria do delito. In: JÜRGEN, Wolter; FREUND, Georg. *El sistema integral del derecho penal*: delito, determinación de la pena y proceso penal. Madrid: Marcial Pons, 2004, p. 21.

[213] Modelo clássico também conhecido como LISZT-BELING-RADBRUCH, autores que sublinharam a postura causalista (MAÍLLO, Alfonso Serrano. *Ensaio sobre el derecho penal como ciencia*: acerca de construcción. Madrid: Dykinson, 2000, p. 234 e seq.).

Essa estruturação inicial deu lugar a uma evolução do pensamento, sempre buscado de forma a não perder o referencial sistemático e estruturante da Teoria do Delito. Entretanto, a partir do reconhecimento da possibilidade de conectar elementos externos, em uma real abertura cognitiva, visando à contenção do poder punitivo estatal, acrescentou-se à Teoria do Delito a necessidade de sedimentar, em sua forma própria, quais seriam os fins da pena e do próprio Direito Penal, transformando a perspectiva sobre o conceito do sistema penal[214]. Tal perspectiva ganha real destaque, em especial, no que concerne à extensão da abertura aos limitadores da punibilidade.

Esse giro de pensamento terminou por estabelecer uma relação diferenciada entre Teoria do Delito e Teoria da Pena, trazendo outro protagonismo a ela, pois, durante muito tempo, foi reservada a dogmática para a Teoria do Delito, deixando para a Teoria da Pena a Política Criminal. A mudança em comento fez com que ocorresse uma abertura, a fim de propugnar a unificação da dogmática e a política criminal, permitindo, por conseguinte, uma revisão da Teoria do Delito à luz da Teoria da Pena[215]. Na perspectiva do presente trabalho, implica a necessidade de rever os postulados mais assinalados quanto à punibilidade, enquanto categoria do delito.

A mais contundente crítica ao reconhecimento da punibilidade, como uma categoria autônoma do delito, reside na ilação de que as circunstâncias situadas, geralmente na punibilidade, longe de formar uma categoria independente, está localizada entre a tipicidade e a justificação, não afetando – desde qualquer ponto de vista – a punibilidade da conduta, senão, ao próprio injusto ou à tipicidade penal, atuando como indicadores da necessidade de proibição da conduta[216]. Surge, via de consequência, completamente desnecessário (um esforço artificial), o reconhecimento de uma nova categoria, para admitir, de modo residual, elementos que não se adequem perfeitamente à Teoria do Delito[217].

---

[214] OLIVARES, Gonzalo Quintero. *Parte general del derecho penal*. 3. ed. Pamplona: Aranzadi, 2009, p. 195 e seq.

[215] MOLINA, Antonio Garcia-Pablos. *Derecho penal:* introducción. Madrid: Servicio de Publicaciones Universidad Complutense, 1995, p. 62.

[216] JAKOBS, Günther. *Derecho penal – parte general*. Tradução de Cuello Contreras y Serrano Gonzáles de Murillo. Madrid: Marcial Pons, 1995, p. 405 e seq.

[217] CAFFARENA, Borja Mapelli. Estudio jurídico-dogmatico sobre las llamadas condiciones objetivas de punibilidad. Madrid: Ministerio de Justicia, 1990, p. 56.

PROPOSTA DE DELIMITAÇÃO DA CATEGORIA DA PUNIBILIDADE

Mesmo para aqueles que admitem a existência de obstáculos penais à resposta punitiva, sustentando ser a consequência do delito fundamentalmente a pena estatal, nada obstante a coerção penal poder operar fora destas hipóteses, e o poder punitivo legitimado aparecer com função punitiva não manifesta ou com função latente, eventualmente punitiva, percebe-se a admissibilidade de que a lei possa, por exceção, em certas circunstâncias, determinar que o delito não suscite qualquer consequência jurídico-penal, reconhecendo a existência de delito sem pena[218].

É curioso observar, por outro lado, nos doutrinadores que asseveram ser irrelevante ou mesmo, como esforço artificioso, sustentar a punibilidade como categoria que aqueles terminam por admitir como a presença de um *plus* que impede, mesmo em tese, o advento da pena. Sustentam que a punibilidade, embora não seja elemento do crime, é uma nota conceitual, admitindo que o delito é um fato, mas não, necessariamente apenado, justificando a não inclusão como elemento estrutural, devido à sua insignificante função sistêmica e interpretativa na Teoria Jurídica do Delito[219].

Embora, para aqueles que reconhecem não ser a sua pouca incidência um argumento definitivo contra o reconhecimento da punibilidade, também, é comum, após a negativa, conferir à categoria o *status* de elemento do delito, sequer como elemento circunstancial ou acidental que, tampouco por razões vinculadas à Teoria da Pena, a punibilidade poderia integrar a composição do conceito de delito, pois atuaria somente como um pressuposto da pena, independente das categorias essenciais que compõem o conceito de delito[220].

No entanto, embora reconhecendo que a punibilidade seja um pressuposto exigido, apenas, excepcionalmente, por razões político-criminais, não é incomum encontrar a justificativa de que, para a aplicação de uma pena, seja imprescindível a presença de um delito, como ação típica, antijurídica e culpável que - em determinadas ocasiões - impõe a exigência

---

[218] ZAFFARONI, Eugênio Raul... [et. al.]. *Derecho penal – parte general*. Buenos Aires: Ediar, 2002, p. 187.

[219] ROSAL, Juan Manoel Cobo del; ANTON, Tomás S. Vives. *Derecho penal – parte general*. Valencia: Tirant lo Blanch, 1999, p. 262.

[220] CARVALHO, Érika Mendes de. *Punibilidade e delito*. São Paulo: Revista dos Tribunais, 2008, p. 61.

de um pressuposto da imposição da pena alheio ao delito, à concorrência ou à ausência de excludentes de punibilidade[221].

Em que pese o esforço para não admitir a punibilidade como elemento do conceito analítico de delito, ainda que, com toda a argumentação já delineada, é imperioso assinalar que existe uma inevitável anomalia que se mostra incompatível com a ideia da inexistência de um delito não punível, justamente a da exigência de um pressuposto presente ou ausente, para converter a norma incriminadora em fato punível em situações excepcionais. Reserva-se, assim, um espaço particularmente amplo que a matéria da não punibilidade deixa para considerações de oportunidade política por um lado e, de outro, considerações sobre a necessidade de separação entre delito e punibilidade, o que aprofunda o problema[222].

Obviamente, não se trata de olvidar que, por trás da decisão de promulgar qualquer norma incriminadora, há uma decisão política, base de qualquer escolha legislativa[223]. Todavia, a razão de oportunidade específica ou excepcional que induz a restringir o âmbito da matéria punível em determinadas hipóteses é diversa[224], não sendo possível admitir que, apenas, no âmbito da pena, ou, mesmo durante a formulação da norma, as valorações políticas (extrapenais) interfiram no advento da punibilidade, que não pode ser simplesmente descartado ou ignorado em termos de valoração.

Há uma série de situações delicadas no âmbito da temática das normas limitadoras da punibilidade, cuja inserção nas legislações penais, em geral, é cada vez mais presente, na qual é introduzida uma série de privilégios e discriminações[225], afetando, diretamente, a restrição da punibilidade em momentos distintos e sem qualquer critério razoável.

No Brasil, o exemplo mais latente é verificado na legislação sobre os crimes contra a ordem tributária, cuja extinção da punibilidade, ante o pagamento do tributo devido, vem sofrendo contínuas variações, a crité-

---

[221] Como sustenta, por exemplo, CARVALHO, Érika Mendes de. *Punibilidade e delito*. São Paulo: Revista dos Tribunais, 2008, p. 62.

[222] STORTONI, Luigi. Profili Constituzionali della non punibilità. *Rivista Italiana di Diritto e Procedura penale*, Milano, v. 27, p. 626-629, 1984.

[223] VASSALI, Giuliano. Cause di non punibilità. In: *Enciclopedia del Diritto*. Milano: Giuffre, 1960, v. VI, p. 618.

[224] STORTONI, *op. cit.*, p. 628, 1984, nota de rodapé n. 3.

[225] STORTONI, Luigi. Profili Constituzionali della non punibilità. *Rivista Italiana di Diritto e Procedura penale*, Milano, v. 27, p. 629, 1984.

rio único exclusivo do legislador, de cunho puramente político, especificamente, político-fiscal[226].

A promulgação da Lei nº 8.137/90, em 27 dezembro de 1990, que definia, além dos crimes contra ordem tributária, os crimes contra a ordem econômica e as relações de consumo, já previa, em seu art. 14, a extinção da punibilidade do agente que promovesse o pagamento de tributo ou contribuição social, inclusive acessórios, antes do recebimento da denúncia, possibilidade que, apenas, um ano após a sua publicação, foi revogada, por força do artigo 98, da Lei nº 8.383, de 30 dezembro de 1991.

Entretanto, passados mais de três anos, a possibilidade retornou, por força da Lei nº 9.249, de 26 dezembro de 1995, que, em seu art. 34, permitiu – novamente – a extinção da punibilidade sob idênticas condições. Posteriormente, em 10 abril de 2000, e, dando continuidade à política criminal de restrição da punibilidade, a normatização é, outra vez, alterada, por força do art. 15, para suspender a pretensão punitiva, quando a pessoa jurídica, relacionada com o agente, tenha sido incluída em programa de recuperação fiscal (Refis), antes do recebimento da denúncia criminal, o que teve seu âmbito de abrangência ampliado por força do art. 9º, da Lei nº 10.684, de 30 de maio de 2003, que permitiu aumentar a possibilidade da suspensão da pretensão punitiva, mesmo após o recebimento da denúncia, sem qualquer limite temporal, ou seja, mesmo diante de sentença condenatória.

A inexistência de limite temporal somente terminou por força da Lei nº 12.382, de 25 fevereiro de 2011, que alterou o art. 83 da Lei nº 9.430/96, estabelecendo o recebimento da denúncia para a concessão do beneplácito, como marco temporal, a fim de possibilitar a suspensão da pretensão punitiva, situação que, aliás, pode ser alterada a qualquer momento, dependendo do bom ou mau humor do legislador.

Esse fenômeno ressalta a importância diante de um quadro real de expansão do Direito Penal, de uma concepção funcionalista, porém, "compatível com uma vocação a mais restritiva possível da intervenção

---

[226] Sobre parte da mudança na disciplina da extinção da punibilidade, veja-se: ESTELLITA, Heloísa. Pagamento e parcelamento nos crimes tributários: a nova disciplina da Lei nº 10.684/03. *Boletim IBCCRIM*, São Paulo, v. 11, n. 130, p. 2-3, set. 2003; BITENCOURT, Cezar Roberto; MONTEIRO, Luciana de Oliveira. Crimes contra a ordem tributária, São Paulo: Saraiva, 2013, p. 83-87.

punitiva"[227], não sendo incoerente defender um Direito Penal com vocação autorrestritiva dentro de um sistema penal que possua, como base, os fins da pena[228] e, por isto, estabeleça para a punibilidade o papel de complementar os pressupostos, legalmente, necessários para que um injusto culpável possa ser castigado.

Nada obstante, é preciso deixar claro que, guardada a relação com a pena, a punibilidade encerra um conceito de simples possibilidade de aplicar a pena, posto que, sendo o crime um fato punível e não, um fato punido, a punibilidade pode até ser assinalada como uma diferença específica entre o crime e os outros ilícitos, mas este *plus* não significa que tenha o *status* de um elemento do crime, pois o crime implica sempre a existência de um fato ilícito e, portanto, punível e não, ao contrário: um fato punível e, enquanto tal, penalmente ilícito.

Em outra vertente, se preceito e sanção são os elementos da norma penal incriminadora, isto não significa que também crime e pena devam ser inseparavelmente conectados. Para a existência da norma penal, é suficiente a ameaça da pena, sem que ocorra, em concreto, a punição e, até mesmo, a punibilidade do autor[229]. Um ilícito sem pena é uma realidade jurídica, e existem fatos penalmente relevantes aos quais não se procede, por força da lei, a punição do culpado[230].

Insta considerar que o desaparecimento da punibilidade não exclui os demais elementos do crime, que, por sua vez, não deixa de ser considerado como ilícito, posto que o delito não encontra o seu limite nas causas

---

[227] SANCHEZ, Jesus-Maria Silva. *A expansão do direito penal. Aspectos da política criminal nas sociedades pós-industriais.* Tradução de Luiz Otávio de Oliveira Rocha. São Paulo: Revista dos Tribunais, 2002, p. 105.

[228] A integração ao sistema penal dos conceitos de merecimento e a necessidade de pena possuem considerável importância, refletindo no reconhecimento da punibilidade como elemento integrante do conceito de delito. Sobre a integração ao sistema penal dos conceitos de merecimento e necessidade de pena, veja-se: HAFFKE, Bernhard. El significado de la distincion entre norma de conducta y norma de sancion para la imputación jurídico-penal. In: SANCHÉZ, Jesus-Maria Silva; SCHÜNEMANN, Bernd; DIAS, Jorge de Figueiredo (Coords.). *Fundamentos de un sistema europeo del derecho penal.* Tradução de Jesús-Maria Silva Sanchéz. Barcelona: Bosch, 1995, p. 129-130.

[229] PISAPIA, G. D. Fondamento e limiti delle cause di esclusione della pena. *Rivista Italiana de Diritto e Procedura Penale,* 1952, p. 30.

[230] *Ibidem.*

de não punibilidade e, menos ainda, somente na aplicação da pena[231]. A possibilidade de punição é, portanto, posterior ao crime, mas, anterior à irrogação e execução da pena: pode estar entre o crime e a pena.

Aliás, a questão do reconhecimento da punibilidade, como categoria autônoma na Teoria do Delito e adicional à culpabilidade, extrapola o mero interesse acadêmico, posto que, dentre as espécies identificadas do gênero punibilidade, mesmo considerando as já demonstradas inconsistências das ilações dos diversos autores pesquisados na delimitação destas (condições objetivas de punibilidade, causas pessoais de exclusão da pena, causas de liberação da pena, causas extintivas de punibilidade), terminam por estabelecer consequências jurídico-penais específicas, em matéria de erro, de participação, tempo e local do delito e prescrição[232] o que, como já assinalado, será tratado no capítulo VI infra.

Conforme sublinhado anteriormente (e será reiteradamente destacado no texto do presente trabalho), a pluralidade de concepções sobre o termo "punibilidade", bem como o enorme manancial de argumentações acerca de sua relevância, como categoria delitiva, apenas evidenciam a disfuncionalidade característica da diversidade de incidência ou não, da punibilidade, inerentes às normas penais, principalmente, à impossibilidade do reconhecimento de um único critério sobre seus elementos.

Note-se que os autores já mencionados, ao negarem a punibilidade como categoria autônoma, de uma forma ou de outra, admitem que, sim, há situações em que o injusto culpável não agrega todos os pressupostos para o advento da existência ou mesmo a possibilidade concreta da sanção criminal. Em outras palavras, há fatos que, mesmo com a subsunção típica à norma, contrários ao direito e reprováveis individualmente, não correspondem à existência de responsabilidade criminal e sob as mais diversas fundamentações. O curioso é que as circunstâncias que envolvem a punibilidade, na prática, são instrumentos criados pelo próprio Estado e que limitam o poder punitivo.

Assim, deve ser observado o fundamento teleológico que está na base da criação do pressuposto limitador da punibilidade, para, então, deter-

---

[231] PATERNITI, Filippo. Appunti sulla non punibilità. *L'Indice Penale*, Padova, v. 8, n. 1, p. 151, 2005.

[232] MILHEIRO, Tiago Caiado; VIEIRA, Frederico Soares. *Do erro sobre a punibilidade*. Lisboa: Quid Juris, 2011, p. 22. Mesmo considerando a quase nenhuma importância que o tema reflete na doutrina, conforme já destacado.

minar qual ou quais são os princípios fundamentadores que serão variáveis, em face das razões de sua criação.

Essa realidade termina por mostrar, além do não reconhecimento como categoria autônoma, distinto à punibilidade, no entanto, não enquanto categoria, visando a oferecer uma melhor compreensão sobre as suas evidentes particularidades – devido ao seu caráter policrômico – que não podem ser ignoradas na incidência da punibilidade.

Certo é que a noção de punibilidade é um dos temas mais debatidos no campo da dogmática penal, cuja polêmica vem desde o início de seu estudo, nas primeiras tentativas de sistematizar o conceito de delito e tem estado presente ao largo de toda a evolução da teoria elaborada em torno dele, suscitando dúvidas desde a sua denominação e até a inexistência de uma adequada conceitualização, sem dúvida, opõe resistência a esta concepção aqui admitida, pois implica aceitar uma diferente função à que está sendo chamada a punibilidade, frente as instituições penais[233].

Mas esta obscuridade precisa ser superada, até porque se deve, em grande medida, a razões semânticas, decorrentes, como já ressaltado, dos vários termos afins, tanto quanto a significado como a forma de expressão, cujo sentido varia de um idioma para outro, com matizes muito sutis e significados diferentes.

Assim, o termo, já delimitado como possibilidade abstrata de impor um castigo, alude ao delito e à pena em seu momento normativo, como instituições estritamente jurídicas e não, ao fato delitivo e à sanção no plano fático, como fenômeno concretizado no mundo real. Logo, não é uma categoria do delito, mas, uma categoria autônoma.

---

[233] COLLAO, Luis Rodriguez. Punibilidad y responsa*bilidade criminal*. *Revista de Derecho de la Universidad Católica de ValParaíso*, v. XVI, 1995, p. 361.

CAPÍTULO III
A BUSCA DE FUNDAMENTAÇÃO REFERENTE À EXISTÊNCIA DE CRITÉRIO PARA A UNIFICAÇÃO DA CATEGORIA

Conforme já destacado no capítulo I, a busca por um critério único, quanto à existência de um fundamento reitor, para explicar a renúncia à sanção, ou parte dela, em se tratando do tema da punibilidade, é uma das razões do fracasso, não só da doutrina que, de tão heterogênea, não consegue aproximar, sequer em grupos determinados uma diretriz semelhante.

Todavia, não se mostra possível a eleição de um único critério reitor, para analisar a existência dos fundamentos da impunidade outorgada às espécies do gênero "punibilidade", quando se investiga a razão pela qual a lei renuncia à pena, em alguns casos concretos, para o agente que, após a realização de um crime, por força de um comportamento positivo, de acordo com os requisitos legais, se libera de uma pena correspondente ao injusto culpável.

Trata-se de uma questão interessante acerca do ponto de vista dos estudos sobre a punibilidade, nos quais não é incomum encontrar posições que admitem uma fundamentação para a exclusão da punibilidade por critérios alheios ao Direito Penal, rechaçando, assim, a uma possível argumentação, de acordo com as teorias da pena ou com o sistema de Direito Penal, muito mais focados na localização sistemática da categoria"punibilidade" na Teoria do Delito.

É evidente que, por trás de algumas excludentes de punibilidade, como é o caso das causas de liberação ou anulação da pena, existem exigências de política fiscal arrecadatória, nos casos de pagamento do tributo ou da contribuição previdenciária, antes do recebimento da denúncia, nas hipóteses de crimes fiscais e previdenciários, ou, por razões político-criminais de conveniência ou utilidade pública, nas hipóteses de delação premiada, bem como na retratação do falso testemunho e, até mesmo, ainda que não admitidas, em consonância com as teorias preventivas.

Entretanto, certamente, há um grande incômodo quanto à admissão do puro pragmatismo nas ciências penais, bem como o fato de não se encontrar fundamentos jurídicos sólidos, para justificar os motivos pelos quais determinadas condutas típicas, antijurídicas e culpáveis afastam a punibilidade e, ainda, quando se está diante de um quadro em que determinados preceitos penais estão conectados a não imposição de uma pena, em um âmbito de restrição da aplicação da sanção penal.

Antes de seguir com a análise das diversas opiniões e tentativas de fundamentação comumente apontadas, deve ser recordada a existência de disfuncionalidade, na qual o fenômeno da não punibilidade se insere na estrutura teleológica do sistema penal, abraçando problemas e institutos diversos. Mas pode ser considerada como uma categoria estranhamente funcionalista[234], arrebatada pela expansão normativa de um lado e pelo aumento de limitadores da punibilidade por outro. Essas são situações que não podem ter a pretensão de um tratamento unitário, sendo possível repensar o tema do fundamento único para fundamentar a categoria da punibilidade.

1. Política criminal e motivações extrapenais

Parte expressiva da doutrina costuma empregar a política criminal como fundamento material, a fim de justificar a existência de um critério unificador, capaz de oferecer uniformidade à categoria da punibilidade, sem que seja possível divisar consensos amplos sobre a matéria[235]. Nesta linha, encontram-se autores que acrescentam ainda motivações extrapenais, admitindo que o sistema penal pode ser poroso, absorvendo elementos externos, fazendo com que a dogmática possa ser integrada por critérios

---

[234] DONINI, Massimo. Non punibilità e ideia negoziale. *L'Indice Penale*, Padova: CEDAM, v. 4, n. 3, p. 1051, set./dez. 2001.

[235] DIAS, Jorge de Figueiredo. *Questões fundamentais do direito penal revisitadas*. São Paulo: Revista dos Tribunais, 1999, p. 245.

A BUSCA DE FUNDAMENTAÇÃO REFERENTE À EXISTÊNCIA DE CRITÉRIO...

de ordem político-criminais e permitindo manter a estrutura de um sistema e dar satisfação às necessidades da vida comunitária, o que não seria possível, se a dogmática fosse impermeável à realidade[236].

Por outro lado, nada obstante as razões gerais de política criminal, em outras situações invocam-se critérios de utilidade ou de oportunidade que temperam a pretensão punitiva do Estado, permitindo um recuo legítimo da intervenção penal[237]. Tais critérios, no discurso doutrinário, são revestidos de uma natureza heterogênea, nem sempre clara, pois podem surgir como manifestação específica de critérios gerais de política criminal ou autônomos que expressam a importância reconhecida pelo sistema penal e interesses extra-penais.[238]

No entanto, no caso específico da categoria "punibilidade', a questão da política criminal, como critério, ganha nuances próprias, pois deixa ainda mais evidente o problema da inexistência de clareza no desenho da política criminal, prejudicado, por força de discursos confusos ou pouco rigorosos, tanto de políticos como dos setores técnicos e acadêmicos, pois há uma certa confusão a respeito do emprego da expressão "política criminal", em especial, os seus objetivos e tarefas[239].

No capítulo I supra do presente trabalho, foi feita a ressalva de que a expansão do Direito Penal trouxe, como efeito, o aumento do uso de limitadores da punibilidade, como uma realidade contemporânea que alterou o sistema penal. Assim, esse fato apenas traduz o modo pelo qual o Estado reage ao fenômeno criminal e demonstra as formas como se prolonga no tempo, para intensificar ou não, o poder punitivo. Sendo assim, tais fatores

---

[236] Uma parte da doutrina sustenta que os critérios político-criminais tendem a converter o sistema penal em um sistema aberto e conectado à realidade social, para evitar soluções injustas e desproporcionadas aos conflitos sociais (RAMÍREZ, Juan Bustos. *Manual de derecho penal español, parte general*. Barcelona: Ariel, 1984, p. 133). Outro setor adverte para as questões oriundas do conceito de política criminal, em especial, quanto ao significado do recurso à política criminal, como elemento fundamentador do conteúdo das categorias do sistema dogmático e a incidência de limites externos (ontológicos) a tal recurso, sobretudo, quando lhes imputam consequências de arbitrariedade, decisionismo e insegurança jurídica (SANCHEZ, Jesus-Maria Silva. Política criminal en la dogmatica: algunas cuestiones sobre su contenido y limites. In: *Política criminal y nuevo derecho penal*. Barcelona: Bosch, 1997, p. 17-18).

[237] PINTO, Frederico de Lacerda da Costa. A categoria da punibilidade na teoria do crime, tomo II, Coimbra: Almedina, 2013, p. 893.

[238] Idem, ibidem.

[239] BINDER, Alberto. *Análisis político criminal*. Buenos Aires: Astrea, 2011, p. 137 e seq.

não podem ser ignorados, já que houve uma reação, ainda que sob a forma de irritação sistemática, quanto ao excesso de normas incriminadoras.

Neste sentido, importa destacar, diante dessa proliferação de normas penais, que, ao sentido de política criminal, não deve ser olvidado que esta pode ser considerada como a política estatal de controle social e a solução de conflitos, dirigidos às ações humanas, consideradas mais violentas e conflitivas em um país em tempos de paz, sendo o seu principal objetivo a prevenção do delito. Também, pode ser admitido que a política criminal não é outra coisa senão uma delimitação da política, concebida como ciência, ou parte aplicada ao cumprimento dos fins do Estado, mas, relacionada à implementação de medidas adequadas para a prevenção e a repressão da criminalidade[240].

Esse problema conceitual, de acordo com outra análise de Alberto Binder, deve-se ao fato de, ao longo do tempo, ao termo "política criminal" serem assinalados diversos significados, como, por exemplo, de um determinado aspecto da política, mas que também há sido considerado como uma determinada "ciência". Em outras ocasiões, é referida como a uma escola determinada, já, em outras, é usada, para englobar todas as escolas de pensamento sobre esse tema. Com certeza, a proliferação de acepções gerou confusão[241].

Naturalmente, está fora de discussão a capital importância que tem a utilização de uma linguagem rigorosa nas Ciências Criminais, não obstante, esteja claro também que, no plano da política criminal, tal intento não tenha sido cumprido. Porém, como já demonstrado anteriormente, o problema também é latente, quando o assunto é punibilidade, o que não impede de traçar as linhas ora propostas acerca do tema[242].

Mesmo assim, a política-criminal, enquanto referência do sistema dogmático, na forma proposta por Claus Roxin, trouxe uma visão dogmática jurídico-penal superadora do modelo positivista e orientada a colocar, em

---

[240] TORRES, Sergio Gabriel. *Derecho penal de emergência*. Buenos Aires: Ad-Hoc, 2008, p. 41.

[241] BINDER, Alberto. *Política criminal:* de la formulación a la práxis. Buenos Aires: Ad-Hoc, 1997, p. 28.

[242] Antonio Pérez Luño, citando Bentham, recorda que palavras, tais como "leis", "direitos", "seguridade" e "liberdade", são termos que se empregam, com frequência, na crença de que existe acordo sobre seu significado, sem reparar que tais afirmações têm um grande número de acepções distintas. Daí que usá-las, sem ter clara ideia de seu sentido, é ir de erro em erro (BENTHAM, *apud* LUÑO, Antonio Pérez. *Derechos humanos, Estado de derecho y constituición.* Madrid: Tecnos, 2005, p. 28-29.

destaque, os aspectos criadores da mesma, mas tal política não é capaz de afastar a crítica de que traz consigo aspectos relativistas. Porém, poucos se dispõem a rechaçar a conveniência de integrar considerações de política--criminal na construção do sistema de delito e na atribuição de seu conteúdo às suas diversas categorias[243].

Essa ideia supra pode ser traduzida ao que aqui é chamado de "gênero punibilidade", em consonância com a doutrina majoritária, de que são as circunstâncias que não afetam nem ao injusto, tampouco à culpabilidade no fato punível, em que a lei, em alguns casos, exige forçosamente para que um injusto culpável possa, ou não, ser sancionado penalmente, cuja ausência ou presença de determinados pressupostos impõe a conveniência político-criminal de sua punibilidade[244].

A questão pode ser resumida na observação de que, para um setor doutrinário, seriam os critérios de política-criminal ou de política-jurídica o denominador comum das condições de punibilidade. Quanto aos critérios político-criminais, estes assumiriam uma posição de relevo nas considerações de conveniência ou oportunidade, no estabelecimento de uma determinada condição de punibilidade, que seriam, por exemplo, as condições de aplicação da lei no espaço, previstos na legislação brasileira (art. 7º, § 2º, CP) ou com a isenção de pena nos delitos patrimoniais (art. 181, CP). Outro setor defende, ainda, um fundamento duplo (critérios político-criminais e político-jurídicos), e outro, que devem prevalecer as considerações estritamente extrapenais[245].

---

[243] SANCHEZ, Jesus-Maria Silva. Política criminal en la dogmatica: algunas cuestiones sobre su contenido y limites. In: *Política criminal y nuevo derecho penal*. Barcelona: Bosch, 1997, p. 17.
[244] LLAZA, Percy Enrique Revilla. Apuntes sobre la transmisibilidad de circunstancias personales entre autores y parcícipes. In: *Dogmatica penal del tercer milenio (libro homenaje a los profesores Eugenio Raul Zaffaroni y Klaus Tiedmann*. Perú: Ara Editores, 2008, p. 912.
[245] Veja-se, por todos: CARVALHO, Erika Mendes de. *Punibilidade e delito*. São Paulo: Revista dos Tribunais, 2008, p. 166. A título de complementação, ainda é possível encontrar autores que acrescentam razões éticas, como, por exemplo, Luiz Ramos Rodrigues, referindo-se às causas pessoais de exclusão da pena (RODRIGUES, Luiz Ramos. *Compendio de derecho penal, parte general*. Madrid: Trivium, 1986, p. 228). Dentre os autores pesquisados é possível encontrar ainda a invocação genérica de motivos de política criminal visando caracterizar ou configurar a generalidade dos chamados pressupostos autônomos da punibilidade, porém, admitindo, por outro lado, a relevância de considerações de outra natureza, como razões de eficácia no funcionamento dos tribunais, ou mesmo, razões de política geral. BELEZA, Teresa Pizarro. Direito penal, vol. II, Lisboa: AAFDL, p. 368-369.

A PUNIBILIDADE NO DIREITO PENAL

Jorge de Figueiredo Dias reconhece a possibilidade de que imposições de fins extrapenais fundamentem a impunibilidade, entretanto ressalva que as referidas imposições se traduzem em opções político-criminais que, por sua vez, são vertidas em categorias da doutrina geral do fato punível.

Nesta perspectiva, sustenta que as categorias da doutrina do crime não podem deixar de ser político-criminalmente cunhadas, convicto de que "tais imposições finais extrapenais, onde quer que existam, se conformam em opções político-criminais que, através da idéia-base da dignidade penal, são recebidas na categoria sistemática dos pressupostos de punibilidade"[246].

Essa proposta de reunião de critérios extrapenais, como opção político-criminal, de acordo com a lição de Jorge de Figueiredo Dias, sofre objeção, quando se tem por referência o oportunismo do legislador no aferimento de critérios para renunciar a aplicação de pena, em especial, no tocante às causas de liberação da pena, inerentes ao pagamento de valores devidos, nos casos, por exemplo, dos – sempre lembrados – crimes fiscais e previdenciários[247], em que fica claro que não há a mínima referência a critérios político-criminais, mesmo admitindo-se que são recebidas como opções político-criminais.

Ademais, além da dificuldade em tratar o tema, como de foro político-criminal, não se pode deixar de assinalar o quão dificil é delimitar exatamente o âmbito da política criminal, levando-se em conta que as tentativas de definição são numerosas e, em parte, discrepam muito entre si[248], restando difícil fixar critérios para a sua distinção[249].

Além dos problemas já suscitados em relação ao argumento político criminal, resta ter presente que, na construção do argumento, a busca

---

[246] DIAS, Jorge de Figueiredo. *Questões fundamentais do direito penal revisitadas*. São Paulo: Revista dos Tribunais, 1999, p. 249.

[247] Borja Mapelli Caffarena cita, como exemplo, contrariando a proposta de Figueiredo Dias, os limites de punibilidade, já previstos no ordenamento jurídico espanhol, limitando a punibilidade a determinados valores, a fim de demonstrar que estes são estabelecidos por critérios de política fiscal, não político-criminal (CAFFARENA, Borja Mapelli. *Estudio jurídico-dogmatico sobre las llamadas condiciones objetivas de punibilidad*. Madrid: Ministerio de Justicia, 1990, p. 35-36).

[248] ZIPF, Heinz. *Introducción a la política criminal*. Traducción de Migule Izquierdo Macías-Picavea. Madrid: Edersa, 1979, p. 02.

[249] PÉREZ, Octavio Garcia. *La punibilidad del derecho penal*. Pamplona: Aranzadi, 1997, p. 49. No mesmo sentido, CABANA, Patrícia Faraldo. *Las causas de levantamiento de la pena*. Valencia: Tirant lo Blanch, 2000, p. 161.

sempre foi por um critério unitário de fundamentação, porém e, conforme sustentado neste trabalho, seria necessário, primeiro, estabelecer o que se está considerando quanto ao gênero "punibilidade", para, a partir de então, esclarecer o fundamento político criminal, posto que não é o mesmo para as causas pessoais de exclusão da pena, para as condições objetivas de punibilidade e para as causas de liberação da pena (vide Capítulo IV, infra)[250].

Especialmente quanto às causas de liberação ou anulação da pena, para a obtenção do fundamento de sua impunidade, deve-se ter presente que são baseadas em comportamentos positivos, posteriores à infração penal, cujo reflexo, nem sempre guardará relação com a política criminal, principalmente, porque, já a partir da criação do tipo, listando o comportamento proibido, cumprindo a função preventiva geral de comunicar aos cidadãos a ameaça da pena, da antijuridicidade e permitindo a prática de determinadas condutas, bem como da culpabilidade como juízo para a reprovabilidade quanto ao poder agir de outro modo, é possível encontrar o fundamento político criminal antes da punibilidade, ao lado de outros critérios, em especial, quanto à função preventiva especial, já como juízo de necessidade, demonstrando que não é aconselhável a busca do critério unitário a título de fundamento político criminal[251], especialmente, porque, para além deste, poderão ser identificados outros.

Mesmo antes de adentrar nas discussões sobre a Teoria dos Fins da Pena (Item 5, do presente capítulo), deve ser destacado, por ora, que o critério do fim das penas, no que tange às causas de liberação ou anulação da pena, confere conteúdo material à política-criminal, na busca da solu-

---

[250] Lembrando sempre que vários dos autores pesquisados identificam as causas pessoais de exclusão da pena com as causas de liberação da pena, rechaçando, assim, a distinção proposta na presente tese.

[251] Conforme recorda Claus Roxin, em inúmeras hipóteses, inexiste a possibilidade de afirmar se o agente poderia, ou não, atuar de outro modo, exemplificando com a hipótese da eutanásia. Com esse exemplo, observa-se que a exclusão da culpabilidade não é dada pelo critério finalista, mas, sim, por considerações político-criminais, sob o entendimento de que o caso não deve ser submetido à sanção criminal. Em outra vertente, Roxin define as finalidades da pena, como elemento valorativo, afirmando que a Teoria dos Fins da Pena sustenta a categoria sistemática da culpabilidade, cujo fundamento da responsabilidade penal é o juízo de necessidade de sanção concreta, do ponto de vista político-criminal, inclusive, alterando a sua concepção sobre a culpabildade, que passa a chamar de "responsabilidade", que é integrada pela culpabilidade, mas de forma mais restrita (ROXIN, Claus. *Problemas básicos de derecho penal*. Traducción de Diego-Manuel Luzón Peña. Madrid: Reus, 1976, p. 204-209).

A PUNIBILIDADE NO DIREITO PENAL

ção de conflitos, mas, apenas para identificar, em relação à punibilidade, a necessidade de intervenção penal, não sendo o conteúdo da política-criminal suficiente, para fundamentar a existência do gênero "punibilidade", servindo, entretanto, como fundamento das causas de liberação ou anulação da pena.

Desse modo, deve restar claro que critérios politico criminais ou extra-penais, neste último caso referendando as ideias de utilidade e oportunidade da punição, não podem ser admitidas como critério de fundamentação, ou mesmo para a fundamentação da categoria punibilidade, pois seus referenciais, além de pouco claros (por vezes), não esclarecem qual seria o interesse na renúncia a responsabilização criminal.

Não se trata de simplesmente renunciar as ideias oriundas da política criminal, da oportunidade e utilidade da pena, enquanto válidas para embasar a compreensão axiológica do conteúdo dogmático da categoria punibilidade, mas sim admiti-los, com prudência, desde que sejam identificados os motivos pelos quais se admite a renúncia a uma pena. Dessa forma, e já adiantando em parte as conclusões do presente capítulo os fins estabelecidos para a pena, são mais adequados para avaliar a possibilidade de renúncia a sanção criminal e, assim, fundamentar com mais segurança a possibilidade de critério para unificar a categoria da punibilidade.

2. Do merecimento e da necessidade de pena

Admitida à existência de causas que excluem a punibilidade, no âmbito dos delitos em que se aplicam, se reconhece que a reação penal do ordenamento jurídico - ausente uma condição objetiva de punibilidade ou presente uma causa pessoal de exclusão da pena ou uma causa de liberação de pena - é inútil para cumprir seu objetivo protetor[252].

Desta realidade exsurge a ilação de que, na concorrência destas figuras, a não aplicação do castigo se fundamenta, geralmente, em verificar se o comportamento do autor de um injusto culpável é, por si só, merecedor de pena, bem como se esta é também necessária, explicação ao qual uma parte da doutrina alemã recorre para fundamentar estas figuras, fenô-

---

[252] Neste sentido, GUIMERA, Juan Felipe Higuera. Las excusas absolutórias, p. 65, observando-se que o autor faz tal assertiva somente com relação às causas pessoais de exclusão da punibilidade, adotando a terminologia escusa absolutória.

meno também verificável nas doutrinas espanhola e italiana[253], mas que – ainda – não se verifica na doutrina brasileira, que tem dispensado menos atenção ao tema[254].

Não bastassem as divergências em torno da existência das figuras aqui tratadas, o binômio merecimento-necessidade de pena, utilizado na busca de um embasamento dogmático, paradoxalmente, comporta problemas de definição, bem como enfrenta contestação de uma parte da doutrina sobre o seu valor dentro da teoria do delito[255].

Mesmo com a variedade compreendida nos conceitos de merecimento penal e a necessidade de pena, seja quanto ao âmbito material, designação, relação entre os dois, funções desempenhadas e respectivo enquadramento sistemático, certo é que "neles reside uma das mais fecundas grelhas de análise para o problema da organização sistemática dos pressupostos autônomos da punibilidade"[256].

Entretanto não se pode aguardar que a jurisprudência pelo casuísmo, e a doutrina pela ordenação de teses, permitam uma estruturação jurídica mais humana, tendo em vista a natureza do dano[257], com vistas a justificar o conceito de merecimento e necessidade de pena, para adotá-los como explicação ao fato de que nem sempre ante a um injusto culpável se desencadeará uma pena.

Quanto ao merecimento de pena Roxin[258], confirmando a posição já assumida no presente livro, adverte que este é um conceito difuso e utilizado com múltiplos significados, que é empregado, por exemplo, por Schmidhäuser, para caracterizar a quarta categoria do delito, partindo de que as condições objetivas de punibilidade são 'elementos adicionais do delito', que em alguns tipos penais concretos acrescentam-se ao injusto típico e a culpabilidade típica para fundamentar, em atenção ao mereci-

---

[253] PÉREZ, Octavio Garcia. op. cit., p. 49/50; CAFFARENA, Borja Mapelli, op. it., p. 29 e ss.

[254] Dentre as poucas exceções merece destaque a pesquisa de Erika Mendes de Carvalho. Punibilidade e delito, São Paulo: Revista dos Tribunais, 2008, p. 171 e ss.

[255] PÉREZ, Octavio Garcia, op. cit., p. 50.

[256] PINTO, Frederico de Lacerda da Costa. A categoria da punibilidade na teoria do crime, tomo II, Coimbra: Almedina, 2013, p.897.

[257] É o que sugere ANDREUCCI, Ricardo quando discorre sobre a reparação do dano como causa extintiva de punibilidade, sem especificar a natureza jurídica. A propósito do conceito de pena e de ressarcimento de dano em Del Vecchio, Revista de Ciência Penal, ano III, n. 1, São Paulo: Convívio, 1976, p. 59/60.

[258] Derecho Penal, p. 981/982.

mento de pena do fato, o correspondente fato punível, acrescentando as causas de exclusão da punibilidade, que fazem desaparecer o merecimento de pena do fato.

Roxin[259] rechaça esta concepção argumentando que reconhece como finalidades extrapenais as que constituem o princípio das condições de punibilidade e das causas pessoais de exclusão da pena, que chama de causas de exclusão da pena, "(...) estas que não podem ter nada haver com o merecimento de pena! Por outra parte, quando o merecimento de pena depende de determinados critérios, que muitos enquadram na quarta categoria do delito, a verdade é que os mesmos pertencem realmente ao tipo, a antijuridicidade ou a culpabilidade, e portanto devem extrair-se da categoria aqui empregada"[260].

Por outro lado, busca-se sustentar que o merecimento de pena criminal, além de seus aspectos preventivos, contém também um juízo de desvalor ético-social, sendo merecedor de pena somente aquela conduta que merece a desaprovação ético-social por sua capacidade para por em perigo ou danificar gravemente as relações dentro da comunidade jurídica[261].

Mas, conforme o magistério de Octavio Garcia Pérez[262], pode-se concluir que não resulta fácil encontrar referências aos elementos ou circunstâncias que servem de base para a formulação do correspondente juízo do merecimento de pena, até porque " (...) pelo que se refere ao merecimento de pena, junto às posições que se limitam a identificar este com o injusto culpável outros autores identificam como critérios de merecimento de pena somente alguns aspectos daquele (...)"[263].

Assim, torna-se arriscado admitir o conceito de merecimento de pena como fundamentador das excludentes de punibilidade, quando existem diversos fatores, de características heterogêneas, cuja referência como fator constitutivo do merecimento de pena não merece prosperar.

Quanto ao juízo de necessidade de pena, acrescenta Jakobs[264] que não havendo motivos (necessidade) para castigar não há que se falar em mere-

---

[259] Idem, p. 982.
[260] Idem, ibidem.
[261] MAPELLI CAFFARENA, Borja, op. Cit., p. 30/31.
[262] Op. cit., p. 51.
[263] Idem, ibidem.
[264] Op. cit., p. 408.

cimento de pena. Contudo, há quem entenda, como Jescheck[265], que a necessidade de pena pressupõe que o fato seja merecedor de pena, resultando decisivo, sobretudo, o valor do bem jurídico tutelado[266].

Mais específica Adele Asúa Batarrita[267], citando o entendimento de Wolter Jürgen[268] assinala que, para este, em sua reconstrução do sistema dogmático, os critérios penais básicos de merecimento e necessidade de pena atravessam como machados os elementos do sistema estabelecendo uma espécie de dupla entrada, por um lado a que agrupa o injusto culpável, no sentido estrito de imputabilidade, categorias que ficam unidas por conformar os pressupostos do merecimento de pena, constituindo o núcleo do delito, a base pela qual pode valorar-se a necessidade preventiva de pena, considerações sobre finalidade, merecimento, oportunidade, proporcionalidade de pena só podem estas operar uma vez constatado o injusto culpável. No segundo grupo se incluem a responsabilidade e a punibilidade (necessidade de pena). A responsabilidade expressaria a necessidade preventiva de punição como necessidade de pena, na punibilidade estaria à faculdade estatal de punição, onde se situariam as condições objetivas e as causas de exclusão da pena.

Por outro lado, Juan Bustos Ramírez[269] considera o princípio básico de limitação ao poder punitivo do Estado a necessidade de pena, asseverando que se não há um bem jurídico, desaparece a necessidade de pena. Sem embargo, estas conclusões não são suficientes para fundamentar as causas excludentes de punibilidade, quer porque instauram uma nova polêmica, quer porque não respondem as inúmeras indagações existentes sobre o tema.

---

[265] Op. cit., p. 43.

[266] Na doutrina brasileira ALICE BIANCHINI observa que, o merecimento de tutela penal seria condição necessária, mas não suficiente, para legitimar a intervenção criminalizadora. Pressupostos materiais mínimos da tutela penal, p. 88.

[267] Causas de exclusión o de restricción de la punibilidad de fundamento jurídico, p. 228.

[268] Este autor sustenta que o tema das condicionantes de punibilidade não encontra ubiquação adequada no sistema jurídico-penal convencional, devendo ser solucionados com a ajuda do Direito Constitucional, classificando as aqui chamadas condicionantes de punibilidade, como causas constitucionais de exclusão da punibilidade. In, Las causas constitucionales de exclusión del injusto y de la punibilidad como cuestión central de la teoria del delito en actualidad, p. 1 e ss.

[269] Necesidad de la pena, función simbólica y bien jurídico medio ambiente, in, Pena y Estado, Barcelona, fascículo 1, 1991, p. 101.

A PUNIBILIDADE NO DIREITO PENAL

Destaque-se, ainda, que os conceitos de merecimento e necessidade de pena, aproximam-se muito mais de um conceito de justiça do que o de um fundamento, identificável, para a fundamentação de uma categoria como a punibilidade, mesmo porque todos os outros critérios, comumente invocados, pressupõem uma ideia (ou busca) de intervenção jurídico-penal, dentro do ideal de tutela legítima pelo Direito Penal.

Contudo, a heterogeneidade que se percebe da análise destas figuras, que alguns pretendem incluir neste grupo criado, segundo a teoria da necessidade e merecimento de pena, por razões de prevenção geral e especial, não permite uma explicação coerente de todas as hipóteses[270]como, por exemplo, sugerido por Mir Puig[271] da vontade do legislador de exigir a reciprocidade no país afetado - com o objetivo de determinar se aquela conduta será ou não punível - não encontra justificação desde uma perspectiva final, pois o motivar um Estado estrangeiro a proteger um chefe de outro Estado não está dentre aqueles correspondentes aos fins da pena, nem desde a perspectiva da prevenção geral, nem da especial.

Desse modo, aparte de mais uma polêmica doutrinária, a questão como se pode averiguar, da necessidade e do merecimento de pena é tão ou mais flutuante do que o próprio conceito de excludente de punibilidade, não parecendo ser um fundamento adequado para justificar sua posição na teoria do delito.

Nesta seara é que Luzón Peña leciona que "(...) sobre o alcance, significado material, função, ubiquação sistemática e relação recíproca entre os conceitos de merecimento de pena e de necessidade de pena (categorias utilizadas, sobretudo na dogmática penal alemã: *Strafwürdigkeit*, merecimento de pena, e *Strafbedürftigkeit ou Strafbedürfnis*, necessidade de pena) não existe unanimidade em absoluto (...) "[272], concluindo que o mesmo problema, se apresenta referindo-se à ubiquação sistemática destes conceitos dentro, ou fora, da estrutura do delito, pois existem posições completamente distintas[273] e ainda que é necessário esclarecer que "os critérios de merecimento e a necessidade de pena, não constituem um elemento autônomo do delito – nem sequer englobado sobre a difusa categoria da

---

[270] CAFFARENA, Borja Mapelli, op. cit., p. 34.

[271] Derecho penal, p. 122.

[272] La relación del merecimiento de pena y de la necesidad de pena con la estructura del delito, p. 21.

[273] Idem, p. 23.

punibilidade – senão que operam, ainda que desde perspectivas distintas, em todos os elementos do delito e também em outros pressupostos materiais e processuais da pena"[274].

Some-se a estas advertências a assertiva de Frederico de Lacerda da Costa Pinto de que "nem sempre a utilização dos conceitos de merecimento e necessidade de pena conduz a doutrina a autonomizar uma categoria dogmática com esse conteúdo". O mesmo autor conclui, ainda, que "as divergências doutrinárias nesta matéria permitem identificar duas grandes orientações, para além das diferenças pontuais de enquadramento e de terminologia que se identificam de autor para autor"[275].

Cada um dos fundamentos, desenvolvidos pela doutrina a que se recorre, a fim de justificar a não imposição de pena ou finalidades, como, por vezes, é chamada, poderia ser usada como um princípio distributivo, para a responsabilidade penal e a pena, sem que sejam estabelecidos, com clareza, quais são os critérios (se é que existem) por trás de cada um, restando focada a discussão sobre o que consiste ou não, determinada terminologia, sem que se saiba a forma como operam[276], fato que é muito latente nos estudos sobre a punibilidade e a política criminal.

Günther Jakobs leciona que, no tratamento de certos elementos inerentes à punibilidade, a sua fundamentação, em regra, considera que o comportamento do autor é, por si, merecedor de pena, "mas somente quando se acrescenta a materialização do resultado está também *necessitado* de castigo; seria necessário distinguir, pois, entre o merecimento da pena e a sua necessidade político-criminal"[277].

A crítica a esta pretensão, de início, precisa considerar que não se pode esquecer "que a determinação de todos os pressupostos da punibilidade somente pode ser verificada em consideração à necessidade de solucionar, mediante pena um conflito, é dizer, em consideração à necessidade de

---

[274] La punibilidad, p. 833.

[275] A categoria da punibilidade na teoria do crime, tomo II, Coimbra: Almedina, 2013, p. 905.

[276] ROBINSON, Paul H. *Princípios distributivos del derecho penal*. Traducción de Manuel Cancio; Iñigo Ortiz de Urbina. Madrid/Barcelona/Buenos Aires: Marcial Pons, 2012, p. 37.

[277] JAKOBS, Günther. *Derecho penal, parte general*. 2. ed. Traducción de Joaquin Cuello Contreras; Jose Luis Serrano Gonzalez de Murillo. Madrid: Marcial Pons, 1997, p. 407.

pena"[278]. Porém, o que não deve ser castigado tampouco pode ser merecedor de pena[279].

Mesmo assim, sem que se possa precisar sobre o que se está determinando quanto ao conteúdo e significado dos conceitos de merecimento e necessidade de pena[280], bem como considerando que o tema ainda não tenha sido pacificado sob a ótica da construção teleológica do delito, há autores que reconhecem, no duplo aspecto valorativo e teleológico, o fundamento para a justificativa da liberação de pena, ainda que diante de um comprovado injusto culpável[281].

Por outro lado, é preciso atentar para o fato de as expressões "merecimento e necessidade de pena" guardarem – extrema – proximidade com a ideia de punibilidade. Sua derivação da língua alemã, cujo uso está muito difundido pela doutrina espanhola e íbero-americana, alude, mais do que a instituições penais específicas, ou seja, a determinados caracteres que algumas delas revistem e digam respeito aos fundamentos da reação punitiva estatal[282].

Torna-se, portanto, necessário ser salientado que, na diferenciação entre merecimento e necessidade de pena, não fica claro, quando se trata de uma mera intuição do autor ou, pelo menos, sobre qual prisma desenvolve o seu conceito, visto que, para precisar o conteúdo terminológico, ainda mais em se tratando de fundamentar os diversos aspectos inerentes à punibilidade, no intuito de trabalhar um conceito unívoco, deveria ser esclarecido se a abordagem é feita sob o aspecto empírico, vingativo

---

[278] *Ibidem*, p. 408.

[279] *Idem*.

[280] CORVALÁN, Juan Gustavo. *Condiciones objetivas de punibilidad*. Buenos Aires: Astrea, 2009, p. 68.

[281] HERRERA, Maria Rosa Moreno-Torres. *El error sobre la punibilidad*. Valencia: Tirant lo Blanch, 2004, p. 64-65; MUÑIZ, Jose Manuel Valle. *El elemento subjetivo de justificación y la graduación del injusto penal*. Barcelona: PPU, 1994, p. 27; JESCHECK, Hans-Heinrich. *Tratado de derecho penal – parte general*. 4. ed. Tradução de José Luis Manzanares Samaniego. Granada: Comares, 1993, p. 504; PÉREZ, Carlos Martinez. *Las condiciones objetivas de punibilidad*. Madrid: Edersa, 1989, p. 47 e seq.

[282] COLLAO, Luis Rodriguez. Punibilidad y responsabilidad criminal. *Revista de Derecho de la Universidad Católica de Valparaiso, XVI*, Valparaiso: Universidad Católica de Valparaiso, 1995, p. 362.

ou mesmo deontológico, a fim de possibilitar compreender o alcance do fundamento pretendido[283].

Mas o fato é que as referências ao merecimento de pena já podem ser encontradas no século XIX, conceito que vem sendo objeto de maior atenção nas últimas décadas[284]. Tais referências à ideia de merecimento de pena originam-se de sua diferenciação do conceito de necessidade de pena e da aplicação de ambos os casos no âmbito das condições objetivas de punibilidade e das causas pessoais de exclusão da pena[285].

Outro destaque é que, mesmo sem permitir ou esclarecer o aspecto conceitual abordado, a diferenciação entre merecimento e necessidade de pena se perfila basicamente na dogmática, para explicar o fato de que a presença de um injusto culpável, em determinados casos, nem sempre desencadeia uma pena[286].

Entretanto, é possível encontrar certos pontos comuns nas diferentes propostas doutrinárias com respeito aos critérios sustentados, para explicar o juízo de merecimento de pena, e, para tais efeitos, devem ser levados em consideração aspectos, como a importância do bem jurídico afetado e a especial periculosidade da conduta, levada a cabo pelo autor[287].

---

[283] Sobre a existência de vários conceitos, veja-se: ROBINSON, Paul H. *Princípios distributivos del derecho penal*. Traducción de Manuel Cancio e Iñigo Ortiz de Urbina. Madrid/Barcelona/Buenos Aires: Marcial Pons, 2012, p. 160 e seq.

[284] De acordo com Diego Manuel Luzón Peña, o conceito de merecimento de pena retroage a Gallas e Sauer e é concebido como um dos tópicos nucleares do discurso político-criminal, referente permanente da própria elaboração dogmática (PEÑA, Diego Manuel Luzón. La relación de merecimiento de la pena y la necesidad de pena con la estructura del delito. In: SÁNCHEZ, Jesus-Maria Silva; SCHÜNEMANN, Bernd; DIAS, Jorge de Figueiredo (Coord.). *Fundamentos de un sistema europeo del derecho penal*. Barcelona: Bosch, 1995, p. 115 e seq.

[285] SHIMAJUKO, Shikara Vásquez. *La imputación de los resultados tardios*. Buenos Aires: Editorial B de F, 2013, p. 253.

[286] PÉREZ, Octavio Garcia. *La punibilidad en el derecho penal*. Pamplona: Aranzadi, 1997, p. 49.

[287] ANDRADE, Manuel da Costa. Merecimento de pena y necesidad de tutela penal como referencias de una doctrina teleológico-racional del delito. Traducción de Pablo Sanchez-Ostiz Gutiérrez. In: SCHÜNEMANN, Bernd; DIAS, Jorge de Figueiredo (Org.). *Fundamentos de un sistema europeo del derecho penal, libro-homenaje a Claus Roxin*. Barcelona: Bosch, 1995, p. 162. Shikara Vásquez Shimajuko, reconhecendo que a doutrina majoritária separa os conceitos de merecimento de pena e necessidade de pena, identifica três linhas de distinção bem definidas: 1) a necessidade de pena pressupõe a realização de um juízo de merecimento de pena. De acordo com esta posição, para afirmar que, frente a tal fato, não basta o recurso a meios menos lesivos, e a imposição de uma pena é indispensável, é preciso realizar um juízo acerca do merecimento ou não da sanção penal. Somente, depois se constatada a existência de um

A PUNIBILIDADE NO DIREITO PENAL

Já, quanto à necessidade de pena, a ideia é que, quando, diante de um fato, seja imprescindível a intervenção do Direito Penal, para a proteção de determinados interesses, sendo claro que a necessidade de pena não sugere a intervenção punitiva do Estado em toda hipótese de lesão de certos bens, senão que indica a necessidade de pena de responder com uma sanção penal, quando outros mecanismos de proteção extrapenais ou, inclusive, extrajurídicos não são idôneos para dito fim. Desta forma, a ideia de que um fato está necessitado de pena se substrai à lógica da desvaloração, em si, que contém o juízo do merecimento de pena e responde melhor aos fins que se pretendem alcançar com a punição desse fato[288].

O juízo de necessidade demonstra a imperatividade da intervenção punitiva, mas somente quando esta for indispensável para a tutela de certos interesses, constituindo tal juízo em uma manifestação do princípio da subsidiariedade do Direito Penal, encontrando o conceito de necessidade de pena em estreita relação com a utilidade social que a imposição de uma pena pode trazer. Ou seja, na necessidade de pena, há um juízo de desvalor que enfatiza o aspecto dos fins que se pretende alcançar, descansando em considerações relativas ao momento teleológico da pena[289].

Embora diante da difusão de distinções conceituais, a ideia que se passa é a que existe merecimento de pena, quando uma conduta seja típica, antijurídica e culpável, ainda que seja possível admitir a concorrência de uma possibilidade de punição (neste trabalho, sob o conceito de punibilidade). No entanto, uma conduta merecedora de pena somente estaria necessitada de pena, se acrescentar uma necessidade preventiva de punição[290].

desvalor jurídico-penal, poderá ser feita a pergunta sobre se a pena resulta ou não inadequada a tais fins; 2) esta relação de implicação vem dada em sentido contrário, ou seja, que o merecimento de pena pressupõe sua necessidade; e 3) negativa da relação de implicação entre ambos os conceitos, considerando que estes se encontram um a respeito do outro em um plano de igualdade. Todas estas posições têm como ponto comum de partida o fato de diferenciar rigorosamente a racionalidade valorativa e a racionalidade instrumental que caracterizam o merecimento de pena e a necessidade de pena, respectivamente (SHIMAJUKO, *op. cit.*, p. 257).

[288] SHIMAJUKO, Shikara Vásquez. *La imputación de los resultados tardios.* Buenos Aires: Editorial B de F, 2013, p. 255.

[289] ANDRADE, Manuel da Costa. Merecimento de pena y necesidad de tutela penal como referencias de una doctrina teleológico-racional del delito. Traducción de Pablo Sanchez-Ostiz Gutiérrez. In: SCHÜNEMANN, Bernd; DIAS, Jorge de Figueiredo (Org.). *Fundamentos de un sistema europeo del derecho penal, libro-homenaje a Claus Roxin.* Barcelona: Bosch, 1995, p. 164.

[290] DAVID, Hector Alejandro. *El desistimiento de la tentativa:* repercusiones prácticas del fundamento de su impunidad. Buenos Aires: Marcial Pons Argentina, 2009, p. 108.

Essa realidade termina por determinar outros fatores de complicação para a compreensão de seu conteúdo, primeiro, porque, para os autores que admitem a existência da categoria denominada "responsabilidade", estes seriam seus requisitos; segundo, porque, para os autores que admitem a existência de uma quarta categoria do delito, chamada de "punibilidade", este deveria ser o local onde teriam que ser alocados ambos os conceitos[291]; terceiro, porque, como amplamente demonstrado ao longo do Capítulo I, há inúmeros autores que não distinguem o gênero "punibilidade" em várias espécies, e, mesmo os que admitem as distinções, o fazem de formas diversas.

Por fim, conforme muito bem esclarecido por Diego Manuel Luzón Peña, embora Claus Roxin seja o mentor do conceito de responsabilidade, este nunca realizou a distinção entre merecimento e necessidade de pena expressamente, ainda que se aproxime da distinção comumente desenvolvida[292].

Portanto - conforme o que se procurou demonstrar - há problemas em se buscar fundamento sobre os elementos em tela, no ainda não consistente conceito de merecimento e necessidade de pena, tanto mais quando se observa que seus pressupostos extrapolam o direito material.

3. Sobre a norma primária e a norma secundária

Uma outra parte da doutrina busca fundamento para o problema criado a partir do reconhecimento da existência das causas excludentes de punibilidade, sob a premissa de que a chamada norma secundária estaria integrada pelo conjunto de pressupostos que desencadeiam a pena.

Considera-se também a polêmica acerca do significado imperativo (determinação) ou de valoração, trazendo consequências às discussões sobre os fins da pena e de um eventual fundamento preventivo do Direito Penal em um Estado democrático, podendo ser este considerado um ponto

---

[291] *Ibidem.*

[292] PEÑA, Diego-Manuel Luzón. La relación del merecimiento de pena y de la necesidad de pena con la estructura del delito. In: SÁNCHEZ, Jesus-Maria Silva; SCHÜNEMANN, Bernd; DIAS, Jorge de Figueiredo (Coord.). *Fundamentos de un sistem europeo del derecho penal.* Barcelona: Bosch, 1995, p. 117-118.

A PUNIBILIDADE NO DIREITO PENAL

de partida teórico, para fundamentar, posteriormente, os fins da norma penal em concreto e do ordenamento penal em geral[293].

Entretanto, no que se refere à fundamentação, existe doutrina que recorre à distinção entre a norma primária e a norma secundária, para aferir a esta última a integração do conjunto de pressupostos que desencadeiam a pena[294]. Deste modo, sob o argumento de que, entre uma norma primária e uma norma secundária, existe uma conexão, na medida em que o primeiro pressuposto desta é a infração da norma primária, somente devendo ser castigado com uma pena a infração culpável da norma[295].

Jesus-Maria Silva Sanchéz[296] assevera que a doutrina distingue, habitualmente, no seio do direito penal, duas classes de normas: as normas primárias, que se entendem como dirigidas aos cidadãos proibindo-lhes a comissão de delitos, e as normas secundárias, dirigidas aos juízes ordenando-lhes a imposição de sanções penais no caso de que se cometam delitos.

Segundo Luiz Flavio Gomes[297] a norma jurídica é gênero ao qual pertence à norma jurídico-penal, depreendida dos textos legais (dos enunciados legais; às vezes de um só, às vezes de vários). Neste entendimento são os textos legislativos os veículos das normas. No caso das normas penais estas estariam divididas em duas categorias: (a) normas de conduta[298] (chamadas normas primárias ou de valoração) e (b) normas de sanção (denominadas normas secundárias).

Assim, conclui Flavio Gomes, que é comum em nossa doutrina distinguir no tipo penal o preceito primário (descrição típica) do preceito secundário (sanção), ressalvando ainda que tal divisão nada tem a ver com essa

---

[293] GARCÍA, Francisco Javier Álvarez. *Introducción a al teoría jurídica del delito*: elaborada con base en las sentencias del tribunal constitucional y del tribunal supremo. Valencia: Tirant lo Blanch, 1999, p. 20.

[294] Jesus-Maria Silva Sanchéz recorda que a doutrina distingue, habitualmente, no seio do direito penal, duas classes de norma: as primárias, dirigidas aos cidadãos, proibindo-lhes a comissão de delitos, e as secundárias, dirigidas aos juízes, ordenando-lhes a imposição de sanções penais no caso da comissão de delitos (SANCHÉZ, Jesus-Maria Silva. *Aproximación ao derecho penal contemporâneo*. 2. ed. Buenos Aires: Editorial B de F, 2010, p. 506).

[295] PÉREZ, Octavio Garcia. *La punibilidad en el derecho penal*. Pamplona: Aranzadi, 1997, p. 58.

[296] Aproximación al derecho penal contemporáneo, p. 311.

[297] Norma e bem jurídico penal, p. 14

[298] SÁNCHEZ, Jesus-Maria Silva. Notas a la obra El sistema moderno Del derecho penal: cuestiones fundamentales, p. 81.

classificação[299]. Ainda segundo este autor, repetindo o conceito de Silva Sanchéz, as normas primárias são aquelas que definem ou delimitam o âmbito do proibido, o âmbito da liberdade, sendo dirigidas a todas as pessoas; já as secundárias cuidam do castigo penal, delimitando o âmbito do punível, tendo como destinatário o juiz[300].

Esta distinção remonta a Binding[301], que constatou que o delinqüente não infringe a lei penal senão que atua conforme ela, não se podendo falar de infração da lei penal[302]. A questão reside, com base no entendimento de Armin Kaufmann[303], em que se identifica a lei penal com as leis que realmente violam o indivíduo. Tais leis se denominam normas, que são o pressuposto lógico das leis penais, ambas (norma e lei penal) possuem diferentes destinatários, a norma se dirige aos cidadãos, a lei ao próprio estado.

Para Karl Binding, existem ações que, em regra, são puníveis, porém não são punidas em concreto, visto que podem restar escoradas por uma causa de justificação, posto que são cometidas por agentes incapazes de culpabilidade ou porque não concorre algum outro pressuposto da pena[304]. Mas, no que diz respeito às bases adotadas no presente trabalho, há um problema não superado pela proposta de Binding, referente à natureza preventiva da norma penal e, correlativamente, à ausência de função preventiva da pena.

A questão é que, na elaboração do tipo penal, na qual deve ser reconhecida toda uma soma de valorações, para determinar um comportamento digno de sanção penal, há uma conotação evidente de uma carga de ameaça, que não pode ser separada da pena a ser aplicada. É justamente a pena que confere ao injusto a sua característica iminentemente penal.

Desse modo, se existe um injusto, baseado na violação de uma norma e, se se confere a esta norma independência das consequências jurídicas, não será possível determinar, a partir da Teoria dos Fins da Pena, quais

---

[299] Op. cit., p. 14.

[300] Idem, ibidem.

[301] Die normen und ihre Übertretung, p. 3 e ss. Apud, TOLEDO Y UBIETO, Emilio Octavio. Sobre el concepto del derecho penal, p. 74/75. KAUFMANN, Armin. *Teoria de las normas. Fundamentos de la dogmática penal moderna.* Tradução de Enrique Bacigalupo e Ernesto Garzón Valdés. Buenos Aires: De Palma, 1977, p. 3-4.

[302] PÉREZ, Octavio Garcia, op. cit., p. 57.

[303] Teoria de las normas, p. 3 e ss.

[304] BINDING, Karl, *apud* MARTIN, Luiz Gracia. *Fundamentos de dogmática penal. Una introducción a la concepción finalista de la responsabilidad penal.* Barcelona: Atelier, 2006, p. 305.

A PUNIBILIDADE NO DIREITO PENAL

seriam os critérios que dão guarida à seleção das condutas que devem ser ameaçadas com uma pena em abstrato, não estando justificada a norma, o que lhe confere evidentes problemas de legitimidade.

Além do mais, toda norma, seja ela primária ou secundária, conforma, em si, uma expectativa social, ou seja, a norma jurídica precisa absorver a conexão íntima entre a declaração normativa e a própria sociedade a que regula. Assim, a constatação e a institucionalização da expectativa social são elementos essenciais de toda norma jurídica, dirigida a todos indistintamente.

Logo, a norma cumpre sempre uma dupla função: a institucionalização das expectativas sociais, que é a apresentação oficial de todas as expectativas na sociedade; e a segunda, que é orientar as condutas em sociedade. A consequência lógica é que a norma institucionaliza expectativas vigentes[305].

Maurach[306], comentando esta posição assumida por Binding, assinala que as normas são mandatos do Direito, escritos ou não, anteriores a lei penal, pertencentes ao Direito Público, cujo conteúdo, no caso de não poder ser averiguado fora do Direito Penal recorrendo ao Direito Positivo ou ao consuetudinário, podendo ser extraído da parte dispositiva da cominação penal.

Jesus-Maria Silva Sánchez[307], insurge-se desfavoravelmente a esta posição sob o argumento de que, contra esta concepção, se tem sustentado a autonomia do Direito Penal na configuração de suas normas, asseverando que este constitui a forma mais antiga de aparição do Direito, com o que freqüentemente não é possível falar de modo prévio a sua incidência em um determinado campo, de normas pertencentes a outro setor do ordenamento jurídico.

Por outro lado, inclusive nos casos em que o Direito Penal incide em um campo em que já existem outras normas jurídicas, sua intervenção produz a aparição de normas autônomas, caracterizadas por expressar não meramente a proibição jurídica de uma conduta, senão a *proibição jurídica sob ameaça de pena*, com a conseqüente afirmação de que o fato contrário

---

[305] ORTS, Miguel Polaino. Dogmática penal para todo? In: BUOMPADRE, Jorge Eduardo (Dir.). *Cuestiones actuales en derecho penal tendencias y perspectivas.* Resistencia-Chaco: Contexto, 2012, p. 89-90.

[306] Op. cit., p. 258.

[307] Aproximación al derecho penal contemporáneo, p. 317.

à norma não é meramente um fato injusto, senão um injusto merecedor de pena[308].

Contudo, Silva Sánchez[309] põe em um primeiro plano a distinção entre norma primária e secundária na elaboração da teoria jurídica do delito. Isto representa que, para ele, a norma primária manifesta a decisão de proibir um comportamento, algo que se pretende evitar, desde a perspectiva do Direito Penal, tendo sentido dirigir uma cominação penal e limitar o âmbito de atuação do agente, sob a ameaça de pena, dissuadindo da realização da conduta.

Já a norma secundária expressa uma segunda decisão político-criminal, "(...) a que leva não já a limitar a esfera individual de liberdade de ação através da ameaça da pena, senão incluso a incidir diretamente, em termos limitadores, sobre os direitos fundamentais dos cidadãos mediante o castigo(...)"[310]. Portanto, ainda segundo este autor[311], o delito contempla dois momentos essenciais, que seriam a infração da norma primária e os pressupostos de aplicação da norma secundária penal, fazendo com que o delito contenha duas categorias fundamentais, ou seja, a antijuridicidade penal e a sancionabilidade penal. Nesta última categoria inclui a culpabilidade, o resultado e outros elementos eventualmente concorrentes e condicionantes da punibilidade do mesmo.

Com estes argumentos, poder-se-ia, de fato, encerrar-se a questão sobre o fundamento, enquadrando-se a ubiquação sistemática destas figuras na teoria do delito, não fosse a sagaz objeção de Octavio Garcia Pérez[312] de que, o âmbito do punível é mais reduzido que o da infração da norma e, portanto, a norma secundária, junto à infração da norma, contém outros pressupostos.

Contudo, tal distinção não é capaz de precisar quais são esses outros pressupostos, ou seja, afirmar que, entre estes pressupostos, existem circunstâncias que condicionam a punibilidade (pessoal ou objetivamente) é aceitar a existência destas circunstâncias, mas não significa que se tenha encontrado um fundamento para estas.

---

[308] Idem, ibidem.
[309] Idem, p. 377/378.
[310] Idem, ibidem.
[311] Idem, p. 378 e ss.
[312] Op. cit., p. 59.

Nada obstante, faz-se necessário esclarecer que a distinção entre a norma primária e a secundária é conceitual, posto que as normas primárias nem cronológica, nem conceitualmente são independentes dos enunciados legais (normas secundárias)[313]. Por fim, dentro do conceito de normas primárias, deve restar presente a sua idoneidade, como valoração e como diretiva de conduta, para o cumprimento dos fins do Direito Penal de prevenção e garantia.

4. Teorias dos fins da pena

Embora o presente trabalho tenha optado por determinar a conformação das espécies que formam o gênero punibilidade, no capítulo IV infra, no que tange as hipóteses conhecidas como causas de anulação ou liberação da pena, certo é que estas são identificadas como uma das espécies do gênero punibilidade.

Estas normas, presentes, na legislação penal brasileira e de outros países ocidentais, caracteriza-se pelo caráter diferencial e específico de seus elementos que, sob um ponto de vista estrutural, pode ser resumido em três aspectos: 1) sua concorrência, uma vez finalizada a execução do fato delitivo, o que supõe não restar afetado o injusto nem a culpabilidade; 2) seu conteúdo, consistente em um comportamento positivo do autor ou partícipe, baseado na reparação dos efeitos do delito ou na colaboração com a Administração de Justiça; e 3) seu caráter voluntário, livre e não coacionado[314].

O mais destacado aspecto, enquanto elemento referencial para a identificação que ora se propõe, resta alocado na existência de um comportamento posterior ao delito em sentido amplo, ou seja, aquele, com lugar posterior ao início de qualquer atividade delitiva[315], porém, como com-

---

[313] DAVID, Hector Alejandro. *El desistimiento de la tentativa*: repercusiones prácticas del fundamento de su impunidad. Buenos Aires: Marcial Pons Argentina, 2009, p. 125.

[314] CABANA, Patrícia Faraldo. Las causas de levantamiento de la pena, Valencia: Tirant lo blanch, 2000, p. p. 23-24.

[315] REMESAL, Vicente Javier. *El comportamiento postdelictivo*. Leon: Universidad de Leon – Secretariado de Publicaciones, 1985, p. 38.

portamento pós-delitivo positivo, realizado em benefício da vítima ou da Administração da Justiça, valorada positivamente pelo Direito[316].

As legislações penais, em regra, admitem essa modalidade de comportamento, concedendo dois efeitos limitadores da punibilidade, que são a isenção ou a atenuação da sanção criminal, sem que se encontre, na doutrina, uma unidade de argumentação quanto aos fundamentos (o que reforça, efetivamente, as conclusões do capítulo I supra, no que concerne à impossibilidade de um critério único de fundamentação para a punibilidade), nas diversas hipóteses da isenção ou da diminuição da pena.

Com relação as causas de liberação ou anulação da pena, é possível encontrar posições que defendem a motivação político-criminal ou de conveniência política ou econômica, alheias ao Direito Penal ou até mesmo motivadas, estritamente, pelos fins da pena[317].

Por outro lado, a característica de conteúdo limitador da punibilidade, em termos de fundamentação para a unificação da categoria, é facilmente identificada, mesmo admitindo-se que entre as condições objetivas de punibilidade, as causas pessoais de exclusão as pena e as causas de liberação da pena, não exista uma unidade, mas sim uma uniformidade que permite tratar essas três espécies de manifestação sobre a punibilidade, como pertencentes a um mesmo gênero.

Nesse contexto, as três espécies do gênero punibilidade permitem concluir que não há fundamento para uma sanção penal, ou seja o advento da responsabilidade criminal que implicará na aplicação de uma pena, se não existir um fundamento, um fim legítimo para a pena estatal, pois se não há exigências de prevenção geral, ou prevenção especial, tampouco existe a necessidade de compensação da culpabilidade, não pode existir sanção penal.

A doutrina identifica, na legislação penal brasileira, tanto na parte geral, como especial do Código Penal, bem como nas leis penais extraordinárias – a presença destas figuras, reconhecendo-as e admitindo ambos os efeitos (não aplicação e diminuição de pena) inerentes a determinados comportamentos ou condições que são valorados pelo legislador em benefício do

---

[316] QUERALT, Joan. El comportamento postdelictivo en los delitos contra las haciendas públicas y la seguridad social. *Cuadernos de Derecho Judicial. Empresa y Derecho Penal (I)*. Madrid: Consejo General del Poder Judicial, 1999, p. 173.

[317] CABANA, Patrícia Faraldo. *Las causas de levantamiento de la pena*. Valencia: Tirant lo Blanch, 2000, p. 24.

A PUNIBILIDADE NO DIREITO PENAL

agente que pratica um injusto culpável, existindo dificuldade na relação de um rol taxativo, diante da crescente legislação penal pátria.

Mesmo com a inexistência de qualquer definição legal em relação as condutas que, em determinadas circunstâncias, impedem o advento da punibilidade é possível constatar, na parte geral do Código Penal brasileiro, a relevância conferida pelo legislador a determinados comportamentos, exteriores ao injusto culpável, com *status* diferenciado e, portanto, relevantes, taxativamente admitidos e que refletem quanto ao advento da punibilidade, tais como a desistência voluntária e o arrependimento eficaz[318] (isenção total da pena); o arrependimento posterior[319]; as atenuantes de reparação do dano[320]; e a confissão[321] (isenção parcial da pena).

Ainda na parte geral, outras circunstâncias, estas de ordem objetiva (e, portanto, admitidas como condições objetivas de punibilidade), podem ser encontradas por exemplo no art. 7º, II, § 2º, alíneas b (ser o fato punível também no país em que foi praticado) e c (estar o crime incluído entre aqueles pelos quais a lei brasileira autoriza a extradição).

De forma idêntica, na parte especial do Código Penal pátrio, pode ser observada a relevância aferida ao comportamento ou circunstância estranha ao injusto culpável em diversas normas, isentando, parcial ou completamente, a possibilidade de sanção nas seguintes hipóteses: na retratação do querelado, antes da sentença, nos crimes de calúnia ou da difamação[322]; na delação premiada, no crime de extorsão, mediante sequestro[323]; na declaração, confissão e efetuação do pagamento das contribuições, importâncias ou valores devidos à Previdência Social, prestando as devidas informações na forma definida em lei ou regulamento antes do início da ação fiscal[324]; isenção de pena do cônjuge, na circunstância da sociedade conjugal, de ascendente ou descendente, nos crimes previstos no título III do Código Penal, ressalvadas as hipóteses do art. 183; [325]no caso de restituição do menor ou do interdito, se este não sofreu maus-tratos ou privações[326]; na

---

[318] Artigo 15 do Código Penal.
[319] Artigo 16 do Código Penal.
[320] Artigo 65, III, *b*, do Código Penal.
[321] Artigo 65, III, *d*, do Código Penal.
[322] Artigo 143, do Código Penal.
[323] Artigo 159, § 4º, do Código Penal.
[324] Artigo 168-A, § 2º, do Código Penal.
[325] Art. 181, I, II
[326] Artigo 249, §, 2º, do Código Penal.

A BUSCA DE FUNDAMENTAÇÃO REFERENTE À EXISTÊNCIA DE CRITÉRIO...

declaração espontânea e confissão de contribuições importâncias ou valores, prestando as devidas informações à Previdência Social, na forma definida em lei ou regulamento antes do início da ação fiscal[327]; e no crime de falso testemunho ou falsa perícia quando, antes da sentença no processo em que ocorreu o ilícito, o agente se retrata ou declara a verdade[328].

Por fim, é, na legislação penal extraordinária, em que melhor se verifica a importância aferida pelo legislador às normas limitadoras da punibilidade, revelando uma desvalorização de determinadas modalidades de injusto, no qual é possível observar não só a tendência do aumento da utilização de limitadores da punibilidade – perceptível ante a cronologia e a incidência, cada vez mais presente, da vigência de normas despenalizadoras – mas também, a inexistência de critérios quanto ao momento relevante da conduta em que a hipótese de não punibilidade ocorre[329].

A presença destas normas em nosso ordenamento jurídico permite consignar que o fundamento das causas excludentes de punibilidade, como espécie do gênero punibilidade, consiste na desvaloração realizada pelo legislador, ao estabelecer uma circunstância objetiva, de cunho pessoal ou não, bem como, por vezes, uma conduta positiva pós-delitiva, com perspectiva de isenção total ou diminuição de pena. O seu fundamento corresponde, por conseguinte, dentro do conceito de punibilidade, como fator externo ao injusto culpável, relativo aos fins da pena[330], consequentemente, não alheio ao sistema penal e aos seus fins.

---

[327] Artigo 337-A, §, 1º do Código Penal.

[328] Artigo 342, § 2º, do Código Penal.

[329] No Brasil, as hipóteses de supressão da punibilidade pelo pagamento do tributo devido, nos casos dos crimes fiscais, é o caso mais expressivo, em que o legislador afere os requisitos para obtenção do beneplácito sem qualquer critério temporal. As inúmeras previsões de isenção ou diminuição da pena, mesmo ante a configuração da tipicidade, antijuridicidade e culpabilidade, na legislação ordinária podem ser identificadas, por exemplo, nas seguintes normas: imunidades parlamentares, arts. 53, caput; 27, § 1º; 29, VIII, da Constituição Federal; Lei nº 9.034/95, art. 6; Lei nº 9.080/95, art. 1º, alterando o art. 25 da Lei nº 7.942/86 e o art. 16 da Lei nº 8.137/90; Lei nº 9.613/98, art. 1º, § 5º; Lei nº 9.807/99, arts. 13 e 14; Lei nº 10.149/00, arts. 35-B e 35-C; Lei nº 10.409/02, art. 32, §§ 2º e 3º; Lei nº 11.343/06, art. 41; Lei nº 12.850/13, art. 4º. Com maiores detalhes, veja-se: BITTAR, Walter Barbosa. *Delação premiada*. 2. ed. Rio de Janeiro: Lumen Juris, 2011, p. 83 e seq.

[330] Deve ser esclarecido que, "na verdade, vem-se comumente entendendo que as teorias da pena dizem respeito ao problema dos fins das penas. Quando isso é, de facto, um erro: elas nasceram para responder ao problema da justificação do direito de punir. E, ou a encontraram na 'justiça' da punição – que considerações teológicas ou filosóficas explicavam –, ou na rea-

A PUNIBILIDADE NO DIREITO PENAL

Com essa postura, não se está deixando de lado a perspectiva da inexistência de um fundamento único para a punibilidade, mas, sim, que é, sob uma perspectiva jurídico-penal, que se tomam, como ponto de partida, os fins da pena, para traçar um paralelo com os efeitos inerentes à expansão do sistema normativo do Direito Penal, modificando, por meio de uma (ou mais) norma, a relação do autor do fato ilícito com a esfera da não punibilidade[331].

Impõe recordar que parte da doutrina identifica (conforme itens 1 e 2 supra), no fundamento das causas que excluem a punibilidade, meras razões de oportunidade prática que determinam a abstenção da pena, além de razões de conveniência que induzem ao ordenamento a retornar sobre os seus passos e a renunciar a sanção[332].

Mas nem uma nem outra permite fundamentar jurídico-penalmente a isenção ou a diminuição da pena, na medida em que o puro pragmatismo

lização de efeitos socialmente úteis que esta mesma punição desencadeava" (RODRIGUES, Anabela Miranda. *A determinação da medida da pena privativa de liberdade*. Coimbra: Coimbra Editora, 1995, p. 154-155).

[331] Conforme adverte Patrícia Faraldo Cabana, "somente a partir de uma perspectiva estritamente jurídico-penal que tome como ponto de partida os fins da pena, ainda que possa combinar-se com outros critérios, é possível enquadrar as causas de liberação da pena no sistema normativo do Direito Penal, ao afirmar que se concede a anulação da pena a um comportamento pos delitivo positivo que se ajusta aos fins perseguidos pela pena e revelador, portanto, de um autêntico retorno de seu autor a legalidade" (CABANA, Patrícia Faraldo. *Las causas de levantamiento de la pena*. Valencia: Tirant lo Blanch, 2000, p. 115). Em sentido contrário a esta tese, Ernesto Luquín Rivera assevera que, "se é verdade o que alguns autores assinalam a respeito da crise do fim da pena, tese que comparto, todo o argumento da professora Faraldo da renúncia à punibilidade cai. Da renúncia à punibilidade, não fica nada claro qual é o fim da pena e, em todo caso, por qual razão existem tantas e tão diversas causas de exceção para a aplicação das mesmas" (RIVERA, Ernesto Luquín. *Hacia um sistema penal legítimo*. México: Fontamara, 2009, p. 110).

[332] MAGLIE, Cristina de. *Los delitos culturalmente motivados ideologías y modelos penales*. Traducción de Victor Manuel Macías Caro. Madrid/Barcelona/Buenos Aires: Marcial Pons, 2012, p. 69. De acordo com a autora, quando se fala de causas de exclusão da punibilidade em referência às decisões sobre a oportunidade de não castigar que pertencem ao legislador, se opta pela seguinte classificação: a) fatos naturais ou jurídicos posteriores à comissão do delito, que são completamente independentes do comportamento do autor ou que, de todas as formas, não se esgotam em um comportamento do sujeito ativo (as causas de extinção do delito); b) comportamento do autor, posteriores à comissão do delito que contrastam sobre a conduta ofensiva realizada (as causas supervenientes de não punibilidade); c) situações concomitantes à comissão do delito que afetam a posição pessoal do sujeito ativo ou as suas relações com a vítima (as causas originárias de não punibilidade).

não pode fundamentar um instituto jurídico, pelo menos não de acordo com a proposta da presente obra, na qual se parte de que a fundamentação jurídica das condições objetivas de punibilidade, as causas pessoais de exclusão da pena e as causas de liberação ou anulação da pena, quando baseadas nos fins da pena, estão em condições de subministrar critérios de justiça material que, além de mais seguros que os flutuantes e pouco esclarecidos conceitos de oportunidade, merecimento e necessidade de pena, política-jurídica, critérios extrapenais, entre outros, são orientados teleologicamente.

Contudo, estas propostas pragmáticas, de certa forma, traduzem a ideia – neste caso, presente tanto na cabeça do cidadão comum, como do jurista em geral – de que o Direito possui alguma função, servindo para algo. É dizer que qualquer que seja a teoria quanto aos fins da pena que se utilize, se parte da base que se satisfaz com a existência do sistema penal, como um fim, que se obtém um resultado, ainda que somente seja – no caso das teorias retributivas[333] – a realização da justiça.

Essa assertiva ganha realce especial, quando se trata da justificação ou busca de fundamento para a renúncia de castigo, inerente às causas que excluem ou limitam a punibilidade, principalmente, porque propõe um interessante dilema: ou se adota uma fundamentação extrapenal, utilitária e pragmática, ou se intenta uma fundamentação jurídico-penal. Mas a questão é que a doutrina tende a apoiar-se em critérios extrapenais, rechaçando, em alguns casos expressamente, que seja possível uma fundamentação de acordo com os fins da pena e com o sistema do Direito Penal[334].

Outro destaque e que propicia um enfoque peculiar quanto às causas de liberação ou anulação da pena é que, nesta espécie do gênero "punibilidade", existe a possibilidade tanto da isenção como a da redução da pena do agente que, em razão de seu comportamento positivo posterior ao delito, cumpra determinados requisitos exigidos pela legislação, tais

---

[333] Não existe uma concepção unívoca quanto às concepções retributivas da pena, existindo doutrina que identifica tanto a expiação quanto a retribuição, como justificação para a pena (RODRIGUES, Anabela Miranda. *A determinação da medida da pena privativa de liberdade*. Coimbra: Coimbra Editora, 1995, p. 159-160).

[334] CABANA, Patrícia Faraldo. *Las causas de levantamiento de la pena*. Valencia: Tirant lo Blanch, 2000, p. 102.

A PUNIBILIDADE NO DIREITO PENAL

como beneficiar a vítima ou agir em favor da Administração da Justiça[335], aguçando a curiosidade em relação à existência de critério para a fundamentação do fenômeno, levando-se em conta quão instável é o legislador no aferimento das normas limitadoras da punibilidade e os efeitos provocados a partir da vigência de tais normas.

A mencionada instabilidade do legislador impõe esclarecer que, na procura de um fundamento, no tocante aos fins da pena, se toma por base o interesse em limitar o alcance do Direito Penal e, especialmente, do poder punitivo, tendo como base a legitimidade do sistema social existente.

Parte-se do pressuposto de que ao jurista, teórico do Direito Penal, o tema "legitimidade" já lhe é dado, deixando de lado o tema da legitimidade do sistema político e social, em uma análise do significado da pena estatal, desde uma perspectiva jurídica[336]. Sendo assim, deixa claro que, fazendo tal opção, o trabalho será desenvolvido no marco de um sistema com critérios, pelo menos, mínimos de legitimidade[337].

Como o presente trabalho defende uma Teoria Político-criminal, tendo como base que os efeitos preventivos da pena se entendem como dirigidos primordialmente à lesão ou ao perigo de lesão de bens jurídicos e à diminuição das cifras da delinquência, vale recordar a lição de Claus Roxin, para quem, as teorias da pena não podem permanecer sem consequências no âmbito dos pressupostos da pena e, portanto, na antessala da dogmática penal[338].

Isto porque, se a pena tem uma finalidade preventiva, não pode bastar para a sua imposição somente com a culpabilidade do autor, pois é preciso que seja necessário um ponto de vista preventivo[339]. Ademais, a necessidade preventiva do castigo deve ser admitida, segundo o critério do legis-

---

[335] REMESAL, Vicente Javier. *El comportamiento postdelictivo*. Leon: Universidad de Leon – Secretariado de Publicaciones, 1985, p. 38.

[336] SANCHÉZ, Bernardo Feijó. *Retribuición y prevención general. Un estúdio sobre la teoria de la pena y las fuciones del derecho penal*. Buenos Aries: Editorial B de F, 2007, p. 53.

[337] Conforme aduz Bernadro Feijó Sanchéz, "se o sistema político é ilegítimo, o ordenamento punitivo também o será" (*Ibidem*, p. 54).

[338] ROXIN, Claus. *La evolución de la política criminal, el derecho penal y el proceso penal*. Traducción de Carmen Gómez Rivero y María del Carmen García Cantizano. Valencia: Tirant lo Blanch, 2000, p. 60-61

[339] ROXIN, Claus. *La evolución de la política criminal, el derecho penal y el proceso penal*. Traducción de Carmen Gómez Rivero y María del Carmen García Cantizano. Valencia: Tirant lo Blanch, 2000, p. 60-61.

A BUSCA DE FUNDAMENTAÇÃO REFERENTE À EXISTÊNCIA DE CRITÉRIO...

lador, decorrente no caso normal da configuração dos tipos, resultando obrigatório para o intérprete a configuração dos tipos, ainda que também a interpretação teleológica tenha que considerar sempre o ponto de vista da necessidade de pena[340].

Neste ponto, deve ser esclarecido que, ao atribuir – e reconhecer – ao Direito Penal a função de proteção de bens jurídicos e a pena, à função de prevenção, implica conceber a norma penal também como norma preventiva. Colocadas as coisas sob essa perspectiva, ao ser concebida a norma penal, somente pode constituir um imperativo dirigido ao cidadão, seja em forma de proibição, seja em forma de mandato, para que evite a lesão do bem jurídico[341].

Sendo assim, uma norma com cunho preventivo visa à proibição de determinados resultados que, em certas ocasiões, serão imprevisíveis ou inevitáveis, e o que é imprevisível e inevitável não pode ser proibido, nem exigido, pelo legislador, quando este, por meio de uma norma, admite que uma conduta, ou uma(s) ou outra(s) circunstância pessoal e objetiva, alterem o advento da punibilidade, transformando a gravidade do injusto e do conteúdo do proibido.

Não pode ser ignorado que, no momento em que o legislador cria circunstâncias normativas limitadoras da punibilidade, é perfeitamente possível o surgimento de situações imprevisíveis e inevitáveis que afetam o conteúdo preventivo, especialmente, quanto aos fins da pena, relevando-se sobre os efeitos da punibilidade.

Tal assertiva resta baseada no fato de que, se ao Direito Penal é atribuída à função de proteção de bens jurídicos, que é uma função imediata ou direta, torna-se imperativo, a fim de que as normas penais levem a cabo o seu ideal de prevenção que, para além da concorrência de uma periculosidade objetiva, exista uma certa danosidade social na ação proibida.

Se a valoração penal, por força do princípio da legalidade, deve ser balisada, a partir da existência de uma norma incriminadora, quando esta valoração é alterada pela possibilidade de modificar a punibilidade de uma conduta, por força de outro comando normativo, diretamente, conectado aos fins preventivos, ocorre uma outra valoração no tocante à danosidade

---

[340] *Ibidem*, p. 61.
[341] TREPAT, Elena Farré. *La tentativa de delito*. 2. ed. Buenos Aires-Montevideo: B de F - Edisofer, 2011, p. 41.

A PUNIBILIDADE NO DIREITO PENAL

social que, após superada, enquanto ação proibida, impõe uma alternância ao conteúdo normativo, ainda que superado o injusto culpável.

Deve ser ainda considerado que as construções dogmáticas devem partir dos pressupostos de que nenhum fator conta para a determinação da pena, se não tem relação com o injusto, a culpabilidade e a punibilidade, bem como de que todos estes fatores são graduáveis[342].

Partindo-se dessa premissa (fatores graduáveis), essas graduações, obrigatoriamente levarão em conta se a legislação admite, ou não, uma conduta positiva e pós-delitiva, bem como circunstâncias pessoais e objetivas pré-delitivas ou pós-delitivas, que são inerentes a determinados comportamentos ou situações em que, a partir de uma norma, poderá tornar punível ou não uma conduta humana, prevista em lei como ilícita, conferindo, ainda, à sanção penal inicialmente prevista, uma conotação diferenciada daquela ação ou omissão cuja prática corresponde a uma sanção criminal, na qual a pena não é alterada ou impedida de ser aplicada, cuja fundamentação deve ser trasladada para as considerações inerentes às teorias preventivas.

A questão deve ser analisada, a partir da premissa de que, a existência da previsão legal de uma causa limitadora de punibilidade, quando não se questiona mais a existência de um injusto culpável, altera o ponto de vista para o aferimento ou não da pena, quanto à função preventiva geral[343], que é reavaliada perante a presença ou ausência de eventual causa excludente de punibilidade.

Mesma situação ocorre em relação à prevenção especial, já que, se a pena não é necessária (ou menos necessária), em determinadas circunstâncias (que exigem um "*plus*" a mais) tendo em vista um segundo comportamento praticado pelo agente, em uma atitude que pode ser alcunhada de retificadora, ou mesmo de uma circunstância pessoal ou objetiva, terminando por provocar uma modificação da valoração jurídica, agora não

---

[342] PERALTA, Jose Milton. *Motivos reprováveis. Una investigación acerca de la relevancia de las motivaciones individuales para el derecho penal liberal.* Madrid/Barcelona/Buenos Aires: Marcial Pons, 2012, p. 128.

[343] O fato da existência de limitadores da punibilidade, tais como a possibilidade do pagamento do tributo ou a contribuição previdenciária, devidos nos crimes fiscais e previdenciários, bem como da causa pessoal de pena do parentesco do art. 181, CP, demonstram que a legislação não assume plenamente a Teoria Preventiva da Pena. No mesmo sentido, mas apenas referindo-se às causas pessoais de exclusão da pena, veja-se: MORENO, Abraham Castro. *El por qué y el para qué de las penas (Análisis crítico sobre los fines de la pena).* Madrid: Dykinson, 2008, p. 32-33.

124

A BUSCA DE FUNDAMENTAÇÃO REFERENTE À EXISTÊNCIA DE CRITÉRIO...

mais focada no evitar a produção de uma lesão, ou perigo de lesão, para um bem jurídico, como ocorre em um delito, em que a pena, inerente ao injusto culpável, não pode ser alterada por um outro comportamento[344] ou circunstância pessoal ou objetiva limitadora da punibilidade.

O problema da punibilidade imprime às teorias dos fins da pena (e a própria punibilidade) mais complicações. Neste sentido, basta observar que a renúncia à pena, em certos casos, como, por exemplo, a hipótese daquele que espontaneamente paga a Receita o valor que pretendia fraudar e fraudou (no caso do crime tributário) e fica isento de pena, regressando à ordem social estabelecida pela vigência de uma norma penal incriminadora.

Em uma situação como a supra descrita o agente não requer socialização ou uma compensação quanto ao restabelecimento da confiança no sistema[345], bem como permite menoscabar a prevenção geral em seus dois sentidos (intimidação e confirmação do Direito, como ordem ética, ao verificar que este se cumpre[346]).

A questão a ser analisada é que essa ambiguidade, supra referida, não reforça as teorias retributivas e preventivas da pena, senão que "gera mais dúvidas a respeito da validez ou coerência das teorias dos fins da pena"[347]. Entretanto, a renúncia à punibilidade não exatamente questiona as principais teorias da pena[348], mas, sim, provoca um rompimento sistemático, quando absorve uma série de elementos extrapenais, inclusive essa absor-

---

[344] Atualmente, também há doutrina que faz a distinção dos aspectos negativos e positivos da prevenção geral, aqueles servem como ameaça/intimidação dirigida aos cidadãos pela lei para evitar que delinquam, estes, segundo Roxin, podem distinguir três fins e efeitos distintos: o efeito de aprendizagem, motivado socialmente pedagógico; o exercício na confiança do Direito, que se origina na população pela atividade da justiça penal; o efeito de satisfação, que aparece, quando o delinquente fez tanto que a consciência jurídica se apazigua (por isso, também, esse efeito o denomina, indistintamente, como "pacificação") acerca da infração ao Direito e dá por finalizado o conflito com o autor (CESANO, Jose Daniel. *Reparación y resolución de conflito penal: su tratamento em el Código Penal Argentino. In: Nuevas formulaciones em las ciência penales (Homenaje a Claus Roxin).* Córdoba: Marcos Lerner Editora, 2001, p. 504-505).

[345] RIVERA, Ernesto Luquín. *Hacia um sistema penal legítimo.* México: Fontamara, 2009, p. 110.

[346] "O entendimento da prevenção geral como intimidação se relaciona com certas abordagens desenvolvidas pelas teses retributivas, de forma que a novidade aportada pela doutrina da prevenção geral positiva, estabilizadora ou integradora reside no sentido mais amplo do conceito de prevenção geral" (CABANA, Patrícia Faraldo. *Las causas de levantamiento de la pena.* Valencia: Tirant lo Blanch, 2000, p. 119).

[347] *Ibidem.*

[348] Absolutas, preventivas e mistas ou unitárias.

ção é admitida por boa parte da doutrina (vide análise pormenorizada nos itens 1 e 2 supra).

Em outra vertente, esse rompimento que produz o aumento da complexidade em relação às teorias da pena, poderia sustentar que, sendo assim, quando o Estado renuncia à punibilidade, cai por terra a legitimação do Direito Penal. No entanto, como bem posiciona Jesus Maria Silva Sanchez, "a complexa questão da legitimação do Direito Penal não pode ser tratada de forma satisfatória tomando como único ponto de partida as teorias da pena"[349].

Nas hipóteses de renúncia à punibilidade, em quaisquer das espécies admitidas no presente trabalho, é estabelecida uma atenuação do injusto, atreladas a uma conduta positiva pós-delitiva ou circunstância pessoal ou objetiva, cuja relação com os fins da pena possuem valoração diversa das hipóteses, nas quais a consequência jurídica independe de outros pressupostos alheios ao injusto culpável, como por exemplo as causas extintivas de punibilidade, estas que não correspondem as condições objetivas de punibilidade, as causas pessoais de exclusão da pena e as causas de liberação ou anulação da pena (sobre a falta de correspondência vide capítulo V infra).

Tal realidade, entretanto, não implica questionar o fim legitimante do Direito Penal, aqui entendido com adoção do método teleológico-funcionalista, porque, como já admitido, não é único, mas, sim, questionar as mudanças provocadas pela possibilidade de mitigação da pena e dos motivos pelos quais os fins da pena alteram a valoração de uma segunda conduta praticada após a consumação do delito, ou mesmo a uma circunstância pessoal ou objetiva que limita a punibilidade.

Destaque-se, ainda, que se ao injusto culpável a pena, por força de outra norma que modifica o sentido, o alcance e os limites da norma incriminadora, se releva situação diversa, em face da menor necessidade de prevenção geral ou especial, há uma modificação quanto aos fins da pena, pois houve também alteração no que concerne ao grau de reprovabilidade do injusto, e tal modificação não pode ser tida como irrelevante, principalmente, porque é preciso justificar, para que se pune[350] e o quanto se pune.

---

[349] SANCHÉZ, Jesus Maria Silva. *Aproximación al derecho penal contemporâneo*. Barcelona: Bosch, 1992, p. 292.

[350] Esta é a principal pergunta sobre os fins da pena, quer quanto aos seus fundamentos, quer quanto aos fins que, mediante ela, se visam a atingir (RODRIGUES, Anabela Miranda. *A determinação da medida da pena privativa de liberdade*. Coimbra: Coimbra Editora, 1995, p. 152).

A BUSCA DE FUNDAMENTAÇÃO REFERENTE À EXISTÊNCIA DE CRITÉRIO...

Para tanto, deve ser recordada a posição já sustentada por Santiago Mir Puig de que "a função da pena constitui um tema inevitavelmente valorativo, *opinável*, pois, e subtraída à possibilidade de uma resposta independente do ponto de vista que se adote, ante a questão da função a atribuir ao Estado"[351]. Ainda mais, quando considera que, "sob a vigência de um Direito penal *liberal*, se atribuiu a pena tanto uma função de prevenção de delitos, como a de retribuição pelo mal cometido"[352].

Desta forma, deve ainda ser recordado que, a partir do surgimento do Direito Penal liberal, ao Estado procede delimitar os pressupostos de sua intervenção punitiva "e a própria intervenção em umas 'formas' que cumprem funções garantistas e de redução das cotas de violência"[353]. Na hipótese das causas excludentes de punibilidade, ambas as funções ganham especial destaque, em razão de algumas características especiais destas, como são a reparação do dano, baseada na ideia de colaboração com a Administração da Justiça e na diminuição dos efeitos da violação ao bem jurídico tutelado; uma circunstância ou qualidade pessoal que não recomenda político criminalmente a aplicação de uma pena, ou mesmo uma circunstância objetiva, alheia ao dolo ou a culpa do agente e que, quando presente, altera a possibilidade de punição.

No que diz respeito às garantias à própria restrição do poder punitivo estatal, por meio do uso de limitadores da punibilidade, de certa forma, estas resguardam a proteção do cidadão frente ao Estado, bem como reduzem a possibilidade de violência, figura inerente à própria sanção criminal que é, de qualquer forma, uma violência (a pena, como um mal para o indivíduo e a sociedade[354]), ainda mais em um momento de expansão do Direito Penal[355].

Sendo assim, deve ser reconhecido, não só nas hipóteses da prática de condutas reparadoras, mas em todas as hipóteses das causas excluden-

---

[351] PUIG, Santiago Mir. *Funcion de la pena y teoria del delito em el estado social y democrático de derecho*. 2. ed. Barcelona: Bosch, 1982, p. 15.

[352] *Ibidem*, p. 25.

[353] SANCHÉZ, Jesus Maria Silva. *Aproximación al derecho penal contemporâneo*. Barcelona: Bosch, 1992, p. 295.

[354] *Ibidem*, p. 296-297.

[355] Conforme admite Nills Christie, "a indústria do controle do delito se encontra em uma situação mais que privilegiada. Não há escassez de matéria prima: a oferta de delito parecer ser infinita". (CHRISTIE, Nills. *La indústria del control del delito*. Tradução de Sara Costa. Buenos Aires: Editores del Puerto, 1993, p. 21).

tes de punibilidade, que a isenção da sanção restará justificada, quando for um meio efetivo, com o escopo de prevenir maiores prejuízos para a sociedade[356].

Porém, mesmo com essa justificativa, o problema, criado com a possibilidade de, por meio de uma causa excludente de punibilidade, impedir ou diminuir uma sanção criminal, restringindo o âmbito do que é punível (portanto da punibilidade), considerando o menor dano social, produz um duplo efeito: por um lado, minimiza o dano potencial à sociedade, por outro, é um perigoso estímulo contrário ao efeito preventivo geral da intimidação.

Quanto a este último, deve ser considerada a mudança do perfil do homem, diante do desenvolvimento histórico da sociedade e do Direito Penal, eis que a humanização da pena não representou, por outro lado, a perda da força preventiva geral, enquanto intimidação, principalmente, pelo fato de a autonomia e liberdade individual mudarem a importância que era dada ao homem da Idade Média, em relação à referida força intimidante, esta que é relativa, em face da impossibilidade de conhecer o seu suposto efeito desestimulante naquele que decide cometer o delito[357].

Mas fato é que a ideia de fim coloca ao Direito Penal o objetivo de prevenção, o que traz consequências importantes, visto que a própria ideia preventiva confere uma vertente pragmática, no sentido de utilidade, em oposição à vocação metafísica do Direito Penal de outros tempos. A legitimidade dos fins do Direito Penal, admitida como prevenção geral e especial, com as advertências em relação à prevenção geral, já assinaladas, torna-se, em face da admissão da existência de causas de liberação da pena, como o fundamento pelo qual se limita a punibilidade, tanto como isenção ou diminuição da sanção criminal[358].

Especialmente em relação à prevenção geral, mesmo considerando a possibilidade de limitação da punibilidade, a simples possibilidade de pena

---

[356] A doutrina moderna já reconhece a utilidade da reparação para o restabelecimento da paz jurídica. (SANZBERRO, Guadalupe Pérez. *Reparación y conciliación en el sistema penal*. Granada: Comares, 1999, p. 345 e seq.).

[357] As conclusões, aqui lançadas, têm como base a posição de Michael Baurmann (BAURMANN, Michael, *apud* SANCHÉZ, Jesus Maria Silva. *Aproximación al derecho penal contemporâneo*. Barcelona: Bosch, 1992, p. 299).

[358] Sobre a lógica da ideia de fim, tendo a prevenção, como objetivo do Direito Penal, veja-se: RODRIGUES, Anabela Miranda. *A determinação da medida da pena privativa de liberdade*. Coimbra: Coimbra Editora, 1995, p. 307 e seq.

A BUSCA DE FUNDAMENTAÇÃO REFERENTE À EXISTÊNCIA DE CRITÉRIO...

será inevitavelmente intimidatória. Com isso repudia-se os fins de prevenção geral estabilizadora, integradora ou positiva, visto que a referida possibilidade se apresenta como socialmente integradora, na medida em que permite mitigar os efeitos negativos da aplicação de uma pena, retirando, outrossim, qualquer sentido moralizante, inerente à coação, mediante a imposição de pena, como uma adesão interna dos cidadãos aos valores jurídicos.

Tomando-se por base que tanto o fim de prevenção geral como especial possuem um mesmo objetivo comum, que é o de evitar a prática delitiva, como forma de proteger a sociedade[359], e tal finalidade resta mitigada, em face da conduta limitadora da punibilidade, caracterizada como condição objetiva de punibilidade, causa pessoal de exclusão da pena ou causa de liberação de pena, com a alteração dos fins da pena, por força de norma legítima, termina por afetar o conteúdo do injusto culpável, cujos reflexos, em termos de sanção, devem ser transmudados, especialmente, com base na ideia de reintegração social, inerente à prevenção especial[360].

Por fim, e, conforme admite Claus Roxin, a prevenção geral e a prevenção especial são dominantes na Teoria dos Fins da Pena, através do limite à justa punição, traçada pelo princípio da culpabilidade, mas que, na atualidade, estes objetivos têm encontrado um conteúdo muito mais rico e um campo de aplicação muito mais diferenciado[361]. Contrariando uma tendência atual, a prevenção especial segue correspondendo a um papel central na Teoria dos Fins da Pena, já que a prevenção geral, embora também

---

[359] PUIG, Santiago Mir. *Funcion de la pena y teoria del delito em el estado social y democrático de derecho.* 2. ed. Barcelona: Bosch, 1982, p. 39.

[360] "A prevenção especial, diferentemente da geral, somente pretende que a pessoa que sofre a pena não volte a delinquir. A pena tem como objetivo alijar o condenado de futuros fatos delitivos é dizer, prevenir a reincidência. Esta teoria tem uma visão fática do delito, de acordo com a qual o delinquente não é entendido normativamente como um ser objetiva ou subjetivamente racional, senão como um foco de perigo para bens jurídicos aos que o Direito deve proteger. O fim da pena passa ser a luta contra dito caráter perigoso" (SANCHÉZ, Bernardo Feijó. *Retribuición y prevención general. Un estúdio sobre la teoria de la pena y las fuciones del derecho penal.* Buenos Aires: Editorial B de F, 2007, p. 167). Igualmente, deve restar claro que, "no debate atual sobre os fins da pena quando se faz referência à prevenção especial como critério de legitimação, é evidente que somente esse faz referência à ressocialização, reeducação, reabilitação ou reinserção social do delinquente e a seu tratamento" (*Ibidem*).

[361] ROXIN, Claus. *La teoria del delito en la discussión actual.* Traducción de Manuel Abanto Vasquez. Lima: Grijley, 2007, p. 87.

importante, tenha o seu papel relativizado, pelo fato de os seus métodos e o seu campo de ação se encontrem, em regra, fora do Direito Penal[362].

Deste modo, a prevenção especial possui um protagonismo ainda mais saliente, como fundamento das causas excludentes de punibilidade, principalmente como fundamento limitador da punibilidade, sem perder o ideal de ressocialização e reinserção do indivíduo, quanto ao seu retorno à sociedade, inerente à possibilidade, por força de norma, quer por meio de uma circunstância ou qualidade pessoal, circunstância ou qualidade objetiva ou uma conduta pós-delitiva positiva, mitigar os efeitos maléficos da pena.

---

[362] *Ibidem*, p. 88.

CAPÍTULO IV
A CONFORMAÇÃO DAS ESPÉCIES DO GÊNERO PUNIBILIDADE

1. Considerações iniciais

A já constatada imprecisão da problemática, existente acerca do universo da punibilidade e de sua incidência sobre certas figuras delitivas, impõe identificar as distintas situações em que, mesmo ante a um injusto culpável e como objeto de estudo comum à Teoria do Delito e da Teoria da Pena, possam compor uma unidade ou um grupo de hipóteses, que seja, senão comum, ao menos próxima do fundamento, natureza jurídica, localização sistemática, assim como da identificação de uma forma de tratamento que possa corresponder à, desconcertante, disfuncionalidade que se verifica no sistema penal, cuja irritação, decorrente do uso indiscriminado de normas incriminadoras por parte do legislador, infere à punibilidade algumas particularidades.

Tendo em vista que o aumento da utilização de normas, incidentes sobre a punibilidade, vem sendo ampliado nas últimas décadas, consequência dos abusos que se verificam quanto ao uso desmedido e expansivo do Direito Penal, presente de forma excessiva na vida cotidiana, face ao crescimento da legislação criminal na sociedade pós-industrial, cujas demandas, oriundas da chamada "sociedade do risco"[363], suscitam uma

---

[363] Expressão cunhada por BECK, Ulrich. *La sociedad del riesgo. Hacia uma nueva modernidad.* Barcelona: Paidós, 1998.

série de problemas, exigem uma redefinição do Direito Penal[364] e alteram os seus efeitos e a sua construção sistemática[365].

Dentro desta realidade e, tomando-se por base a necessidade de reconstruir as diferentes espécies de eximentes da responsabilidade criminal, reconhecidas pela doutrina e identificando a existência de distinções que podem ser percebidas, insta conceituar o que se compreende como causas excludentes de punibilidade, como espécies do gênero punibilidade, posto que, em uma primeira aproximação, podem ser consideradas como normas penais que determinam quais ações humanas, sob determinadas condições ou circunstâncias, ainda que o fato configure um injusto culpável, obstarão o advento da sanção criminal.

Uma definição como esta não permite esclarecer os motivos pelos quais, se opta por uma subdivisão do gênero punibilidade, demonstrando sua uniformidade conceitual, em que pesem não guardem idêntica composição e, portanto, unidade plena, cuja caracterização como elementos que compõem as legislações em geral, implica recordar que, especialmente quando se refere as leis penais, em um Estado de Direito democrático, estas somente se justificam, porque prestam tutela a um valor que, por ser essencial, reclamam proteção penal[366], tornando necessário compreender melhor os limites e características da limitação ou extensão desta proteção.

Mas, se a justificativa da pena já é extremamente polêmica desde a formação das sociedades primitivas[367], em um quadro de comprovado excesso de Direito Penal, com exacerbada quantidade de leis penais, a ameaça à vigência dos princípios do Estado de Direito, em especial, em relação à legitimidade da punição, termina por produzir um efeito perceptível que

---

[364] DIAS, Jorge de Figueiredo. *O direito penal na "sociedade do risco"*. Coimbra: Coimbra Editora, 2001, p. 158.

[365] Esta inusitada e preocupante expansão do Direito Penal tem lugar em um momento histórico, no mundo ocidental, em que os direitos individuais recebem mais atenção do que nunca, tanto em termos teóricos como institucionais (FERRECCIO, Rocio Lorca. Introdução. In: HUSAK, Douglas. *Sobrecriminalización. Los límites del derecho penal*. Traducción de Rocio Lorca Ferreccio. Madrid/Barcelona/Buenos Aires/São Paulo: Marcial Pons, 2013, p. 12).

[366] OLIVARES, Gonzalo Quintero. El princípio de intervención mínima y algunos delitos patrimoniales y societários. In: *El Nuevo derecho penal español. Estudios penales en memoria del Prof. Jose Manuel Valle Muñiz*. Pamplona: Aranzadi, 2001, p. 1699.

[367] BENÍTEZ, Antonio Garcia. *Los orígenes de la pena*. Sevilla: Padilla Libros Editores & Libreros, 2009, p. 9 e seq.

A CONFORMAÇÃO DAS ESPÉCIES DO GÊNERO PUNIBILIDADE

é justamente o de que uma quantidade maior de delitos gera maior pressão no sistema, favorecendo o surgimento de mecanismos de reação[368].

Desta forma, quando a quantidade de leis penais é tão ampla e não é mais possível que a sua aplicação se sujeite a princípios claros que permitam regular e controlar adequadamente o poder punitivo estatal, surge daí a proliferação de alternativas para a pena, sem que o fenômeno represente uma racionalização do Direito Penal substantivo, pelo contrário.

Entretanto, mesmo sem uma aparente justificativa, para contestar a previsão legal da pena, como um castigo merecido, torna-se – cada vez mais comum – observar, na legislação penal, diante de determinados comportamentos posteriores ao ilícito, ou circunstâncias pessoais ou objetivas anteriores ou posteriores ao delito, consequências jurídicas diversas da pena, seja reduzindo-a e mesmo isentando ou obstando a sua aplicação (portanto, incidindo sobre a punibilidade) ao agente que cumpra os requisitos legais, geralmente, em benefício da vítima ou da Administração da Justiça, com a reparação voluntária dos efeitos delitivos ou na colaboração livre[369], ou com alguma previsão normativa que imponha outros pressupostos além do injusto culpável.

Portanto, em situações com as supra descritas identifica-se um grupo disfuncional e inerente à punibilidade, que não é exatamente derivado da parte geral do Direito Penal, mas cujo esquema teórico precisa ser redesenhado pela doutrina, especialmente, para encontrar restrições ao alcance da sanção penal e do uso abusivo do poder punitivo.

Consequência lógica é identificar a existência de autonomia para essas hipóteses, bem como qual seria o seu caráter diferencial, a fim de ser destacada dentre as diversas espécies do gênero punibilidade[370].

---

[368] HUSAK, Douglas. *Sobrecriminalización. Los límites del derecho penal.* Traducción de Rocio Lorca Ferrecio. Madrid/Barcelona/Buenos Aires/São Paulo: Marcial Pons, 2013, p. 72 e seq.

[369] REMESAL, Vicente Javier. *El comportamiento postdelictivo.* Leon: Universidad de Leon – Secretariado de Publicaciones, 1985, p. 38; CABANA, Patrícia Faraldo. *Las causas de levantamiento de la pena.* Valencia: Tirant lo Blanch, 2000, p. 133.

[370] Claus Roxin observa ser comum a distinção entre causas pessoais de exclusão da pena (*Strafausschließungsgründe*), causas materiais (objetivas) de exclusão da punibilidade e causas de supressão (ou liberação) de pena (*Strafaufhebungsgründe*), delimitando cada uma delas. (ROXIN, Claus. *Derecho penal – parte general.* Tomo I. Traducción de Diego-Manuel Luzón Peña; Miguel Díaz Y Garcia Conlledo; Javier de Vicente Remesal. Madrid: Civitas, 1997, p. 971). Para Günther, Jakobs a distinção entre causas de exclusão de pena e causas de supressão de pena que são externas e dogmaticamente infrutíferas (JAKOBS, Günther. *Derecho penal,*

A PUNIBILIDADE NO DIREITO PENAL

Com o que já foi exposto até o momento resta possível asseverar que tanto nas hipóteses em que se caracteriza a existência de uma condição objetiva de punibilidade, uma causa pessoal de exclusão da punibilidade ou uma causa de liberação da pena, na forma aqui tratada, o que se renuncia é o combate de um comportamento, mesmo se reconhecendo que a conduta é desvaliosa e a ameaça de pena poderia estender um efeito inibitório[371].

Outra assertiva que se extrai é que, admitidas estas figuras (o que ocorre de forma quase unânime pela doutrina), conseqüentemente, reconhece-se que, dentro do sistema do Direito Penal, existem elementos disfuncionais - na categoria das excludentes de punibilidade - divididos em três grupos, distintos e perfeitamente identificáveis: as condições objetivas de punibilidade, as causas pessoais de exclusão da pena e as causas de liberação da pena[372].

Nada obstante ao caráter de excepcionalidade destas figuras, sendo sua essência inconstante, o que tem levado a diversidade já demonstrada de opiniões existentes na doutrina, a falta de coerência sobre estas figuras leva a conclusão de que o seu uso deveria ser reduzido, fazendo com que a advertência de Jimenez de Asúa[373], neste sentido, ainda permaneça bastante atual.

Contudo, o legislador, também conforme já ressaltado, ignora as dificuldades dogmáticas e continua a lançar mão destas figuras, já não mais se podendo afirmar com segurança que sejam estas escassas nas legislações penais contemporâneas.

Por tais motivos é que se faz a opção metodológica de se buscar uma definição conceitual sobre estas figuras, evitando uma análise pontual, com base em casos concretos, existentes nas legislações em geral, onde estariam configuradas as três espécies do gênero punibilidade, até porque só

---

parte general. 2. ed. Traducción de Joaquin Cuello Contreras; Jose Luis Serrano Gonzalez de Murillo. Madrid: Marcial Pons, 1997, p. 411, nota de rodapé n. 13). No mesmo sentido, é também a posição de JÜRGEN, Wolter. *Estudios sobre la dogmática y la ordenación de las causas materiales de exclusion, del sobreseimiento del proceso, de la renuncia a la pena y de la atenuación de la misma. Estructuras de un sistema integral que abarque el delito, el proceso penal y la determinación de la pena.* In: *El sistema integral del derecho penal. Delito, determinación de la pena y proceso penal.* Madrid: Marcial Pons, 2004, p. 60.

[371] Neste sentido: GIMBERNAT ORDEIG, Enrique. op. cit., p. 233.

[372] GARCIA PÉREZ, Octavio, op. cit., p. 95.

[373] Op. cit., p. 417.

se poderá elencá-las após delinear um esboço de conceito destas, não se olvidando de que a configuração depende do caso concreto.

2. As condições objetivas de punibilidade

Sendo a mais admitida, e sobre a qual pairam menos divergências de ordem terminológica, em que pesem as já ressaltadas dificuldades sobre a tarefa de elaboração conceitual da categoria e sua não aceitação por uma parte minoritária da doutrina, passa-se a abordar as condições objetivas de punibilidade, observando-se que uma parte da doutrina adverte[374] que, na aproximação mais detida sobre estas figuras, é aconselhável e necessário atender a uma mínima diferenciação que, posteriormente, irá repercutir nos problemas derivados de sua ubiquação sistemática e de seu tratamento dogmático, restando outra abordagem fadada ao fracasso, caso se opte por uma ótica unitária. No mesmo sentido, Jescheck[375] leciona que só é possível obter uma imagem correta da função das condições objetivas de punibilidade distinguindo-as em diferentes grupos de casos, restando analisar estas figuras partindo da própria classificação[376].

Antes de prosseguir, deve ser advertido quanto a função e, principalmente, característica das condicionantes objetivas da punibilidade, recordar as ilações de Nilo Batista, compreendendo que "toda condição objetiva de punibilidade cumpre uma função político-criminal de contenção do poder punitivo, ao suspender a punibilidade que regra geral deriva da constatação de um injusto culpável"[377].

A tarefa referente à noção conceitual, classificação e critérios de identificação destas figuras, ante o que se percebe na literatura jurídica, comporta diferentes definições tendentes a identificar as circunstâncias que

---

[374] Neste sentido: MAPELLI CAFFARENA, Borja. Op. cit., p. 20.

[375] Op. cit., p. 504.

[376] No Brasil os autores, em regra, não costumam abordar a questão classificatória. BITTAR, Walter Barbosa, op. cit., p. 30. Excepcionalmente é possível encontrar autores que fazem esta referência. Dentre estes: PRADO, Luiz Regis, op. cit., p. 444/445; TAVARES, Juarez, Teoria do injusto penal, p. 200 e ss.; CARVALHO, Erika Mendes de. Punibilidade e delito, São Paulo: Revista dos Tribunais, 2008, p. 117 e ss.

[377] Lições de direito penal falimentar. Rio de Janeiro: Revan, 2006, p. 51.

A PUNIBILIDADE NO DIREITO PENAL

podem – ou devem - ser agrupadas sob a terminologia condições objetivas de punibilidade[378].

Estabelecer o seu conteúdo não é somente difícil[379], mas também obriga a reconhecer que, desde a sua concepção, faz-se a advertência sobre a diversidade de elementos que, em alguns casos, é quase impossível sistematizar[380]. Todavia, a maioria reconhece a vigência, e são reconhecidas algumas características que as tipificam e definem[381].

A afirmação mais encontrada na doutrina resume o conceito das condições objetivas de punibilidade, como circunstâncias que se encontram em relação direta com o fato, mas que não pertencem ao tipo de injusto, tampouco à culpabilidade[382] e, neste ponto, a sua semelhança com as causas de liberação da pena e causas pessoais de exclusão da pena é evidente.

No entanto as condições objetivas de punibilidade servem para mostrar a existência de várias espécies inerentes à categoria da punibilidade, tanto que, dos autores que se debruçaram sobre o seu estudo, percebe-se que cada um mantém um conceito distinto do que deve ser compreendido como condições objetivas de punibilidade, o que explica, em parte, a heterogeneidade dos elementos que a compõem, longe de uniformidade

---

[378] CÓRVALAN, Juan Gustavo. Condiciones objetivas de punibilidade, Buenos Aires: Astrea, 2009, p. 239.

[379] Não é necessário elencar todos os autores que relevaram esta dificuldade. Veja-se, por todas, as ilações de Borja Mapelli Caffarena, que pode bem resumir a questão, quando afirma que contribuem para a sua manutenção "as dificuldades de adaptar as condições objetivas de punibilidade ao esquema dogmático do direito penal moderno que parte do injusto e da culpabilidade como fundamento da responsabilidade penal" (CAFFARENA, Borja Mapelli. *Estudio jurídico-dogmatico sobre las llamadas condiciones objetivas de punibilidad*. Madrid: Ministerio de Justicia, 1990, p. 11). Outra aportação interessante é feita por Claus Roxin: "a polemica sobre o significado dogmático e a justificação politico-criminal das condições objetivas de punibilidade se deve, em ultimo termo, a que esta rubric constitui uma confusão de elementos muito heterogeneous, sobre o que é quase impossível fazer afirmações gerais". (ROXIN, Claus. *Derecho penal – parte general*. Tomo I. Tradução de Diego-Manuel Luzón Peña; Miguel Díaz Y Garcia Conlledo; Javier de Vicente Remesal. Madrid: Civitas, 1997, p. 973).

[380] CORVALÁN, Juan Gustavo. *Condiciones objetivas de punibilidad*. Buenos Aires: Astrea, 2009, p. 193.

[381] *Ibidem.*

[382] ESER, Albin; BURKHARDT, Bjorn. Derecho penal. Traducción de Silvina Bacigalupo e Manuel Cancio Melia. *Cuestiones fundamentales de la teoria del delito sobre la base de casos de sentencias.* Madrid: Colex, 1995, p. 392 e ss.

A CONFORMAÇÃO DAS ESPÉCIES DO GÊNERO PUNIBILIDADE

de critérios, quanto ao seu fundamento, função e relação, com o princípio da culpabilidade[383], deixando claro como a sua caracterização é difícil.

De acordo com Armin Kaufmann, os elementos objetivos da punibilidade, também chamados de "qualificantes objetivas", são uma das poucas criações da teoria de Binding que encontrou reconhecimento generalizado[384], sendo o seu berço, portanto, a Alemanha[385], o que é reconhecido, inclusive, pela doutrina italiana[386].

Essa notícia histórica é feita, a fim de destacar que, quando se depara com um instituto alheio ao injusto culpável, questiona-se a existência de um conceito unitário em relação à punibilidade, que possa associar todos os elementos heterogêneos inerentes ao instituto, algo que jamais logrou êxito a doutrina sendo, portanto, mais uma evidência de que às diversas espécies de punibilidade não se deve conferir tratamento unitário.

Desta forma, as condições objetivas de punibilidade formam um verdadeiro grupo específico dentro do gênero "punibilidade", constituindo-se em pressupostos materiais desta, não integrando o tipo de injusto[387], portanto, desvinculada do dolo ou culpa do autor[388], porque, assim como as causas de liberação da pena não pertencem nem ao tipo de ilícito, nem à culpabilidade, porém resguardam diferenças.

---

[383] PÉREZ, Carlos Martinez. *Las condiciones objetivas de punibilidad*. Madrid: Edersa, 1989, p. 29.

[384] KAUFMANN, Armin. *Teoria de las normas. Fundamentos de la dogmática penal moderna.* Tradução Enrique Bacigalupo e Ernesto Garzón Valdés. Buenos Aires: De Palma, 1977, p. 285.

[385] Porém, na Itália, estas foram concebidas há tempos e reguladas desde o ponto de vista normativo (1930, regulada no Código Penal italiano, no título III, do livro I, nos arts. 44 - em vigência até hoje - e 158.2), no qual são concretizados importantes aportes doutrinais que jogam luzes sobre esta categoria. Com anterioridade à codificação das condições objetivas, o exercício da ação penal respondia a meras exigências de convivência e a arbitrariedade dos tribunais, fazendo com que existam autores que sustentem que uma das razões que possibilitou o nascimento das condições objetivas de punibilidade deriva do princípio de separação de poderes, circunstância que gerou a obrigação do Ministério Público exercer a ação penal frente a qualquer noticia de crime (UBALDO, Giuliani. *Il problema giuridico dele condizioni di punibilità*. Padova: Cedam, 1966, p. 135; CORVALÁN, Juan Gustavo. *Condiciones objetivas de punibilidad*. Buenos Aires: Astrea, 2009, p. 196).

[386] ZANOTTI, Marco. *Reflesioni in margine ala concezione processuale delle condizioni di punibilitá, archivio penale, 1.* Roma: Bulzoni, 1984, p. 158.

[387] Importa, sempre, destacar que essa assertiva não é unânime, embora amplamente majoritaria. Contra a conclusão aqui sustentada é a posição de Eugênio Raul Zaffaroni (ZAFFARONI, Raul. *Tratado de derecho penal*. Tomo V. Buenos Aires: Ediar, 1988, p. 56-57).

[388] CORVALÁN, Juan Gustavo. *Condiciones objetivas de punibilidad*. Buenos Aires: Astrea, 2009, p. 283.

A PUNIBILIDADE NO DIREITO PENAL

Traçando-se um paralelo com as demais espécies apontadas (causa de liberação de pena e causas pessoais de exclusão da pena), é possível observar alguns pontos em comum: a) são limitadoras da punibilidade; b) pressupõem um injusto culpável; c) quanto ao fundamento não é incomum que a doutrina elenque idênticos fundamentos; d) implicam uma função de delimitação ou redução da relevância penal de determinados comportamentos.

Mas, mesmo considerando o universo compreendido pelas condições objetivas de punibilidade, observadas as divergências doutrinárias, mostrando a sua instabilidade, deve-se ter presente que o seu reconhecimento unânime é muito inferior ao daquelas que têm a sua natureza discutida[389], sendo realmente escassas as hipóteses que podem ser tratadas sob tal denominação, fazendo com que a enumeração destas seja considerada uma ousadia.

Ainda assim, é importante citar alguns exemplos, levando em conta a legislação brasileira, explicando como podem ser identificadas algumas destas figuras.

De acordo com Heleno Claudio Fragoso, um dos primeiros doutrinadores pátrios a dedicar um estudo mais aprofundado sobre o tema na legislação brasileira, não há disposição sobre as condições objetivas de punibilidade, nada obstante sejam admitidas pela doutrina e jurisprudência, ressaltando ainda que, da análise das figuras do delito, previstas na parte especial, revela-se a existência de condições exteriores à conduta, das quais depende a punibilidade[390].

Um dos mais emblemáticos exemplos, porque comumente citado pela doutrina nacional e estrangeira, é a sentença declaratória de falência em relação aos crimes falimentares, conforme o art. 180[391], da Lei 11.101/05, que versa sobre crimes falimentares, desde que a conduta não tenha sido a causa da quebra e a hipótese prevista no artigo 7º, § 2º, b e c, do Código Penal, ou seja, ser o fato punível, no caso de crime cometido fora do ter-

---

[389] MAURACH, Heinhart. *Tratado de derecho penal*. Traducción de Juan Cordoba Roda. Tomo I. Barcelona: Ariel, 1962, p. 297.

[390] FRAGOSO, Heleno Claudio. Pressupostos do crime e condições objetivas de punibilidade. *Revista dos Tribunais*, São Paulo, n. 738, p. 756, 1997.

[391] "a sentença que decreta a falência, concede a recuperação judicial ou concede a recuperação extrajudicial de que trata o art. 163 desta lei é condição objetiva de punibilidade das infrçações penais descritas nesta lei"

A CONFORMAÇÃO DAS ESPÉCIES DO GÊNERO PUNIBILIDADE

ritório nacional, bem como no país em que foi praticado, e estar o crime incluído, dentre aqueles, que a lei brasileira autoriza a extradição[392].

Julio Fabbrini Mirabete é um dos autores pátrios que menciona como exemplo de condição objetiva de punibilidade, apenas a sentença declaratória de falência em relação aos crimes falimentares[393]. Mirabete não cita outros exemplos, limitando-se a consignar as hipóteses em que não se pode confundi-las com as condições de procedibilidade.

Outros autores pátrios como Juarez Cirino dos Santos[394] e João Mestieri[395], acrescentam além da sentença declaratória de falência, em relação aos crimes falimentares, o resultado de morte ou de lesão corporal grave no induzimento, instigação ou auxílio ao suicídio, hipótese prevista no artigo 122 do Código Penal[396]. Mestieri, entretanto, faz a ressalva quanto aos crimes falimentares de que, os delitos ocorridos *antes* da sentença declaratória de falência têm nela uma condição de punibilidade, o mesmo não ocorrendo com eventuais crimes cometidos com a falência em curso, em que a declaração de quebra é pré-existente, que, neste caso, seria pressuposto necessário da punibilidade, mas não condição objetiva.

Já Luiz Regis Prado[397] é taxativo quanto às hipóteses da legislação brasileira, não se limitando a citar exemplos, mas sim enumerar as condicionantes objetivas em: sentença declaratória de falência no crime falimentar,

---

[392] Dentre os brasileiros, além de outros autores, admitindo o exemplo, são citados: MIRABETE, Julio Fabbrini. *Manual de direito penal*. 3. ed. São Paulo: Atlas, 1987, v. 1, p. 368; SANTOS, Juarez Cirino. *A moderna teoria do fato punível*. Rio de Janeiro: Freitas Bastos, 2000, p. 272; RIOS, Rodrigo Sanchez. *Das causas de extinção da punibilidade nos delitos econômicos*. São Paulo: Revista dos Tribunais, 2003, p. 122; MESTIERI, João. *Teoria elementar do direito criminal*. Rio de Janeiro: J. Mestieri, 1990, p. 384; Na doutrina estrangeira, também dentre outros, veja-se: CAFFARENA, Borja Mapelli. *Estudio jurídico-dogmatico sobre las llamadas condiciones objetivas de punibilidad*. Madrid: Ministerio de Justicia, 1990, p. 15; PÉREZ, Octavio Garcia. *La punibilidad en el derecho penal*. Pamplona: Aranzadi, 1997, p. 231; CORVALÁN, Juan Gustavo. *Condiciones objetivas de punibilidad*. Buenos Aires: Astrea, 2009, p. 389; BATISTA, Nilo. Lições de direito penal falimentar, Rio de Janeiro: Revan, 2006, p. 51 e ss; JESUS, Damasio Evangelista de. Direito penal, vol. 1, Saraiva, São Paulo, p. 590.

[393] Manual de direito penal, 25ª ed., vol. I, São Paulo: Atlas, 2009, p. 367-368.

[394] Op. cit., p. 272.

[395] Op. cit., p. 384.

[396] "Induzir ou instigar alguém a suicidar-se ou prestar-lhe auxílio para que o faça: Pena – reclusão, de dois a seis anos, se o suicídio se consuma; ou reclusão, de um a três anos, se da tentativa de suicídio resulta lesão corporal de natureza grave".

[397] Curso de direito penal brasileiro: parte geral, p. 487.

A PUNIBILIDADE NO DIREITO PENAL

prejuízo superveniente no delito do artigo 164 do Código Penal[398] e o resultado morte ou lesão grave no delito do artigo 122 do Código Penal.

Finalizando, é dentre os autores pátrios, Heleno Cláudio Fragoso[399] aquele que apresenta o maior rol destas hipóteses, assinalando que estas existem claramente no artigo 122 do Código Penal; o prejuízo no crime do artigo 164 do Código Penal e a possibilidade de dano, nos crimes dos arts. 153[400] e 154[401], também do Código Penal, concluindo com a assertiva de que a sentença declaratória de falência é condição objetiva de punibilidade, em relação aos crimes falimentares, nos quais a ação é anterior à sentença.

Tudo isto esta a indicar que os autores pátrios - salvo poucas exceções - evitam elencar um rol taxativo, tendo em vista a grande probabilidade de incorrerem em erro por deixar de trazer à baila alguma hipótese prevista em lei ou, por outro lado, reforçar a conclusão que a matéria não merece a atenção da doutrina, e ainda de que só é possível caracterizar estas figuras no caso concreto.

Não bastasse, uma parte da doutrina defende a existência de condições objetivas que co-fundamentam o injusto[402] pois, em algumas normas penais, isso seria possível onde a não inclusão de um elemento no tipo de injusto impede justificar a gravidade da pena, bem como, quando é incluídno no tipo, o preceito se torna praticamente inaplicável, pela dificuldade de perfazer também o tipo subjetivo ou de um resultado determinado possa ser imputado ao agente[403].

Há, portanto, por uma parte da doutrina, a admissão o convencimento de que existem condições objetivas de punibilidade que não fundamentam e que co-fundamentam o injusto, propondo, assim, uma classificação.

Esta classificação não se trata de um mero detalhe acadêmico, quando se observa que – em regra – os autores que negam (ou não optam) por uma

---

[398] "Introduzir ou deixar animais em propriedade alheia, sem consentimento de quem de direito, desde que do fato resulte prejuízo".

[399] Op. cit., p. 759.

[400] "Divulgar alguém, sem justa causa, conteúdo de documento particular ou de correspondência confidencial, de que é destinatário ou detentor, e cuja divulgação possa produzir dano a outrem".

[401] "Revelar alguém, sem justa causa, segredo, de que tem ciência em razão de função, ministério, ofício ou profissão, e cuja revelação possa produzir dano a outrem".

[402] PÉREZ, Octavio Garcia. La punibilidad em el derecho penal, Valencia: Aranzadi, 1997, p. 38 e ss.

[403] Idem, p. 38.

A CONFORMAÇÃO DAS ESPÉCIES DO GÊNERO PUNIBILIDADE

classificação[404], o fazem porque negam a substantividade das condições objetivas de punibilidade, ou ao menos a substantividade de um dos grupos resultantes da classificação[405], fazendo com que esta reste sem sentido. Isto porque, há autores que sublinham que aquelas condições objetivas que restringem a culpabilidade não deveriam ser consideradas sob esta denominação[406], o que se mostra um argumento coerente.

Dentre as classificações ou grupos de casos[407], sugeridos por alguns autores, possibilitando vislumbrar de forma mais nítida as condições e sua função, interessante observar aquelas que o fazem distinguindo-as em intrínsecas e extrínsecas, denominação amplamente aceita pela doutrina italiana[408], ou, ainda, de acordo com a divisão mais comumente utilizada por parte das doutrinas alemã e espanhola[409]: próprias e impróprias.

A classificação mais usada pelos doutrinadores alemães e espanhóis, distinguindo as condições em próprias e impróprias, reside na diferenciação quanto ao fundamento destas, sendo as primeiras puras causas de restrição da pena[410]. Ainda que configurados o injusto e a culpabilidade, o legislador rechaça, em determinados casos, a necessidade da pena quando não acrescentado uma circunstância ulterior que pode se referir ao próprio fato, ou à evolução do mesmo[411]. Assim, serão condições próprias todos os

---

[404] Alguns doutrinadores, embora não neguem a substantividade das condições objetivas de punibilidade, não adotam as classificações sugeridas. Dentre estes destacamos: MUÑOZ CONDE, Franciso; GARCIA ARÁN, Mercedes. Op. cit., p. 419; ROXIN, Claus, Derecho penal, t. I, p. 969 e ss.; GÜNTHER, Jakobs, op. cit., p. 403 e ss.; WELZEL, Hans. Derecho penal alemán, p. 70 e ss., dentre outros;

[405] CAFFARENA, Borja Mapelli, op. Cit., p. 21. Adverte ainda este autor que esta circunstancia constitui-se em uma vantagem em favor da negativa da pesquisa classificatória, já que geralmente rechaçam as condições objetivas de punibilidade, e tal fato, ao menos para aquelas condições que lesionem o princípio da culpabilidade, resulta em uma posição coerente com os princípios gerais que inspiram o Direito Penal moderno.

[406] OCTAVIO DE TOLEDO/HUERTA TOCILDO. Derecho penal, 2ª ed., Madrid: Castellanos, 1986, p. 342.

[407] Expressão utilizada por JESCHECK, Hans-Heinrich. Op. cit., p. 504.

[408] CAFFARENA, Borja Mapelli, op. Cit., p. 22.

[409] A distinção da doutrina alemã também é adotada por alguns autores espanhóis. PÉREZ, Carlos Martinez. Las condiciones objetivas de punibilidad, p. 41.

[410] JESCHECK, Hans-Heinrich. Op. cit., p. 504

[411] Idem, ibidem.

elementos que servem para restringir a punibilidade por razões de proporcionalidade da reação punitiva estatal[412].

Já as chamadas condições objetivas impróprias comportam uma maior objeção. Admite Jescheck que estas constituem uma restrição do princípio da culpabilidade por questões político-criminais[413]. A esta posição acrescenta Caffarena que as condições impróprias, irrelevantes para o princípio da culpabilidade, estão verdadeiramente fundamentando o conteúdo do desvalor ético-social do fato[414].

Por sua vez Carlos Martinez Pérez[415] assinala que o aprofundamento na natureza dos elementos condicionantes faz descobrir que na realidade, a zona comum de todas as circunstâncias inscritas no conceito lato de condições objetivas de punibilidade, põe de relevo a presença de dois tipos de condições, que diferem substancialmente.

O que resta claro é que os pressupostos para aplicação de pena, descritos como condições objetivas de punibilidade próprias, estão atreladas a princípios político-criminais, e ainda aos critérios de oportunidade, conveniência e utilidade do legislador, funcionando verdadeiramente como um dispositivo limitador de punibilidade, e que não violam o princípio da culpabilidade[416], justamente em face de que a idéia de culpabilidade funciona como fundamento e limite da pena[417], e a condição objetiva, nestes casos, verdadeiramente limita a punição, independentemente da gravidade do injusto culpável. Neste sentido, importa recordar a lição de Welzel de que "(...) como a existência ou não de condições de punibilidade não altera em nada o conteúdo do injusto do fato, o reconhecimento de meras condições externas, a respeito das quais não se refere o dolo ou a

---

[412] CAFFARENA, Borja. Mapelli Op. cit., p. 22.

[413] Op. cit., p. 505.

[414] Op. cit., p. 22.

[415] Las condiciones objetivas de punibilidad, p. 30.

[416] Contra, por todos: ZAFFARONI, Eugênio Raul, ressaltando que o princípio da culpabilidade não é afetado quando existe uma circunstância pessoal do autor que impeça a coerção penal. Contudo quando se trata de circunstâncias que não são do autor, senão que pertencem ao fato, o mesmo não se sucede, sendo nestes casos as condições objetivas características do tipo e conclui: "a discrepância é total: ou se aceita o princípio da culpabilidade ou se rechaça a existência de condições objetivas de punibilidade", Tratado de derecho penal, t. V, p. 56/57.

[417] BATISTA, Nilo. Introdução crítica ao direito penal brasileiro, Rio de Janeiro: Revan, 1990, p. 103.

A CONFORMAÇÃO DAS ESPÉCIES DO GÊNERO PUNIBILIDADE

culpabilidade, é compatível com o princípio de culpabilidade imperante no Direito Penal"[418].

Patrícia Faraldo Cabana[419], após discorrer sobre a classificação das condições objetivas de punibilidade em próprias e impróprias (e que é a mais utilizada na Alemanha), sugeridas por Jescheck, reconhece que estas podem ser trasladadas ao ordenamento jurídico espanhol, fazendo, contudo a ressalva de que a denominação condições objetivas de punibilidade deveria ser reservada somente para as próprias, o qual, em seu conceito, entende resultar correto atendendo-se a verdadeira natureza jurídica das que se classificam como impróprias, bem como as causas de exclusão da pena podem ser pessoais e objetivas, sendo unicamente estas últimas as que supõem o reverso positivo das condições objetivas de punibilidade.

Mais contundente é a conclusão de Juarez Tavares quando conclui que a diferenciação em próprias e impróprias, de fato, só confunde o intérprete, argumentando que, "(...) de qualquer modo, as agravações objetivas da pena, previstas em determinados delitos, independentemente do fato realizado, ou estão vinculadas à punibilidade ou pertencem ao tipo"[420].

Não obstante a existência ou não de condições objetivas de punibilidade impróprias, quando uma parte da doutrina admite a existência destas, em que pese o reconhecimento de que violam o princípio da culpabilidade, indica que o fundamento das chamadas condições objetivas de punibilidade, além dos fatores político-criminais, também pode obedecer a critérios de conveniência, oportunidade e utilidade aferida - exclusivamente - pelo legislador no processo de criação da norma, conforme já consignado neste trabalho, e, em algumas hipóteses, não encontram o devido respaldo dogmático, pelo menos aquele que não admite uma política-criminal que ignore os princípios de culpabilidade[421].

Esta realidade de que o princípio da culpabilidade é violado, com o reconhecimento da existência de condições objetivas impróprias, demonstra a

---

[418] Derecho penal alemán, 11ª. Ed., 4ª. Ed. Castellana, Santiago: Jurídica de Chile, 1993, p. 70.

[419] Op. cit., p. 74 e ss.

[420] Teoria do injusto penal, p. 201.

[421] Como por exemplo, a observação de HASSEMER, Winfried de que os critérios político-criminais determinaram um Direito Penal inspirado no princípio da culpabilidade. Op. cit., p. 301. O mesmo HASSEMER ressalta ainda quanto às condições objetivas de punibilidade quão incompatíveis são às vezes a lei penal e o princípio da culpabilidade, concluindo que o princípio da culpabilidade está sendo hoje amenizado em função dos interesses de uma política criminal eficaz. Alternativas ao princípio da culpabilidade?, p. 234 e ss.

dificuldade da doutrina tradicional em encaixar os pressupostos de punibilidade, localizados fora do injusto culpável, na teoria do delito, especialmente porque não se poderia admitir (pelo menos em tese), uma figura que vá de encontro com um de seus mais importantes princípios da teoria: a culpabilidade[422].

Porém, os problemas doutrinários não param por aí, especialmente quando se observa que se encontra na doutrina outra distinção em duas espécies de condições objetivas de punibilidade, porém nomeadas sob os termos extrínsecas e intrínsecas, havendo até quem sustente que as diferenças não se restringem a questões puramente terminológicas[423], mas sim do próprio conceito que se faz das diferentes categorias.

Para Caffarena[424] - sob o argumento de que haveria um duplo sentido para tanto - deve evitar-se a todo custo cair em uma questão formal ou puramente terminológica na hora de abordar a classificação.

Primeiramente, porque negar esta não fará desaparecer da estrutura do delito certos elementos de duvidoso compromisso com os requisitos da imputação subjetiva, ao contrário, entende que, mantendo uma diferenciação conceitual, será mais fácil alcançar sua progressiva restrição. Em segundo lugar, a definição adotada deve estar orientada precisamente em uma direção restritiva. Esta é uma das razões pelas quais prefere este autor utilizar a terminologia mais comum utilizada pela doutrina italiana (extrínsecas e intrínsecas), em lugar da que se utiliza freqüentemente, na Alemanha e que se encontra na atualidade reconhecida na Espanha (próprias e impróprias).

Mais: para Caffarena[425], a diferenciação reconhecida pelos alemães e espanhóis, não tem sido rechaçada em si mesma pela doutrina, mas que há um rechaço implícito naqueles autores que diferem do entendimento geral em favor da substantividade das condições. Inclui ainda neste grupo, a existência de uma sutil diferenciação de forma que as condições impró-

---

[422] Contudo, há autores como ROXIN que, em face das dificuldades surgidas em torno do conceito de culpabilidade e sua utilidade para o Direito Penal, propõem o abandono do conceito, buscando assentar o Direito Penal sobre uma base diferente, contida no conceito de responsabilidade (local onde ROXIN pretende encaixar as aqui chamadas excludentes de punibilidade). Que queda de la culpabilidad en derecho penal, p. 673 e ss.

[423] Como, por exemplo, PÉREZ, Carlos Martinez. Las condiciones objetivas de punibilidad, p. 41.

[424] Op. cit., p. 21.

[425] Idem, p. 22.

A CONFORMAÇÃO DAS ESPÉCIES DO GÊNERO PUNIBILIDADE

prias se incorporam a todos os efeitos aos elementos objetivos do tipo e as próprias aos pressupostos processuais.

Assim, sabido que na doutrina italiana não se conhece a distinção emprzgada por alguns autores alemães e espanhóis (próprias e impróprias), mas que um relevante setor doutrinal utiliza outra divisão, qualificando as condições objetivas de punibilidade em extrínsecas e intrínsecas, obriga a análise desta espécie de classificação[426].

Quanto à classificação mais aceita pela doutrina italiana[427], pode-se asseverar que as intrínsecas caracterizam-se por qualificar e atualizar as lesões dos interesses tutelados pelo delito e as extrínsecas por limitar sua função a determinar um fato externo do qual o legislador faz depender a relevância penal da conduta do agente, mas sem nenhum vínculo desde o ponto de vista jurídico com a lesão de um interesse já perfeito em seus elementos[428]. Assim, acrescenta-se sobre esta distinção, que as intrínsecas atualizam a ofensa dos interesses que já são potencialmente realizados pelo fato em sentido estrito, como por exemplo o artigo 423.2, do Código Penal italiano no qual sem o perigo para a segurança das pessoas, o tipo de incêndio sobre coisa própria não tem conteúdo ofensivo, senão que se entende como o exercício de um direito do agente[429].

Segundo Caffarena[430], a condição intrínseca modifica o conteúdo do dolo nos delitos condicionados, mas não sua eventual atualização ou sua potencialidade marginal, exemplificando, no caso do código penal espanhol, com a hipótese da sentença no crime de falso testemunho[431].

Esta distinção – conforme a observação de Martinez Pérez[432] - comumente empregada por parte da doutrina italiana, coincide com aquela utilizada por uma parte das doutrinas espanhola e alemã, na hora de estabelecer o critério básico de diferenciação, sendo as condições extrínsecas constituí-

---

[426] Não obstante encontre-se autores italianos que utilizam os termos extrínsecas/intrínsecas e próprias impróprias como sinônimos. Como por exemplo: D'ASCOLA, VOL. N. Punti Fermi e aspetti problematici delle condizioni obiettive di punibilità, p. 666.

[427] PÉREZ, Carlos Martínez, ressalta que a doutrina mais recente começa a acolher a dicotomia germânica (condições próprias e impróprias). Op. cit, nota de rodapé n. 56, p. 41.

[428] Neste sentido: NUVOLONE, Pietro. O sistema do direito penal, p. 184/185.

[429] CAFFARENA, Borja Mapelli. op. cit., p. 22.

[430] Idem, p. 23.

[431] "Art. 458. 1. El testigo que faltare a la verdad en su testimonio en causa judicial, será castigado con las penas de prisión de seis meses a dos años y multa de tres a seis meses".

[432] Op. cit., p. 41.

das por elementos que não afetam a vulneração do bem jurídico tutelado pela norma, limitando-se a refletir motivos de oportunidade, conectados a um interesse externo. Já as condições intrínsecas são determinadas circunstâncias que qualificam ou atualizam a lesão do interesse protegido, que já se havia produzido, de forma implícita ou potencialmente, com a realização dos elementos do tipo.

Desse modo, poder-se-ia concluir que existe um paralelo entre as distinções próprias e impróprias, e as extrínsecas e intrínsecas, pois, em resumo, "(...) a condição será própria ou extrínseca quando por razões de proporcionalidade e por interesse alheio aos bens jurídicos concretos se restringe à punibilidade; deverá, em troca, qualificar-se de imprópria ou intrínseca uma circunstância, quando atualize interesses tutelados pelo delito ou próximos a ele, fundamentando o desvalor ético-social do fato e lesionando o princípio de culpabilidade"[433].

Porém, Carlos Martinez Pérez[434], não admitindo tal semelhança, argumenta que esta correlação não se sustenta, quando se observa que o reflexo da dicotomia da doutrina italiana, em face da compatibilidade com o princípio da culpabilidade, o que não se verifica na divisão em próprias e impróprias - que delimitam com clareza que as primeiras - são puras causas de limitação da pena e as segundas circunstâncias que restringem o princípio da culpabilidade. É que, para este autor, a doutrina italiana não conhece a distinção entre próprias e impróprias, no sentido empregado por alguns autores alemães e espanhóis[435]. A diferença salvo posturas isoladas, é que, para estes doutrinadores, existe acordo sobre a identificação das concretas condições de punibilidade e sobre sua ubiquação em um ou outro grupo, o que não é o caso dos autores italianos, cujo ponto de vista é bastante variável[436].

Assim, ainda conforme o entendimento de Martinez Pérez, a distinção entre condições extrínsecas e intrínsecas, de um setor da doutrina italiana, não representa um correlato da divisão em próprias e impróprias e, por outro lado, carecem de utilidade desde a perspectiva conceitual, não somente pela enorme disparidade de opiniões existentes sobre os crité-

---

[433] CAFFARENA, Borja Mapelli. op. Cit., p. 27.
[434] Op. cit., p. 41 e ss.
[435] Idem, ibidem
[436] Idem, p. 43/44.

A CONFORMAÇÃO DAS ESPÉCIES DO GÊNERO PUNIBILIDADE

rios, como também porque o ponto de partida desta distinção não acrescenta nada de novo à dicotomia proposta[437].

Esta posição, contudo, é criticada por Caffarena[438], pois tanto na Itália, como na Alemanha e Espanha, as condições suportam as mesmas dificuldades doutrinárias, e que o próprio Martinez Pérez, adota a classificação germana, para chegar a conclusões radicalmente diversas a de autores, que adotam a mesma classificação, como, por exemplo, Jescheck, que fundamenta a culpabilidade nas condições impróprias na idéia de risco.

Por isso é que Caffarena[439] conclui que, a disparidade de opiniões não apresenta dificuldades para a utilização da mesma classificação, pois se a doutrina italiana não está de acordo sobre se há ou não lesão ao princípio de responsabilidade pessoal nas condições intrínsecas, por outro lado, não impede que possam se assemelhar com as impróprias propostas pela doutrina alemã.

Por fim, embora Caffarena prefira a dicotomia extrínseca e intrínseca para classificar os elementos condicionantes, e já admitindo que este tem razão quando pleiteia que, não há motivo para não admitir a existência de semelhanças incontestes, facilmente perceptíveis no fundamento utilizado pelos autores italianos, espanhóis e alemães que não adotam o tratamento unitário da matéria, em face da imperiosa necessidade de simplificar (no que for possível) o entendimento dogmático, é que a terminologia mais comumente utilizada pelos espanhóis e alemães, merece acolhida, assistindo razão, neste ponto, a Martínez Pérez, até porque já se tem notícia de que a própria doutrina italiana começa a acolher a divisão das condições objetivas de punibilidade em próprias e impróprias[440], tornando possível afirmar que a classificação em duas categorias distintas e delineadas, serve para melhorar a compreensão e análise da estrutura dos elementos condicionantes na teoria do delito, ao que se deve acrescentar que permitem minimizar mais uma polêmica sobre o tema, não obstante a opinião daqueles que não optam pela classificação.

Mas, em que pese os argumentos invocados para a justificação de uma classificação, o próprio reconhecimento de que as condições objetivas de punibilidade impróprias violam o princípio da culpabilidade, já não reco-

---

[437] Idem, p. 44/45.
[438] Op. cit., p. 27.
[439] Idem, ibidem.
[440] PÉREZ, Carlos Martinez. Op. cit, nota de rodapé n. 56, p. 41.

A PUNIBILIDADE NO DIREITO PENAL

menda sua aceitação dogmática. Noutra vertente, as divisões propostas, além de confusas, restam sem objeto prático, eis que, além de dificultarem a compreensão destas figuras, não se encaixam no conceito de condições objetivas de punibilidade, podendo configurar outra figura da teoria do delito, mas não uma excludente de punibilidade.

Embora (com razão) não mencionado pelos autores pátrios pesquisados, se opta por iniciar a presente análise mencionando as hipóteses previstas no inciso II, do § 3°, do artigo 168-A e o § 2° do artigo 337-A, ambos do Código Penal[441], por que sendo circunstâncias que limitam a punibilidade do agente a uma quantia a ser imposta pela previdência social, não podem ser confundidos com as condicionantes objetivas, somente porque condicionam a punibilidade – em um momento - objetivamente a um fator externo, independente do injusto culpável que, para que sobrevenha o advento da punibilidade, necessita de uma quantia previamente estabelecida.

Na verdade o que ocorre na situação em exame é que, para a não aplicação da pena, ainda há dependência de um juízo subjetivo do magistrado, acrescida de uma conduta pós-delitiva positiva do agente, razão pela qual não pode ser considerada como condição objetiva de punibilidade, mas sim uma hipótese de perdão judicial[442].

Também não se encaixam no conceito as hipóteses previstas nos arts. 153, 154 e 164 do Código Penal pátrio.

No caso dos arts. 153 e 154, aos quais Heleno Cláudio Fragoso considera a possibilidade de dano como uma condição objetiva de punibilidade, não subsiste tal entendimento posto que, a subsunção típica à norma, independe de uma circunstância externa ao injusto culpável, eis que se trata de crime formal que se consuma no momento da conduta, independente

---

[441] "§ 3°. É facultado ao juiz deixar de aplicar a pena ou aplicar somente a de multa se agente for primário e de bons antecedentes, desde que: II - o valor das contribuições devidas, inclusive acessórios, seja igual ou inferior àquele estabelecido pela previdência social, administrativamente, como sendo o mínimo para o ajuizamento de suas execuções fiscais";

"§ 2°. É facultado ao juiz deixar de aplicar a pena ou aplicar somente a de multa se agente for primário e de bons antecedentes, desde que: II - o valor das contribuições devidas, inclusive acessórios, seja igual ou inferior àquele estabelecido pela previdência social, administrativamente, como sendo o mínimo para o ajuizamento de suas execuções fiscais".

[442] Neste sentido: RIOS, Rodrigo Sanchez. Tutela penal da seguridade social, São Paulo: Dialética, 2001, p. 38.

A CONFORMAÇÃO DAS ESPÉCIES DO GÊNERO PUNIBILIDADE

da superveniência de dano efetivo[443], ou seja de um fato externo que faça depender a punibilidade da conduta.

Quanto ao art. 164, ao qual, mesmo reconhecendo a existência de posicionamentos divergentes, Luiz Regis Prado[444] considera que o causar prejuízo constitui condição objetiva de punibilidade, sem embargo, tal fato - por si só - não implica no reconhecimento da condicionante objetiva, até porque o próprio autor reconhece que trata a hipótese deste artigo de um tipo misto alternativo/anormal/congruente[445].

Na verdade, em face do que leciona Cezar Roberto Bitencourt, é possível concluir que a interpretação de Luiz Regis Prado, de que a hipótese prevista no art. 164 do Código penal brasileiro seria condição objetiva de punibilidade, não se sustenta, pois o "causar prejuízo", descrito na norma em tela, é de fato um elemento normativo do tipo, reconhecendo que o tipo penal é composto de elementos descritivos, normativos e subjetivos[446], portanto, como os elementos normativos "(...) são aqueles para cuja compreensão é insuficiente desenvolver uma atividade meramente cognitiva, devendo-se realizar uma *atividade valorativa(...)*"[447], o causar prejuízo resta devidamente caracterizado como um elemento normativo do tipo, pois implica em um juízo de valor, este juízo não é uma condição de punibilidade, somente por ser sua ocorrência um fato incerto porque faz parte do próprio tipo, não havendo supedâneo para seu reconhecimento como excludente de punibilidade.

Mais: o prejuízo referido neste art. 164 deve, obrigatoriamente, possuir um nexo com a conduta, e estar relacionado com o dolo do autor para a configuração do delito, o que não permite a interpretação de que seja uma condicionante objetiva, pois, "a diferença fundamental entre os requisitos ou resultados *objetivos* definidos como condições objetivas de punibilidade e os elementos objetivos do tipo é a seguinte: as condições objetivas de punibilidade não precisam ser apreendidas pelo dolo ou se relacionar com a imprudência do autor, enquanto os elementos objetivos

---

[443] DELMANTO, Celso; DELMANTO, Roberto, DELMANTO JR., Roberto; DELMANTO, Fabio M. de Almeida, op. cit., p. 333.

[444] Curso de direito penal brasileiro, volume 2, p.461.

[445] Idem, p. 460.

[446] BITENCOURT, Cezar Roberto. Manual de direito penal, 6ª ed., p. 199.

[447] Idem, p. 200.

do tipo de injusto devem ser apreendidos pelo dolo ou se relacionar com a imprudência do autor"[448].

A não ser que se vislumbre as condições objetivas como elementos constitutivos do crime ou do tipo penal[449], hipótese rechaçada neste trabalho, onde se compreende a condição objetiva de punibilidade como circunstância alheia à noção de delito e, conseqüentemente, do nexo causal. Outrossim, o elemento normativo do tipo, implica sempre uma valoração e, portanto, um certo grau de subjetivismo[450], o que se contrapõe ao objetivismo requerido pela condicionante de punibilidade.

Acrescente-se ao raciocínio que ora se desenvolve que, em qualquer caso, a concorrência da condição de punibilidade foge ao controle do autor do fato, cuja ação não pode influir em que se dê ou não o resultado típico, ou seja, diferentemente do resultado típico, a condição objetiva de punibilidade não tem que ser abarcada pelo dolo e a culpa do agente, já que é independente de sua conduta e de sua vontade, tampouco, há de ter relação de causalidade – nem de imputação objetiva – entre a ação e a condição[451].

Também não possui supedâneo considerar a hipótese do art. 83, da lei 9.430/96, como uma condição objetiva de punibilidade sob o argumento precípuo de que não se configura o crime contra a ordem tributária[452] sem

---

[448] SANTOS, Juarez Cirino dos. Op. cit., p. 272.

[449] Hipótese repudiada por PRADO, Luiz Regis. Curso de direito penal brasileiro: parte geral, p. 482, nota de rodapé nº 9.

[450] CONDE, Francisco Muñoz; ARÁN, Mercedes García.Op. cit., p. 273.

[451] PEÑA. Diego Manuel Luzón. La punibilidad, p. 835.

[452] A lei 8137, de 27 de dezembro de 1990, em seu Cap. I, trata dos crimes contra a ordem tributária, prevendo-os, em seus arts. 1º e 2º: "Art. 1º Constitui crime contra a ordem tributária suprimir ou reduzir tributo, ou contribuição social e qualquer acessório, mediante as seguintes condutas: I – omitir informação, ou prestar declaração falsa às autoridades fazendárias; II – fraudar a fiscalização tributária, inserindo elementos inexatos ou omitindo operação de qualquer natureza, em documento ou livro exigido pela lei fiscal; III – falsificar ou alterar nota fiscal, fatura, duplicata, nota de venda, ou qualquer outro documento relativo à operação tributável; IV – elaborar, distribuir, fornecer, emitir ou utilizar documento que saiba ou deva saber falso ou inexato; V – negar ou deixar de fornecer, quando obrigatório, nota fiscal ou documento equivalente, relativa a venda de mercadoria ou prestação de serviço, efetivamente realizada, ou fornece-la em desacordo com a legislação; Pena – reclusão , de 2 (dois) a 5 (cinco) anos, e multa. Parágrafo único. A falta de atendimento da exigência da autoridade no prazo de 10 (dez) dias, que poderá ser convertido em horas em razão da maior ou menor complexidade da matéria ou da dificuldade quanto ao entendimento da exigência, caracteriza a infração prevista no inc. V. Art. 2º Constitui crime da mesma natureza: I – fazer declaração falsa ou omitir declaração sobre rendas, bens ou fatos, ou empregar outra fraude, para

A CONFORMAÇÃO DAS ESPÉCIES DO GÊNERO PUNIBILIDADE

a definição da existência de tributo, que em face do art. 83 seria uma condição objetiva de punibilidade.

Tanto no crime previsto no art. 1º, como no art. 2º da lei 8.137/90, deve ficar claro ao exegeta que não se verifica a condicionante objetiva, posto que no primeiro caso, são descritos crimes de dano, crimes materiais, onde o resultado danoso se realiza posteriormente à conduta do agente, tal conduta constitui o meio pelo qual o resultado[453] poderá ou não ser produzido, restando a conclusão de que as condutas descritas no art. 1º, que é um único crime com ação múltipla[454], não são suficientes para a consumação do crime, cuja efetivação depende da supressão ou redução de tributo[455]. Mas, neste caso, o elemento "tributo" é normativo e, portanto faz parte do tipo, não sendo uma condicionante, somente porque seu advento pode ser posterior a conduta do agente.

No segundo caso (art. 2º), embora já se tenha ressaltado que há uma certa dificuldade quanto a sua interpretação, reconhece-se que, em sua a maioria, são crimes formais ou de mera conduta, sendo certo que o *caput* deste artigo estatui que constitui crime da mesma natureza do art. 1º a prática das ações previstas em seus diversos artigos[456], restando o fundamento utilizado para concluir que no caso do art. 1º da lei 8.137/90, não configura uma condição objetiva de punibilidade, somente pelo fato de que a supressão ou redução do tributo pode ser posterior a conduta, já

---

eximir-se, total ou parcialmente, de pagamento de tributo; II – deixar de recolher, no prazo legal, valor de tributo ou contribuição social, descontado ou cobrado, na qualidade de sujeito passivo de obrigação e que deveria recolher aos cofres públicos; III – exigir, pagar ou receber, para si ou para o contribuinte beneficiário, qualquer percentagem sobre a parcela dedutível ou deduzida de imposto ou de contribuição como incentivo fiscal; IV – deixar de aplicar, ou aplicar em desacordo com o estatuído, incentivo fiscal ou parcelas de imposto liberadas por órgão ou entidade de desenvolvimento; utilizar ou divulgar programa de processamento de dados que permita ao sujeito passivo da obrigação tributária possuir informação contábil diversa daquele que é, por lei, fornecida à Fazenda Pública. Pena – detenção, de 6 (seis) meses a 2 (dois) anos, e multa".

[453] ALVARENGA, Aristides Junqueira. Crimes contra a ordem tributária, coord. MARTINS, Ives Gandra da Silva, p. 50

[454] Idem, ibidem.

[455] Idem, ibidem.

[456] SOUZA, Nelson Bernardes de, Crimes contra a ordem tributária e processo administrativo, Revista Brasileira de Ciências Criminais, n. 18, São Paulo: Revista dos Tribunais, 1997, p. 95.

A PUNIBILIDADE NO DIREITO PENAL

devidamente analisada, aproveitando-se para ambas as hipóteses de crime tributário previstas na lei penal pátria[457].

Sem embargo, estas hipóteses supra analisadas, que uma parte da doutrina admite como circunstâncias que caracterizam uma condição objetiva de punibilidade, não podem subsistir, pois, conforme se buscou demonstrar, ou são elementos do próprio injusto típico penal ou são confundidas com as chamadas condições de procedibilidade, que pertencem ao direito processual. Em qualquer caso não são condições objetivas de punibilidade.

Ficam assim esclarecidos os motivos pelos quais estas hipóteses ora descritas – apesar dos entendimentos dissonantes – não podem ser compreendidas como condições objetivas de punibilidade, pois faltam-lhe basicamente os requisitos marcantes desta modalidade excludente de punibilidade: são independentes do dolo e da culpa, não possuem nexo causal entre conduta e resultado e são exteriores ao injusto culpável.

Apesar do reconhecimento das figuras aqui mencionadas como condições objetivas de punibilidade, esta explanação não significa que se tenha terminado um rol destas em nosso ordenamento jurídico, eis que, como já foi consignado, além da divergência de opiniões sobre o tema, é o caso concreto quem melhor permite caracterizar a existência ou não de uma condicionante objetiva, mas sempre se tendo em conta que esta age como verdadeiro limitador da punibilidade, caso contrário, se uma determinada circunstância funciona como um ampliador do alcance do punível, não poderá ser considerada como uma presunção de que se esteja diante de uma excludente de punibilidade.

Neste contexto é que se conclui, quanto à lei penal brasileira, que somente podem ser consideradas verdadeiras condições objetivas de punibilidade a sentença que decreta a falência, concede a recuperação judicial ou concede a recuperação extrajudicial de que trata o art. 163, da Lei 11.101/05 em relação aos crimes falimentares, ante a expressa previsão do

---

[457] A doutrina brasileira, em sua maioria, entende ser a hipótese do art. 83, da lei 9.430/96, como uma condição de procedibilidade, posição que corrobora a linha adotada neste trabalho. Neste sentido vejam-se: TORON, Alberto Zacharias e TORIHARA, Edson Junji. Crimes tributários e condição de procedibilidade, p. 8; CERNICCHIARO, Luiz Vicente. Lei nº 9.430/96 – Artigo 83, p. 4. ROSENTHAL, Sergio. A lei 9.430/96 e os crimes tributários, p. 8; SANTOS JR. Belisário dos. Prévio esgotamento da via administrativa e ação penal contra a ordem tributária, p. 5; MACHADO, Hugo de Brito. Prévio esgotamento da via administrativa e ação penal nos crimes contra a ordem tributária, p. 231 e ss., dentre outros.

A CONFORMAÇÃO DAS ESPÉCIES DO GÊNERO PUNIBILIDADE

art. 180[458], desta Lei, e a exigência de que os crimes cometidos no estrangeiro sejam puníveis também no país em que foi praticado, bem como estar tal crime incluído dentre aqueles em que a lei pátria autoriza a extradição.

Note-se que, nestas situações, a punibilidade dependerá, inapelavelmente, de elementos do fato punível localizados fora do tipo de injusto, independentes da culpabilidade, mas "(...) previstos no complexo típico como manifestação da valoração de sua punibilidade(...)"[459], fazendo depender a punibilidade do fato, bem como a possibilidade da participação[460]. Acrescente-se ainda que estas circunstâncias não se encaixam na concepção clássica de injusto culpável, tampouco dependem de uma circunstância posterior ao fato, senão ao contrário.

A exigência de sentença declaratória de falência (reconhecidamente uma condição objetiva de punibilidade), no caso do crime falimentar, não está descrita na norma incriminadora, mas condiciona a punibilidade, limitando-a, em face da necessidade da sentença.

Assim, é possível concluir, com base no entendimento de Juarez Tavares que, para uma melhor compreensão do alcance desta restrição, deve-se ter presente que "(...) a declaração de falência continua sendo uma condição objetiva de punibilidade também nos crimes pós-falimentares, de tal sorte que se essa sentença, por algum motivo for reformada ou anulada, embora os fatos se tenham consumado, restarão impuníveis(...)"[461], posto que uma das principais características das condicionantes objetivas é justamente a limitação da punibilidade[462], não havendo motivos para estende-la nos casos de reforma ou anulação da sentença declaratória de falência, pois se o dolo e a culpa a ela (condição objetiva) não diz respeito, não se justifica a punição quando por qualquer situação a causa excludente de punibilidade deixar de subsistir.

---

[458] "Art. 180. A sentença que decreta a falência, concede a recuperação judicial ou concede a recuperação extrajudicial de que trata o art. 163 desta Lei é condição objetiva de punibilidade das infrações penais descritas nesta Lei."

[459] TAVARES, Juarez. Teoria do injusto penal, p. 200.

[460] JESCHECK, Hans-Heinrich, op. cit., p. 508.

[461] Teoria do injusto penal, p. 204.

[462] Assim: ANTONINI, Elisabeta. La funzione delle condizioni obiettive di punibilitá. Aplicazioni in tema di rapporti fra incesto e violenza carnale presunta, p. 1281; OLIVARES, Gonzáles Quintero, citado por PEÑA, Diego-Manuel Luzón, que também compartilha tal entendimento. La punibilidad, p. 835.

Partindo do raciocínio desenvolvido no tema investigado, é que se corrobora com Damásio Evangelista de Jesus e Luiz Flavio Gomes[463], quando estes citam como exemplo de condicionante objetiva, as hipóteses previstas no art. 7° do Código Penal brasileiro[464], § 2°, alíneas "b" e "c", que restringem a punibilidade dos crimes cometidos no estrangeiro a ser o fato também punível no país em que foi praticado, bem como estar incluído entre aqueles em que se autoriza a extradição, quando admite que, por vezes, "a punibilidade ou pretensão punitiva pode estar sujeita a determinadas circunstâncias"[465] que impõem limites a punibilidade, e que em nada se relacionam com o injusto culpável.

Tal exigência da lei penal brasileira é claramente um limitador da punibilidade, que independe do dolo, cingindo-se a uma circunstância objetiva, que deve existe no momento em que o injusto culpável já está caracterizado, mas não autoriza o advento da punibilidade, razão pela qual deve ser reconhecida como uma condição objetiva de punibilidade.

3. As causas pessoais de exclusão da pena (escusas absolutórias)

Sendo as causas pessoais de exclusão da pena as mais identificadas pela doutrina[466], na busca de sua sistematização, embora, como sempre ressaltado, sob fundamentação e classificação das mais diversas[467] e não guardando identidade com as causas de liberação da pena, estas – recorde-se – caracterizadas pela presença de uma (ou mais de uma) conduta voluntária e positiva, previstas expressamente na legislação penal ordinária e

---

[463] Direito Penal: parte geral, p. 227.

[464] "Art. 7° Ficam sujeitos à lei brasileira, embora cometidos no estrangeiro (...) II – os crimes: § Nos casos do inciso II, a aplicação da lei brasileira depende do concurso das seguintes condições (...) b) ser o fato punível também no país em que foi praticado; c) estar o crime incluído entre aqueles pelos quais a lei brasileira autoriza a extradição".

[465] Direito Penal, vol. 1, p. 589.

[466] BACIGALUPO, Enrique. *Delito y punibilidad*. 2. ed. Buenos Aires: Hammurabi, 1999, p. 51. Destaca o autor que é notável que essas sejam tão reconhecidas pela doutrina como pouco fundamentadas, devendo ser ressaltado que emprega a expressão "escusas absolutórias'.

[467] PÉREZ, Octavio Garcia. *La punibilidad en el derecho penal*. Pamplona: Aranzadi, 1997, p. 242; CARVALHO, Erika Mendes de. *Punibilidade e delito*. São Paulo: Revista dos Tribunais, 2008, p. 143 e ss.; CABANA, Patrícia Faraldo. *Las causas de levantamiento de la pena*. Valencia: Tirant lo Blanch, 2000, p. 42 e ss. PALAZZO, Francesco. *Corso di diritto penale – parte generale*. Torino: G. Giappichelli, 2013, p. 614 e ss.; CAFFARENA, Borja Mapelli. *Estudio jurídico-dogmatico sobre las llamadas condiciones objetivas de punibilidad*. Madrid: Ministerio de Justicia, 1990 p. 95 e ss.

A CONFORMAÇÃO DAS ESPÉCIES DO GÊNERO PUNIBILIDADE

extraordinária, isentando ou diminuindo a pena obrigatoriamente, não afetando ao injusto culpável, não é possível asseverar que se constituam em uma unidade com as demais causas excludentes de punibilidade, apenas, por impossibilitar a pena em perspectiva ou por ter como ponto comum o fato de ser um pressuposto adicional da punibilidade.

As hipóteses de circunstâncias, preexistentes ao fato delituoso e posteriores ou supervenientes, previstas nas legislações penais, que não pertencem ao injusto culpável, excluem a punibilidade e estão situadas em um marco temporal cronológico que possui inegável referencial, para demonstrar a existência de semelhança, mas não, a identidade destas situações, cujo reflexo, em termos de erro inerente à punibilidade, conforme será visto no capítulo seguinte, possuem efeitos distintos[468].

Essa advertência é feita, porque não é incomum encontrar na doutrina uma espécie de classificação das causas de exclusão da pena, atendendo a essa cronologia supra referida e realizando uma distinção "entre escusas absolutórias em sentido amplo em anteriores ou preexistentes à comissão de um delito e em posteriores ou supervenientes"[469] e que excluem a punibilidade.

Tal distinção, além de revelar outro problema no aumento da complexidade e da compreensão das distintas espécies do gênero "punibilidade", que é a falta de unidade terminológica, para expressar idênticas situações, sugere que as causas de liberação da pena e as causas pessoais de exclusão da pena, mais conhecidas como escusas absolutórias, compreendem um único instituto, e, portanto, a análise da possibilidade de relevância

---

[468] Contra: JAKOBS, Günther. *Derecho penal, parte general.* 2. ed. Traducción de Joaquin Cuello Contreras; Jose Luis Serrano Gonzalez de Murillo. Madrid: Marcial Pons, 1997, p. 411, nota de rodapé n. 13; WOLTER, Jürgen. Estudios sobre la dogmatica y la ordenación de las causas materiales de exclusion, del sobreseimiento del proceso, de la renuncia a la pena y de la atenuación de la misma. Estructuras de un sistema integral que abarque el delito, el proceso penal y la determinación de la pena. In: *El sistema integral del derecho penal. Delito, determinación de la pena y proceso penal.* Madrid: Marcial Pons, 2004, p. 60. Estes autores entendem que a distinção não possui importância dogmática ou conceitual.

[469] CARVALHO, Erika Mendes de. *Punibilidade e delito.* São Paulo: Revista dos Tribunais, 2008, p. 143. Veja-se também: MILHEIRO, Tiago Caiado; VIEIRA, Frederico Soares. *Do erro sobre a punibilidade.* Lisboa: Quid Juris, 2011, p. 60 e ss.; REMESAL, Vicente Javier. *El comportamiento postdelictivo.* Leon: Universidad de Leon – Secretariado de Publicaciones, 1985, p. 318; GUIMERA, Juan Felipe Higuera. *Las excusas absolutórias.* Madrid: Marcial Pons, 1993, p. 318; ASÚA, Luiz Jiménez de. *Tratado de derecho penal, vol. VII.* 2. ed. Buenos Aires: Losada, 1977, p. 146; BACIGALUPO, Enrique. *Delito y punibilidad.* Madrid: Civitas, 1983, p. 40.

ao erro sobre a punibilidade deveria comportar o mesmo fundamento. Porém, do ponto de vista teleológico, não é possível conferir unidade a dois institutos distintos.

Vinculadas por alguns autores às chamadas condições objetivas de punibilidade, emanadas da ideia de que ambas são pressupostos materiais da punibilidade, situados fora do injusto e da culpabilidade[470], as causas pessoais de exclusão da pena são circunstâncias, que também devem estar presentes no momento da realização do injusto típico e são pessoais, isto é, exigem uma condição ou qualificação específica do autor, devendo existir antes ou durante o *iter criminis*, impossibilitando o advento da punibilidade, independentemente da vontade do agente[471].

Essa assertiva deveria ser suficiente, para encerrar polêmicas terminológicas, bem como demonstrar, especialmente pelas questões cronológicas e volitivas, que não há identidade nem com as condições objetivas de punibilidade, tampouco com as causas de liberação da pena, assim como não é dogmaticamente infrutífera a distinção, mesmo, porque a palavra é um rótulo que absorve um conteúdo, o que, por óbvio, não se resume a uma mera questão gramatical e é, em parte, responsável pela falta de sensibilidade quanto ao erro sobre a punibilidade[472].

A confusão, observada ante a incrível divergência não só terminológica quanto conceitual, permite bem dimensionar a falta de claridade que reina na doutrina nas principais escolas europeias e sul-americanas, sendo conveniente esclarecer as diversas concepções referentes ao instituto.

Termo de origem francesa[473], a expressão, amplamente admitida na doutrina brasileira, são as "escusas absolutórias"[474], influenciadas pela doutrina

---

[470] PÉREZ, Carlos Martinez Bujan. *Las condiciones objetivas de punibilidad.* Madrid: Edersa, 1989, p. 91.

[471] BITTAR, Walter Barbosa. *As condicões objetivas de punibilidade e as causas pessoais de exclusão da pena.* Rio de Janeiro: Lumen Juris, 2004, p. 74 e ss.

[472] Reforçando o entendimento aqui exposto é a posição de Enrique Bacigalupo para quem "das escusas absolutórias *stricto sensu* se diferenciam, por sua vez, as causas (supervenientes) que excluem a punibilidade", afirmando que a diferença fundamental que as separam é, antes de tudo, temporal (BACIGALUPO, Enrique. *Delito y punibilidad.* 2. ed. Buenos Aires: Hammurabi, 1999, p. 51).

[473] BOYNET, Aurelian Sarrau de. *Des excusas légales en dróit penal.* Bourdeaux: Imprimerie Centrale A. de Lanefranque, 1875, p. 35 e ss.

[474] Preferindo o termo "escusas absolutórias", veja-se, dentre outros, os seguintes autores: CARVALHO, Erika Mendes de. *Punibilidade e delito.* São Paulo: Revista dos Tribunais, 2008,

A CONFORMAÇÃO DAS ESPÉCIES DO GÊNERO PUNIBILIDADE

espanhola, esta que, também, no geral, adota, em sua maioria, idêntica terminologia[475]. É mais conhecida na Itália[476] como causas de não punibilidade (*cause di non punibilità*) e causas de exclusão da punibilidade (*cause di exclusione della punibilità*) e, na Alemanha[477], como causas pessoais de exclusão da pena (*Strafausschließungsgründe*) e causas pessoais de suspensão ou anulação da pena (*Strafaufhebungsgründe*), contudo nem sempre determina ao que se refere à doutrina, quando identifica, mais uma espécie do gênero punibilidade, o que vem reforçar a ideia de que a uniformização terminológica não é irrelevante[478].

p. 70 e ss.; PRADO, Luiz Regis. *Curso de direito penal brasileiro, parte geral*. São Paulo: Revista dos Tribunais, 2006, v. 1, p. 710; FRAGOSO, Heleno Claudio. *Lições de direito penal, parte geral*. 16. ed. Rio de Janeiro: Forense, 2003, p. 269. Importante ainda ressaltar que tais autores também utilizam a expressão "condições negativas de punibilidade" como sinônimo de escusas absolutórais. No entanto, há doutrinadores que empregam outros termos, como, por exemplo, Juarez Cirino dos Santos que prefere falar em fundamentos excludentes da pena, dividindo-as em fundamentos ou circunstâncias de isenção da pena e fundamentos ou circunstâncias de suspensão da pena (SANTOS, Juarez Cirino dos. *A moderna teoria do fato punível*. Rio de Janeiro: Freitas Bastos, 2000, p. 272-273).

[475] Em Espanha a terminologia escusas absolutórias foi empregada pela primeira vez por SILVELA, Luiz. *El derecho penal estudiado en princípios y en la legislación vigente en España*. Tomo II. 20. ed. Madrid: Ricardo Fe., 1903, p. 201 e ss.

[476] VASSALI, Giuliano. *Enciclopedia del Diritto*. Milano: Giuffre, 1960, v. I, p. 609 e ss; PIOLETTI, G. Punibilità (cause di esclusione della). Digesto delle Discipline Penalistiche, Torino: UTET, 1995, p. 525 e ss.; ANGIONI, F. Condizioni di punibilità e principio di colpevolezza. *RIDPP*, Milano: Giuffré, p. 515-518, 1989. Entretanto, já é possível notar, em autores contemporâneos, uma tendência de mudança, como se percebe em autores, como Francesco Palazzo, que prefere os termos "causas pessoais de não punibilidade" (*cause personali di non punibilità*) e "causas supervenientes de não punibilidade" (*cause sopravvenute di non punibilità*), aproximando-se mais da opção da presente tese (PALAZZO, Francesco. *Corso di diritto penale – parte generale*. 5. ed. Torino: G. Giappichelli, 2013, p. 619 e ss., no mesmo sentido VERO, Giancarlo de. *Corso di diritto penali*. 2. ed. Torino: G. Giapppichelli, 2012, p. 287 e ss., bem como Giorgio Marinucci e Emilio Dolcini, estes que optam pelos termos com uma pequena variação: causas concomitantes de não punibilidade e também causas supervenientes de não punibilidade (MARINUCCI, Giorgio; DOLCINI, Emilio. *Manuale di diritto penale – parte gererale*. 4. ed. Milano: Giuffré, 2012, p. 378 e ss.).

[477] CARVALHO, Erika Mendes de. *Punibilidade e delito*. São Paulo: Revista dos Tribunais, 2008, p. 71; MILHEIRO, Tiago Caiado; VIEIRA, Frederico Soares. *Do erro sobre a punibilidade*. Lisboa: Quid Juris, 2011, p. 60; JESCHECK, Hans-Heinrich. *Tratado de derecho penal – parte general*. 4. ed. Tradução de José Luis Manzanares Samaniego. Granada: Comares, 1993, p. 500-501.

[478] Maria Rosa Moreno-Torres Herrera esclarece que, no estudo da punibilidade, uma das tarefas mais importantes é determinar, com exatidão, o que a doutrina entende como escusas

A origem do termo "escusas" advém da palavra em latim *excusare*, que pode significar desculpar, tolerar, perdoar, justificar, eximir, dispensar, isentar, entre outros significados, mas sempre, com a ideia principal de desculpa[479]. Já quanto ao termo absolutórias, derivado do latim *absólvere*[480], que combinado com a palavra "escusas" – para os seus defensores – deve dar identidade ao instituto. Importa destacar que também dá a ideia de isenção, de livrar-se de uma acusação ou do cumprimento de uma obrigação, sendo, ainda, mister assinalar que as palavras "escusas" e "absolutórias", por vezes, são identificadas como expressões sinônimas[481].

Conforme supra demonstrado, há inicialmente e, em oposição às terminologias "escusas absolutórias", evidente redundância terminológica que é agravada, pelo fato de a absolvição ter conteúdo próprio para o Direito, exigindo um processo e uma decisão judicial para a sua concreção, o que difere de um instituto de Direito Penal material que independe da existência (configuração) daqueles.

Esse ponto também evidencia um dos motivos para a confusão existente das excludentes de punibilidade com as condições de procedibilidade, instigando o intérprete a admitir certa semelhança de um instituto de Direito Penal material, como são as causas de liberação da pena e as causas pessoais de exclusão da pena, com o Direito processual, alimentando a sempre enfatizada confusão reinante na doutrina.

Então, para os efeitos de melhor compreensão das diferentes espécies do gênero "punibilidade", além da impropriedade da expressão "escusas absolutórias", resta sustentar que o termo "causas pessoais de exclusão da pena" apresenta vantagens evidentes, não só, para delimitar melhor o conteúdo do instituto, bem como, evitar confusões com as demais figuras alocadas fora do injusto culpável.

---

absolutórias (HERRERA, Maria Rosa Moreno-Torres. *El error sobre la punibilidad*. Valencia: Tirant lo Blanch, 2004, p. 40-41).

[479] Sobre a origem da palavra e o seu significado, veja-se: CUNHA, Antonio Geraldo da. *Dicionário etimológico*. Rio de Janeiro: Nova Fronteira, 1982, p. 318; SILVEIRA, V. Cesar da. *Dicionário de direito romano*. São Paulo: Editora Bushatsky, 1957, 1. v., p. 243; CAVERO, David Orgega. *Diccionario Portugués-Español Español-Portugués*. Barcelona: Editorial Ramon Sopena, 1975, p. 421.

[480] SILVEIRA, *op. cit.*, p. 19.

[481] CAVERO, David Orgega. *Diccionario Portugués-Español Español-Portugués*. Barcelona: Editorial Ramon Sopena, 1975, p. 60.

Porém, é certo que a questão terminológica não é um empecilho para apresentar as distinções entre os dois institutos, semelhantes, sem dúvida, mas não, idênticos, cuja diferença aqui se pretende compreender entre causas de liberação da pena e causas pessoais de exclusão da pena, destacando as características do último.

Dois elementos são bem evidentes e, sendo assim, permitem diferenciá-los: cronologia e pessoalidade. Quanto ao primeiro, fica logo ressaltada a sua importância, mesmo para aqueles que preferem a expressão "escusas absolutórias", quando reconhecem a divergência cronológica, ao admitir dois modelos de escusas absolutórias: anteriores e posteriores[482], o que permite estabelecer que, mais do que uma classificação, se trata de uma diferenciação.

A denominação "escusas absolutórias" não é tão clara quanto àquela habitualmente mencionada na doutrina alemã (causas de exclusão da pena)[483], para definir os diversos requisitos das circunstâncias coetâneas (preexistentes) e posteriores à comissão do delito, recolhidas expressamente pelo legislador, com efeitos de isenção ou atenuação da pena[484], o

---

[482] ÁSUA, Jimenez de. *Tratado de derecho penal.* Tomo VII. Buenos Aires: Losada, 1977, p. 146; MILHEIRO, Tiago Caiado; VIEIRA, Frederico Soares. *Do erro sobre a punibilidade.* Lisboa: Quid Juris, 2011, p. 60; CARVALHO, Erika Mendes de. *Punibilidade e delito.* São Paulo: Revista dos Tribunais, 2008, p. 143 e ss.; PEÑA, Diego Manuel Luzón. *Punibilidad, la ciencia penal del derecho penal ante el nuevo siglo. Libro homenaje al Prof. Dr. Don Jose Cerezo Mir.* Madrid: Tecnos, 2002, p. 5 e ss.; Carlos Martinez Pérez. *Los delitos contra la hacienda pública y la seguridad social.* Madrid: Tecnos, 1995, p. 130 e ss; GUIMERA, Juan Felipe Higuera. *Las excusas absolutórias.* Madrid: Marcial Pons, 1993, p. 107 e ss.

[483] CABANA, Patrícia Faraldo. *Las causas de levantamiento de la pena.* Valencia: Tirant lo Blanch, 2000, p. 43 e ss.

[484] Veja-se o destaque de Francisco Muñoz Conde e Mercedes Garcia Arán, que consideram como escusas absolutórias no atual Código Penal Espanhol o artigo 480,1 (que deixa isento de pena o implicado na rebelião que a reveler a tempo de poder evitar suas consequências); os arts. 305, 4, 3 e 308,4 (que declaram isento de responsabilidade penal ao que regularize sua situação tributária ou ante a seguridade social, ou reintegre as quantidades recebidas em conceito de subvenção pública, antes da notificação de uma inspeção ou da interposição de denúncia ou queixa); e o artigo 268, 1 (que declara isentas de responsabilidade determinadas pessoas, por razão de seu parentesco com o sujeito passivo, em alguns delitos contra o patrimônio); artigo 16, I (desistência na tentative); arts. 56, 3o, e 71, 1º, da Constituição (imunidade do Chefe de Estado e dos parlamentares). (CONDE, Francisco Muñoz; ARÁN, Mercedes Garcia. *Derecho penal – parte general.* 2. ed. Valência: Tirant lo Blanch, 1996, p. 419-420).

A PUNIBILIDADE NO DIREITO PENAL

que, mesmo sopesando as críticas de que a distinção é inútil e carente de relevância prática[485], é uma denominação que deve ser evitada.

Octavio Garcia Pérez esclarece que o setor da doutrina que distingue as escusas absolutórias em duas espécies (dividindo-as em sentido estrito e posteriores ou supervenientes) o faz por uma questão de ordem cronológica, visto que as primeiras concorrem ao tempo da realização do fato, e as segundas, após a execução[486].

Ainda, o autor, com base nas ilações de Jimenez de Asúa, que justifica a divisão, assinalando que, nas autênticas escusas absolutórias, se trata de um perdão legal e que estas hão de ser anteriores ao fato que reúne todas as características do delito – salvo a pena que se perdoa pela lei e não, posteriores a ela – entende que "as circunstâncias posteriores que eximem de pena não constituem escusas absolutórias em sentido estrito. Nessas o que se perdoa é a pena; libera-se dela, em virtude de uma conduta posterior aos fatos qualificados como delito"[487].

Apesar das divergências e da pluralidade terminológica, é possível perceber que sempre são reconhecidas duas categorias bem distintas, uma delas que deve contemplar uma causa de exclusão da pena (independente de ser pessoal ou não) e concorrer ao tempo do fato, e a outra, posterior, que indica um comportamento positivo posterior ao delito[488].

Especificamente, dentre os autores espanhóis, que, em sua maioria, preferem o termo "escusas absolutórias", percebe-se que admitem, neste

---

[485] CARVALHO, Erika Mendes de. *Punibilidade e delito*. São Paulo: Revista dos Tribunais, 2008, p. 72.

[486] PÉREZ, Octavio Garcia. *La punibilidad en el derecho penal*. Pamplona: Aranzadi, 1997, p. 42 e ss.

[487] ÁSUA, Jimenez de. *Tratado de derecho penal*. Tomo VII. Buenos Aires: Losada, 1977, p. 43.

[488] Luis Rodriguez Ramos admite uma classificação em duas hipóteses bem distintas: as escusas absolutórias que impedem a reprovação da conduta, sendo todas as demais correspondente a comportamentos pós-delitivos (RAMOS, Luis Rodriguez. *Compendo de derecho penal, parte general*. Madrid: Trivium, 1986, p. 228). Deve ser observado, por outro lado, o estudo de Juan Felipe Higuera Guimera, embora, sem a devida justificação, que permita compreender o fundamento ou mesmo a extensão da classificação, realizando uma grande classificação das hipóteses que configuram uma escusa absolutória nas seguintes e, com excessivo preciosismo, oito modalidades: 1) preexistentes à comissão do delito; 2) posteriores; 3) pessoais; 4) objetivas; 5) que guardam certa analogia com o injusto; 6) que guardam certa analogia com a culpabilidade; 7) facultative; 8) totais (GUIMERA, Juan Felipe Higuera. *Las excusas absolutórias*. Madrid: Marcial Pons, 1993, p. 105 e ss.).

A CONFORMAÇÃO DAS ESPÉCIES DO GÊNERO PUNIBILIDADE

contexto, as hipóteses da legislação espanhola que declara isento de responsabilidade penal o agente que regularize a sua situação fiscal ou previdenciária (seguridade social), ou reintegre as quantias recebidas em conceito de subvenção pública antes da notificação de início da fiscalização ou da interposição de denúncia ou queixa[489].

Neste ponto, deve ser percebido que, no caso supracitado, há exigência de uma conduta positiva por parte do agente, não sendo possível afirmar a necessidade de um requisito pessoal coetâneo ao *iter criminis*, demonstrando como é comum não fazer a separação da exclusão da punibilidade, baseada em um comportamento ativo, e, em outra, calcada em requisito pessoal, que independe da vontade do sujeito. Recorda-se, neste sentido, que o injusto culpável já restou configurado, eis que este (o injusto) assim o é, a partir da consumação do crime ou da tentativa[490].

Essas hipóteses, guardadas as diferenças entre as legislações, restam previstas no ordenamento jurídico brasileiro, com sucessivas e particulares situações cronológicas de exclusão ou suspensão da responsabilidade criminal, no artigo 83 da Lei nº 9.430/96[491] e nos §§ 2º e 3º do artigo 168-A do Código Penal[492].

Tanto no caso da legislação espanhola, como na brasileira, não exige o texto legal o requisito da pessoalidade[493], mas, sim, um comportamento positivo do agente o que, conforme se verá no capítulo seguinte, para os efeitos da presente tese, comportam distintas conclusões no que se refere à relevância, ou não, do erro sobre os pressupostos da punibilidade.

Acentue-se, todavia, que não é incomum admitir, no contexto da expressão "escusas absolutórias", o requisito da pessoalidade, ou seja, aplicável

---

[489] A respeito, veja-se: BACIGALUPO, Enrique. *Delito y punibilidad*. 2. ed. Buenos Aires: Hammurabi, 1999, p. 219 e ss.; CONDE, Francisco Muñoz; ARÁN, Mercedes Garcia. *Derecho penal – parte general*. 2. ed. Valência: Tirant lo Blanch, 1996, p. 420; MIR, José Cerezo. *Derecho penal*. PG (lecciones 26-40). Madrid: Universidad Nacional de Educación a Distancia, 2000, p. 240; BAJO, Miguel; BACIGALUPO, Silvina. *Derecho penal econômico*. Madrid: Centro de estudios Ramón Areces, 2001, p. 260 e ss. Dentre outros.

[490] PÉREZ, Octavio Garcia. *La punibilidad del derecho penal*. Pamplona: Aranzadi, 1997, p. 44-45.

[491] A Lei nº 12.382, de 25 fev. 2011, alterou o conteúdo do art. 83, da Lei nº 9.430/96.

[492] "§ 2º. É extinta a punibilidade se o agente, espontaneamente, declara, confessa e efetua o pagamento de contribuições, importâncias ou valores e presta as informações devidas à previdência social, na forma definida em lei ou regulamento, antes do início da ação fiscal".

[493] BITENCOURT, Cezar Roberto; MONTEIRO, Luciana de Oliveira. *Crimes contra a ordem tributária*, São Paulo , 2013, p. 84.

A PUNIBILIDADE NO DIREITO PENAL

à isenção da pena, exclusivamente àqueles nos quais concorra um caráter pessoal e específico[494]. Como um dos exemplos mais destacados, o artigo 181 do Código Penal brasileiro dispõe que "é isento de pena quem comete qualquer dos crimes previstos neste título, em prejuízo: I – do cônjuge, na constância da sociedade conjugal; II – de ascendente ou descendente, seja o parentesco legítimo ou ilegítimo, seja civil ou natural"[495], sendo complementado pelo artigo 183, II, que é explícito, ao prever a isenção da pena prevista no artigo 181, bem como no artigo 182, deixando claro que não é aplicável "ao estranho que participa do crime"[496].

Contudo, de acordo com o que se observa na norma transcrita, não há qualquer menção a um comportamento positivo do autor para a isenção da pena, conforme se exige nas causas de liberação da pena. Não é somente mera questão cronológica (como sugere a dicotômia escusas anteriores e posteriores), mas também, de requisito pessoal, visto que, tanto nas hipóteses de crimes previdenciários, como de crimes fiscais, o pagamento devido, independentemente de quem o faça, afasta a punibilidade, que já não é o caso das causas pessoais de exclusão da pena (só quem possui a condição específica, ascendente ou descendente, por exemplo, é quem recebe o beneplácito), portanto não há identidade entre as duas situações.

Todas essas questões, aqui observadas, mostram que há uma tendência em estender demasiadamente o alcance do que resta compreendido como escusas absolutórias, admitindo, ao lado de requisitos pessoais e preexistentes ao fato delitivo, estes objetivos e outros requisitos, principalmente a conduta voluntária, à qual esta subjetiva, pois exige um ato positivo do agente e que não existe no momento dos atos executórios de um delito, na medida em que reflete, de forma diversa, não só nas hipóteses de erro, como também, da participação.

---

[494] Acentuando o requisito da pessoalidade, dentre os que optam pelo termo "escusas absolutórias", vejam-se os seguintes autores: CONDE, Francisco Muñoz. *Teoria general del delito*. 3. ed. Valencia: Tirant lo Blanch, 2004, p. 181; CARVALHO, Erika Mendes de. *Punibilidade e delito*. São Paulo: Revista dos Tribunais, 2008, p. 73; CAFFARENA, Borja Mapelli. *Estudio jurídico-dogmatico sobre las llamadas condiciones objetivas de punibilidad*. Madrid: Ministerio de Justicia, 1990, p. 93; PRADO, Luiz Regis. *Curso de direito penal brasileiro, parte geral*. São Paulo: Revista dos Tribunais, 2006, v. 1, p. 712. Em que pese Regis Prado reconheça que a inexistência de uniformidade quanto à denominação do instituto.

[495] DELMANTO, Celso... [et. al.]. *Código Penal comentado*. 6. ed. Rio de Janeiro: Renovar, 2002, p. 435.

[496] *Ibidem*, p. 435-436.

Sendo assim, em um cenário conturbado no que se refere à delimitação das diversas espécies do gênero punibilidade, além de não ser recomendável a utilização de uma terminologia redundante, como as escusas absolutórias, a sua divisão em anteriores e posteriores se presta, deste modo, para aumentar a confusão inerente à abrangência do instituto.

Perceba-se, outrossim, que, na fundamentação de ambas, não é incomum encontrar argumentos, sustentando que os motivos de exclusão da punibilidade são inerentes à conveniência e oportunidade, à falta de necessidade de pena do ponto de vista da prevenção geral e especial, político-criminais, político-fiscais e mesmo extrapenal[497], não sendo apenas em face de uma possível identidade de fundamento ou mesmo localização sistemática, requisitos para tratá-las como um mesmo instituto, especialmente, quando não há, conforme demonstrado, identidade de fundamentação e consequências.

Outro argumento, relevante em favor da terminologia "causas pessoais de exclusão da pena", em detrimento de escusas absolutórias, para melhor distinção das causas de liberação da pena é que, nestas, a isenção da pena pode ser total ou parcial e, naquelas, não é possível o advento da punibilidade.

Por outro lado, o reconhecimento de que, nas hipóteses de exclusão da possibilidade de aplicação da sanção penal, do ponto de vista dogmático, permitiria uma unificação destas figuras, não se sustenta, seja porque implicaria tratar todas as hipóteses de isenção de pena sob um substrato comum, seja porque as consequências jurídicas não são as mesmas, fundamentalmente, pois, quanto à relevância do erro sobre a punibilidade, os motivos e os argumentos para a sua incidência não se identificam (vide capítulo seguinte).

Enfatiza-se, ainda, que há autores, ao definirem o que são as escusas absolutórias, que não realizam a distinção classificatória, no entanto são bastante claros ao admitirem que há situações distintas, uma onde concorre algo que reside na pessoa do autor do delito (o parentesco, por exemplo) ou que este termina por fazer (pagar, abandonar a sua atitude, diminuir o dano causado)[498], aliando duas situações distintas, como parte

---

[497] CABANA, Patrícia Faraldo. *Las causas de levantamiento de la pena*. Valencia: Tirant lo Blanch, 2000, p. 191.
[498] OLIVARES, Gonzales Quintero; PRATS, Morales Fermin; PRATS, Miguel J. *Manual de derecho penal, parte general*. Madrid: Aranzadi, 1999, p. 446-447; CALÓN, Eugenio Cuello.

A PUNIBILIDADE NO DIREITO PENAL

de um instituto (requisito pessoal e conduta voluntária posterior aos atos executórios)[499].

Ao contrário das críticas erigidas no que concerne à necessidade de distinção não só terminológica em institutos diversos, mas também, ao efeito que se faz sentir, ante ao uso do termo "escusas absolutórias", que servem para o tratamento de figuras não idênticas, é a dificuldade, amplamente reconhecida, para a compreensão do que se delimita como causa de liberação da pena e a sua identificação no caso concreto, na medida em que, de acordo com o que será desenvolvido no capítulo VI, no tocante à relevância do erro, não comportam o mesmo fundamento.

Hans-Heinrich Jescheck é bastante esclarecedor, quando, ao valer-se da expressão "classes de exceções pessoais à punibilidade", destaca dois grupos bem distintos aos quais nomina "causas pessoais de exclusão da pena" (terminologia adotada na presente tese) e "causas pessoais de anulação da pena"[500].

No primeiro, assevera que existem certas circunstâncias contrárias à punição que devem concorrer ao tempo do fato, incluindo, como exemplo, a inviolabilidade dos parlamentares (arts. 46 I GG e § 36 StGB)[501], a impunidade dos informes parlamentares verazes[502] (§ 37 StGB)[503]; e as segundas, as circunstâncias que não se produzem até depois de haver se realizado a ação punível e eliminam o caráter retroativo à punibilidade já existente, exemplificando com a desistência da tentativa[504].

Mesmo com a inexistência de consenso doutrinário – conforme já demonstrado – sobre as circunstâncias que caracterizam uma causa pes-

---

Derecho penal, parte general. Tomo I. 15. ed. Barcelona: Bosch, 1968, p. 594-597.

[499] URZÚA, Enrique Cury. *Derecho penal, parte general.* 3. ed. Santiago, Chile: Ediciones Universidad Catolica de Chile, 2004, p. 468-469.

[500] JESCHECK, Hans-Heinrich. *Tratado de derecho penal – parte general.* 4. ed. Traducción de José Luis Manzanares Samaniego. Granada: Comares, 1993, p. 501.

[501] "Aos membros do parlamento Federal, da Assembléia Federal ou de um órgão legislativo de qualquer dos Estados não se poderá exigir responsabilidade em nenhum momento, fora da instituição, por razão de seus votos ou de suas declarações realizadas na instituição ou em uma de suas comissões. Isto não se contemplará no caso de ofensas caluniosas".

[502] Aqui Jescheck sublinha que constitui igualmente uma causa de exclusão da pena, que oferece a particularidade de não atuar pessoalmente, mas, sim, objetivamente, favorecendo os intervenientes. (JESCHECK, *op. cit.*, p. 501).

[503] "As atas fidedignas das sessões públicas das instituições assinaladas no § 36 ou de suas comissões estarão isentas de responsabilidade".

[504] §§ 24, 31 e 159, todos do StGB.

A CONFORMAÇÃO DAS ESPÉCIES DO GÊNERO PUNIBILIDADE

soal de exclusão de pena e aquelas que são requisitos para a configuração das causas de liberação da pena, pode ser afirmado que, naquelas, diferentemente destas, requer-se a concorrência de uma determinada qualidade no sujeito ativo durante a execução do fato delitivo. Já nas causas pessoais de liberação da pena, exige-se a realização voluntária, preferencialmente, pelo próprio agente[505], de um comportamento positivo posterior ao injusto culpável[506].

Nas causas de liberação da pena, as circunstâncias posteriores à execução do fato delitivo que impedem a imposição da pena, exoneram retroativamente a punibilidade que já havia surgido, ou seja, já estava caracterizada[507]. Esse aspecto particular (exonerar retroativamente a punibilidade já caracterizada) será revisto com maior amplitude no item seguinte do presente capítulo, mostrando que o legislador cria uma segunda etapa de conduta humana, desvalorizando o injusto praticado, alterando a punibilidade.

Porém, deve restar esclarecido que a distinção entre causas pessoais de exclusão da pena e causas de liberação da pena, com base no momento da execução do fato delitivo em que concorram, tradicionalmente admitido na Alemanha[508], bem como na Itália, ainda que sob diferente terminologia[509], não foi admitido pela maioria da doutrina espanhola e brasileira, mesmo que tal necessidade tenha sido colocada em destaque por alguns autores[510], o que não impede as diferenciações ora sustentadas.

[505] Diz-se "preferencialmente", porque há causas de liberação da pena que, apesar de exigirem um comportamento voluntário para impossibilitar a punibilidade, não exigem um comportamento pessoal do agente infrator, já que tal comportamento pode ser praticado por um terceiro, mas que não impede o beneplácito do impedimento quanto à punibilidade. Dois casos na legislação brasileira são emblemáticos: o pagamento do valor devido nos casos dos crimes fiscais e previdenciários e as hipóteses de delação premiada.

[506] Esta também é a posição de Patrícia Faraldo Cabana que, no entanto, não faz a ressalva da preferencialidade, não esclarecendo se admite como causa de liberação de pena as hipóteses de pagamento por terceiros e que excluem a punibilidade, no caso dos crimes previdenciários e fiscais, bem como do terceiro que recebe e é beneficiado pelo comportamento positivo do delator. (CABANA, Patrícia Faraldo. *Las causas de levantamiento de la pena*. Valencia: Tirant lo Blanch, 2000, p. 60).

[507] PÉREZ, Carlos Martinez. *Las condiciones objetivas de punibilidad*. Madrid: Edersa, 1989, p. 92.

[508] Conforme vários autores já citados.

[509] Também, conforme vários autores já citados.

[510] Quanto aos espanhóis, veja-se: REMESAL, Vicente Javier. *El comportamiento postdelictivo*. Leon: Universidad de Leon – Secretariado de Publicaciones, 1985, p. 316 e ss.; CABANA, *op.*

3.1 – A questão da imunidade parlamentar

Zaffaroni e Pierangelli, reconhecendo a discussão existente na doutrina, em face de que a imunidade parlamentar material não cessa, quando esteja extinto o mandato, optam por considerar tal hipótese, por ser a mais democrática, como a de "(...) atipicidade da ação (uma 'não-incriminação' ou exclusão de toda relevância penal), pois, oferece uma melhor explicação da sua atuação, em consonância com a função que se procura proteger"[511]. De acordo com a tese da atipicidade, defendem os autores que ficam excluídas da responsabilidade penal as ações dos co-autores e partícipes, pois, de outra forma, se estreitaria por demasiado a garantia, responsabilizando-se os colaboradores do legislador, inclusive os secretários que cooperam com tarefas simples e os organismos partidários que aconselham o discurso e a opinião[512].

René Ariel Dotti, levando a hipótese para o campo da antijuridicidade, entende que "(...) a imunidade absoluta, na previsão constitucional, é uma prerrogativa funcional de *exclusão de ilicitude*"[513]. Para Damásio de Jesus, esta prerrogativa "(...) constitui causa funcional de exclusão ou isenção de pena(...)"[514], o que, de um certo modo, apesar da discrepância terminológica, corrobora com a posição de Heleno Fragoso, que considera à inviolabilidade do parlamentar, no exercício do mandato, por suas opiniões, palavras e votos, uma causa pessoal de exclusão da pena[515], no que é seguido por Juarez Cirino dos Santos[516].

Contra estas posições Zaffaroni e Pierangeli sustentam que "(...) com a tese da atipicidade, ficam excluídas da responsabilidade penal as ações

---

cit., p. 42 e ss. Entre os brasileiros: RIOS, Rodrigo Sanches. *Extinção da punibilidade nos crimes econômicos*. São Paulo: Revista dos Tribunais, 2003, p. 41 e ss.

[511] Op. cit., p. 235.

[512] Idem, ibidem. Compartilhando o entendimento de que a inviolabilidade da conduta acarreta a atipicidade da conduta, em face de que esta exclui determinadas pessoas da incidência penal, não lhes restando a qualidade de destinatários da lei penal: CERNICCHIARO, Luiz Vicente e COSTA JR., Paulo José. Direito penal na constituição, p. 183; PRADO, Luiz Regis. Manual de direito penal brasileiro, p. 110;

[513] Op. cit., p. 283.

[514] Op.cit., p. 595. Praticamente o mesmo entendimento de BRUNO, Anibal, que acrescenta o caráter pessoal desta isenção funcional. Op. cit., p. 236.

[515] Lições de direito penal, p. 133/134.

[516] Op. cit., p. 273.

A CONFORMAÇÃO DAS ESPÉCIES DO GÊNERO PUNIBILIDADE

dos co-autores e partícipes, o que é correto, pois, de outro modo, se estreitaria, em demasia, a garantia"[517]. Sem embargo[518], esta realidade destacada não autoriza, via transversa, que se utilize tal argumento para o não reconhecimento de que a hipótese configura uma escusa absolutória ou causa pessoal de exclusão da pena, eis que preenche todos os requisitos inerentes: preexiste ao cometimento do delito, é pessoal, é objetiva, e não se relaciona com o injusto e a culpabilidade.

Roxin[519], chega ao preciosismo de sustentar que o melhor exemplo de uma causa de exclusão da punibilidade, é constituído pela indenidade, prevista no § 36 StGB[520], que é uma forma de imunidade absoluta, não restando o argumento de que o fato de que a exclusão da pena não pode afetar ao partícipe, seja suficiente para sustentar a tese da atipicidade. Tal assertiva é possível, pois, ainda com base no que é sustentado pelo mesmo autor[521], deve-se ter em conta que a questão do alcance do beneplácito da imunidade absoluta ao partícipe, no caso dos deputados e senadores, por suas palavras, opiniões e votos, depende de se as razões extrapenais - que dão lugar à isenção de pena - afetam aos seus ajudantes e conselheiros, que escrevem os discursos e subministram material de apoio. Portanto, "(...) se estes estiverem expostos a incorrer em responsabilidade penal, o eventual processamento destas pessoas, ou o temor ao mesmo, obstaculizariam já a liberdade do deputado, e isso é precisamente o que se quer evitar"[522].

Estas observações de Roxin estão a demonstrar que a exclusão da pena existe por motivações extrapenais, e que atingem um determinado grupo de pessoas (deputados e senadores), que recebem do legislador uma prer-

---

[517] Op. cit., p. 235.

[518] Não obstante a opinião de DOTTI, René Ariel, de que a hipótese está restrita ao campo da ilicitude, tal fato não pode transformar a indenidade parlamentar em causa de exclusão da antijuridicidade.

[519] Derecho penal, p. 978.

[520] "aos membros do Parlamento Federal, da Assembléia Federal ou de um órgão legislativo de qualquer dos Estados não se lhes poderá exigir responsabilidade em nenhum momento, fora da instituição, por razão de suas votações ou de suas declarações realizadas na instituição ou em uma de suas comissões. Isto não se contemplará no caso de ofensas caluniosas" (A los miembros del Parlamento Federal, de la Asamblea Federal o de um órgano legislativo de cualquiera de los Estados no se les podrá exigir responsabilidad en ningún momento, fuero de la instituición, por razón de sus votaciones o de sus declaraciones realizadas en la instituición o en una de sus comisiones. Esto no se contemplará en el caso de ofensas calumniosas).

[521] Derecho penal, p. 978.

[522] Idem, p. 979.

rogativa pessoal específica, e tal privilégio deve ser estendido aos auxiliares (secretários, funcionários, etc.) do parlamentar, a fim de atingir o objetivo para o qual o legislador o criou, sob pena de não restar justificada sua própria criação.

Mas estas conclusões não representa que o fato seja atípico, somente pela dificuldade dogmática causada pela extensão do benefício da exclusão da pena ao partícipe, pois esta não é uma regra absoluta, até porque se na hipótese do art. 181, do Código Penal pátrio - quando se isenta o agente de pena por motivos estritamente familiares – os motivos extrapenais que motivaram sua criação não autorizam a extensão do beneplácito ao partícipe, sob pena da perda de seu objeto, o mesmo raciocínio se aplica aos auxiliares dos parlamentares, no caso da exclusão da pena, nas hipóteses admitidas pela legislação, ou seja: estende-se o privilégio da exclusão da pena, pois, como já mencionado, restaria sem sentido, enfraquecido, diminuído, a escusa absolutória da indenidade parlamentar se não fosse estendida aos auxiliares.

Portanto, da mesma forma que motivos extrapenais sustentam a existência desta modalidade de escusa absolutória ou causa pessoal de exclusão da pena, motivos extrapenais justificam e fundamentam a extensão do beneplácito aos partícipes, no caso da indenidade parlamentar[523], que se considera, portanto, uma modalidade de causa pessoal de exclusão da pena.

4. As causas de liberação ou anulação da pena (comportamentos positivos pós-delitivos)

Uma confusão muito comum observada, refere-se à distinção existente entre as circunstâncias existentes na legislação penal, que excluem ou impedem a punibilidade, também localizados fora do injusto culpável,

---

[523] O raciocínio aqui elaborado não se estende as imunidades dos representantes diplomáticos, pois nestes casos o que se exclui é a jurisdição penal do Estado onde se encontram acreditados, os representantes dos governos estrangeiros. Nestes casos não há impunidade, permanecendo o dever de evitar a prática das infrações penais e, se praticadas, serão consideradas ilícitos penais. Os representantes diplomáticos continuam submetidos à jurisdição de seu país. Se o agente diplomático praticar crime no Brasil, tal fato será levado ao conhecimento das autoridades de seu país para as providências cabíveis. MESTIERI, João. Op. cit., p. 128. Contra, no sentido de que configura causa pessoal de exclusão da pena: FRAGOSO, Heleno Cláudio. Lições de direito penal, p. 131.

A CONFORMAÇÃO DAS ESPÉCIES DO GÊNERO PUNIBILIDADE

mas que configuram outros institutos, que possuem alguma semelhança com as condições objetivas de punibilidade e as causas pessoais de exclusão da pena.

Conforme já ressaltado existe muita confusão causada pela utilização indistinta do termo escusas absolutórias para delimitar tanto as causas pessoais de exclusão da pena, como as causas de liberação de pena. Aqui será possível perceber que a questão terminológica adquire uma importância fundamental para o melhor discernimento destas figuras, que são semelhantes como já dito acima, mas não são idênticas.

Antes de adentrar na questão desta diferenciação deve-se observar que o termo causas de liberação de pena, pode ser entendido como levantamento de pena[524], bem como causas de supressão ou de anulação da punibilidade[525]. Contudo, opta-se neste trabalho pelo uso do termo causa de liberação de pena, por permitir compreender as expressões também utilizadas, ora como supressão, ora como a anulação da punibilidade, dependendo do autor pesquisado.

Conforme ressalva Patrícia Faraldo Cabana, "para a formulação do conceito de causas de liberação de pena há que partir do pressuposto de que a estimação das mesmas como instituição jurídica unicamente poder ser factível quando com esse nome se designe uma matéria que revista um caráter diferencial com relação as restantes circunstâncias eximentes da responsabilidade penal comumente aceitadas"[526].

Propõe a autora que, antes de conceituar essa categoria, deve ser esclarecido, desde logo, que o caráter diferencial e específico de seus elementos, sob um ponto de vista estrutural, reside em três aspectos: 1) sua concorrência, uma vez finalizada a execução do fato delitivo, o que supõe não restar afetado o injusto nem a culpabilidade; 2) seu conteúdo, consistente em um comportamento positivo do autor ou partícipe, baseado na reparação dos efeitos do delito ou na colaboração com a Administração de Justiça; e 3) seu caráter voluntário, livre e não coagido[527].

Além desta advertência, esta autora menciona como caráter diferencial e específico destas figuras, a partir de um ponto de vista estrutural, três

---

[524] Expressão utilizada por CABANA, Patrícia Faraldo, em sua obra Las causas de levantamiento de la pena, op. cit. p. 23 e ss.
[525] Como prefere PEÑA, Diego-Manuel Luzón. La punibilidad, p. 833.
[526] Op. cit., p. 23.
[527] *Ibidem*, p. 23-24.

aspectos: sua concorrência uma vez finalizada a execução do fato delitivo; seu conteúdo, consistente em um comportamento positivo do autor ou partícipe baseado na reparação dos efeitos do delito ou em colaboração com a Administração da Justiça; seu caráter voluntário; o tratar-se de ser um comportamento livre e não coacionado[528].

Em suma, esta tese libra-se na existência de um comportamento voluntário que deve existir em todos os requisitos do que chama de comportamento pos-delitivo positivo, para que produza uma atenuação ou o levantamento da pena cominada ao delito cometido[529].

As legislações penais, em regra, admitem essa modalidade de comportamento, concedendo dois efeitos limitadores da punibilidade, que são a isenção ou a atenuação da sanção criminal, sem que se encontre, na doutrina, uma unidade de argumentação quanto aos fundamentos (o que reforça, efetivamente, as conclusões do capítulo anterior, no que concerne à impossibilidade de um critério único de fundamentação para a punibilidade), nas diversas hipóteses da isenção ou da diminuição da pena. Podem ser encontradas posições que defendem a motivação político-criminal ou de conveniência política ou econômica, alheias ao Direito Penal ou até mesmo motivadas, estritamente, pelos fins da pena[530].

A posição de Faraldo possibilita um melhor esclarecimento das figuras cuja concorrência exclui a punibilidade ou cuja não concorrência é pressuposto desta. Roxin[531], nesta seara, observa que é comum a distinção entre causas pessoais de exclusão da punibilidade, causa materiais (objetivas) de exclusão da punibilidade e causas de supressão (ou liberação) da punibilidade, delimitando cada uma delas.

Se a diferença entre condições objetivas de punibilidade e causas materiais de exclusão da punibilidade é puramente formal, em face de que nos crimes contra a honra a indiferença, por exemplo, de se qualificar a impossibilidade de provar a verdade na maledicência como condição objetiva de punibilidade, ou que se qualifique o fato de lograr a prova da verdade como causa material de exclusão da punibilidade[532], tal indiferença não pode ser

---

[528] Idem, p. 23/24.

[529] Idem, p. 30.

[530] CABANA, Patrícia Faraldo. *Las causas de levantamiento de la pena*. Valencia: Tirant lo Blanch, 2000, p. 24.

[531] Derecho penal, tomo I, p. 971.

[532] Idem, ibidem

A CONFORMAÇÃO DAS ESPÉCIES DO GÊNERO PUNIBILIDADE

estendida às causas pessoais de exclusão da pena, quando se confunde causa de liberação ou anulação da pena com escusas absolutórias, conforme ocorre, em especial com uma parte da doutrina espanhola, quando assevera que as escusas absolutórias são situações onde "(...) concorre algo que, ou bem reside na pessoa do autor (por exemplo, o parentesco) ou bem em algo que este faz (pagar, abandonar sua atitude)"[533].

Esta realidade termina por induzir a conclusões de que o número das escusas absolutórias tendem a crescer nas legislações contemporâneas, conforme o alerta de Cerezo Mir[534], de que houve um aumento significativo da presença destas figuras no novo código penal espanhol. Contudo, tal assertiva é fruto muito mais da confusão que se faz entre causas de liberação ou supressão da pena e escusas absolutórias, cujas diferenças estão bem delineadas.

No entanto, se é certo que existem autores que tratam as causas de liberação de pena, inseridas no contexto do que entendem por escusas absolutórias, sem fazer nenhuma das distinções já sustentadas, há outros que reconhecem a existência de duas classes de fundamentos pessoais que podem excluir a punibilidade ou levanta-las, as primeiras excluem *ab initio* a punibilidade e as outras em face da punibilidade pela comissão do delito liberam a pena, admitindo que as primeiras têm vigência eminentemente pessoal, relacionando-se com o próprio autor, não beneficiando a nenhum outro partícipe, já as segundas seriam uma outra categoria de escusas absolutórias, chamadas de posteriores à realização do fato, que têm em comum o evento de ser um fundamento pessoal[535].

Jescheck[536] termina por fazer uma distinção mais clara, quando faz uma subdivisão entre as causas pessoais de exclusão da pena (termo que se assemelha ao que a doutrina brasileira trata como escusas absolutórias) e causas pessoais de anulação (termo empregado como sinônimo de liberação/ levantamento) da pena, que se caracterizam por serem circunstâncias, que não se produzem até depois da realização da ação punível, principalmente por destacar que as causas de anulação eliminam com caráter retroativo a punibilidade já existente, citando como exemplo principal à desistência

---

[533] OLIVARES, Gonzáles Quintero, op. cit., p. 446.
[534] Derecho penal, p. 240.
[535] Por todos: BACIGALUPO, Enrique. Lineamentos de la teoria del delito, p. 95 e ss.
[536] Op. cit., p. 500/501.

na tentativa, o que permite concluir que nas escusas absolutórias a punibilidade não chega a ser considerada.

O motivo pelo qual a divisão das escusas absolutórias em anteriores e posteriores já comentadas não parece recomendável se faz pela razão de não trazer vantagem para a interpretação destas, terminando por confundir a delimitação e o alcance destas figuras, posto que as chamadas escusas absolutórias posteriores são na verdade causas de liberação de pena. Por isso a necessidade de ressaltar a importância da terminologia empregada, que possibilita uma melhor delimitação, pois causa pessoal de exclusão da pena não comporta nenhuma divisão (coetâneas e posteriores) como alguns autores sugerem para configurar o que seja uma escusa absolutória, o que só faz dificultar a compreensão destas figuras.

Assim, não rejeitando por completo a divisão sugerida por uma parte da doutrina, verifica-se na diferenciação entre as causas de liberação de pena e as causas excludentes de punibilidade (condições objetivas de punibilidade e causa pessoal de exclusão da pena), que existem três diferenças capitais, que produzirão efeitos, em especial quanto à participação, posto que nas condicionantes (ao contrário das causas de liberação), a questão da concorrência ou não concorrência de determinadas circunstâncias como pressuposto da punibilidade, não está ligada a finalização da execução do fato delitivo; seu conteúdo, não consistente em um comportamento positivo do autor ou partícipe baseado na reparação dos efeitos do delito ou em colaboração com a Administração da Justiça, pois independem da vontade do autor, não tendo, portanto, caráter voluntário, juízo que se estende ao entendimento de que, nas causas de liberação de pena, faz-se imprescindível o comportamento livre e não coacionado do agente, o que é absolutamente indiferente para a caracterização de uma condicionante objetiva ou uma causa pessoal de exclusão da pena.

Por fim, importa destacar que o termo causas de liberação de pena possui o mesmo conteúdo (ou significado) do termo escusas absolutórias posteriores, para aqueles autores que fazem esta distinção. Contudo, esta questão terminológica pouco adianta para o esclarecimento da questão, fazendo com que ganhe destaque à conclusão de que há maior propriedade no emprego do termo causas pessoais de exclusão da pena, ao invés de escusas absolutórias[537].

---

[537] PÉREZ, Carlos Martinez, la condiciones objetivas de punibilidad, p. 91.

A CONFORMAÇÃO DAS ESPÉCIES DO GÊNERO PUNIBILIDADE

Todavia, importa sempre recordar que, na doutrina brasileira, o termo escusas absolutórias, em regra, é empregado corretamente, tanto mais quando se observa que esta não faz a referência as causas de liberação de pena, que, comumente, são tratadas dentro das causas extintivas de punibilidade[538].

No Brasil exemplos das causas de liberação de pena estão previstos no artigo 34 da lei 9.249/95, que prevê extinção da punibilidade nos casos em que o agente promova o pagamento do tributo devido antes do recebimento da denúncia, nos delitos definidos na lei 8.137/90 e na lei 4.729/65; nos arts. 168-A, § 2° do Código Penal e 337-A, § 1°, quando o agente *espontaneamente*, declara, confessa e efetua o pagamento de contribuições, importâncias ou valores e presta as informações devidas à previdência social, antes do início da ação fiscal[539]; no § 3°, do art. 15 da lei 9.964/00[540] se o agente aderir ao programa de recuperação fiscal (REFIS), antes do recebimento da denúncia e efetue o pagamento integral dos débitos ou, mesmo após o recebimento da exordial[541], conforme facultado pelo art. 9° da lei 10.684/03; no artigo 342, § 2° do Código Penal, quando o agente, antes da sentença em que ocorreu o ilícito, se retrata ou declara a verdade; no artigo 143 do Código Penal, que trata da retratação nos casos de calúnia ou da difamação; nos casos de delação premiada[542]; .

---

[538] Veja-se, por todos: PRADO, Luiz Regis. Curso de direito penal brasileiro, p. 489 e ss.

[539] Note-se que no mesmo artigo 168-A do Código Penal brasileiro, no § 3°, o juiz *poderá* deixar de aplicar a pena caso o agente tenha promovido, após inicio da ação fiscal e antes de oferecida a denúncia. Nesta hipótese, como se trata de ato que comporta análise subjetiva e pessoal do julgador, trata-se conforme a lição de RIOS, Rodrigo Sanchéz de perdão judicial, op. cit., p. 38. Mas não uma causa de liberação de pena ou causa extintiva de punibilidade.

[540] "Art. 15. É suspensa a pretensão punitiva do Estado, referente aos crimes previstos nos arts. 1° e 2° da Lei 8.137, de 27 de dezembro de 1990, e no art. 95 da Lei n° 8.212, de 24 de julho de 1991, durante o período em que a pessoa jurídica relacionada com o agente dos aludidos crimes estiver incluída no REFIS, desde que a inclusão no referido Programa tenha ocorrido antes do recebimento da denúncia criminal. § 3°. Extingue-se a punibilidade dos crimes referidos neste artigo quando a pessoa jurídica relacionada com o agente efetuar o pagamento integral dos débitos oriundos de tributos e contribuições sociais, inclusive acessórios, que tiverem sido objeto de concessão de parcelamento antes do recebimento da denúncia criminal."

[541] Neste sentido veja-se a obra de RIOS, Rodrigo Sanchéz. Das causas de extinção de punibilidade nos delitos econômicos, p.213 e ss.

[542] A disciplina normative desta figura foi introduzida no ordenamento jurídico pátrio por meio da Lei 8.072/90 (lei dos crimes hediondos), passando o Estatuto Criminal pátrio a adota-lo no artigo 159, parágrafo 4° (extorsão mediante seqüestro). Posteriormente outras legislações penais extraordinárias também adotaram-na, como por exemplo a lei 8.137/90

A PUNIBILIDADE NO DIREITO PENAL

Em tais casos, faz-se imperativo verificar se há de fato um ato de vontade positivo do agente, após o delito, para que não subsista a punibilidade. Caso contrário (sem um ato de vontade do agente, que efetivamente possa ser considerado como uma colaboração com a administração da justiça) não há que se falar em liberação da pena, mas em outra figura qualquer[543].

Com estas explanações resta claro que as três espécies do gênero punibilidade identificadas no presente capítulo, guardam distinções objetivas e subjetivas entre si. Estas diferenças, contudo, não significa que estas figuras não possam ser consideradas dentro da categoria autônoma da punibilidade, enquanto limitadores do poder punitivo estatal, simplesmente porque não guardam unidade absoluta.

É uma característica própria dos pressupostos adicionais da punibilidade a heterogeneidade. Essa distinção não impede, por outro lado, que se reconheça uma clara uniformidade, quer pelo fato de que todas as três espécies identificáveis, encontram-se situadas fora do injusto culpável, sendo alheias ao seu conteúdo, bem como por restringirem o âmbito do punível (e não do punido) destacando-se as situações objetivas, pessoais e subjetivas (conduta positiva pós delitiva) que, apesar do fato típico, antijurídico e culpável, impedem o advento da punibilidade que, em tais casos, impedem a aplicação de uma pena.

(crimes contra a ordem tributária), em seu parágrafo único, artigo 16; na lei 9.034/95 (organizações criminosas), que em seu artigo 6°; a lei 9.080/95, que estabeleceu a delação premiada nas infrações praticadas por quadrilha ou em co-autoria, acrescentando um dispositivo, inserido como § 2° do artigo 24, da lei 7.492/86 (crimes contra o sistema financeiro); a lei 9.269/96 (alterando a redação do artigo 159, § 4°, do Código Penal); o § 5°, do artigo 1°, da lei 9.613/98 (lavagem de capitais); artigo 14 da lei 9.807/99 (proteção especial a vítimas e testemunhas). OLIVEIRA JUNIOR, Gonçalo Farias. O direito premial brasileiro: breve excursus acerca dos seus aspectos dogmáticos, p. 277/279.

[543] Neste sentido, CABANA, Patrícia Faraldo, op. cit., p. 30.

CAPÍTULO V
DELIMITAÇÃO ANTE FIGURAS AFINS

1. As chamadas causas de extinção da punibilidade

De uma forma genérica as causas de extinção de punibilidade podem ser conceituadas como os "(...) atos ou fatos que impedem a aplicação da sanção penal"[544]. No entanto esta definição resta ainda insuficiente, quando se percebe que nas causas excludentes de punibilidade, também se impede a aplicação de uma sanção penal, contudo, pelas suas próprias características é possível distingui-las como uma categoria autônoma dentro da teoria do delito, assim como as condições objetivas de punibilidade, as causas pessoais de exclusão da pena e as causas de liberação de pena, daí a necessidade de bem definir suas características.

No caso específico das causas de extinção de punibilidade caracterizam-se por poder ocorrer tanto após o fato, como durante o processo ou depois da condenação[545]. Mais: algumas destas causas fazem desaparecer a própria tipicidade do fato, no caso da retroatividade da lei que não mais considera o fato criminoso; outras excluem a reprovabilidade do fato (anistia), outras somente a pena (indulto)[546], "(...) mantendo-se o caráter ilícito

---

[544] DOTTI, René Ariel, op. cit., p. 671.

[545] Idem, ibidem.

[546] Segundo MAURACH, Reinhart, uma parte da doutrina qualifica o indulto e a anistia como escusa absolutória. Contudo, ainda conforme observa MAURACH esta qualificação é

A PUNIBILIDADE NO DIREITO PENAL

do fato para os demais efeitos jurídicos, como o dever de indenizar o dano (prescrição da ação penal)"[547].

No Brasil as causas extintivas de punibilidade estão elencadas no artigo 107[548] do Código Penal, o que não impede que também estejam previstas em leis especiais[549], e até mesmo em outros artigos do próprio Código[550], pois não se pode falar em enumeração taxativa destas figuras contidas na lei penal ordinária[551].

Para Anibal Bruno[552], além de ser inútil ensaiar uma classificação dessas causas sob qualquer dos critérios admitidos, o Código penal brasileiro fez bem em englobar todas estas causas sob o título comum de extinção da punibilidade, que não deixa de ser uma forma de classificação, quando as menciona.

O que se deve ter presente é o fato de que as causas extintivas de punibilidade fazem cessar, diretamente, "(...) o *jus* ou a *potestas* do Estado concernente à imposição da pena cominada ou execução da pena imposta. Dá-se, na espécie, por motivos vários, naturais ou políticos, subseqüentes ao crime, uma abdicação ou renúncia desse direito ou poder (*Verzicht auf den staatlichen Strafanspruch*, como dizem os autores alemães), rompendo-

---

defeituosa, pois não concorrem nestes casos as razões das escusas absolutórias conhecidas. Para este autor a anistia e o indulto possuem natureza puramente formal, op. cit., p. 621

[547] Idem, ibidem.

[548] "Extingue-se a punibilidade: I – pela morte do agente; II – pela anistia, graça ou indulto; III – pela retroatividade de lei que não mais considera o fato como criminoso; IV – pela prescrição, decadência ou perempção; V – pela renúncia do direito de queixa ou pelo perdão aceito, nos crimes de ação privada; VI – pela retratação do agente com a vítima, nos crimes contra os costumes, definidos nos capítulos I, II e III do Título VI da Parte Especial deste Código; VIII – pelo casamento da vítima com terceiro, nos crimes referidos no inciso anterior, se cometidos sem violência real ou grave ameaça e desde que a ofendida não requeira o prosseguimento do inquérito policial ou da ação penal no prazo de 60 (sessenta) dias a contar da celebração; IX – pelo perdão judicial, nos casos previstos em lei.n

[549] Lei 9.099/95, artigo 89, Medida provisória 1.571-7, de 23.out.

[550] Conforme BITENCOURT, Cezar Roberto "o atual elenco do artigo 107 não é *numerus clausus*, pois outras causas se encontram capituladas em outros dispositivos, como, por exemplo, o *perdão judicial* (arts. 121§ 5°,; 129, § 8°, 180, § 3°; 181; 240, § 4°, e 348, § 2°, do CP etc.); a *restitutio integrum* (artigo 249, § 2°); as hipóteses do artigo 7°, § 2°, *b* e *e*, do CP etc." Manual de Direito Penal, 6ª ed., Op. cit., p. 664.

[551] Como a enumeração não é taxativa, há outras causas de que podem decorrer a extinção da punibilidade, mas por exigência do sistema são incluídas sob outras rubricas. Cf. Aníbal Bruno. Direito Penal, tomo III, p. 197.

[552] Idem, ibidem.

DELIMITAÇÃO ANTE FIGURAS AFINS

-se o binômio *crime-pena*, ou seja, na expressão de Carnelluti, o nexo jurídico entre o crime e a pena.

Trata-se de circunstâncias que, supervenientemente ao crime, extinguem a correlativa *pretensão punitiva* do Estado. Secundariamente ou por via de consequência é que fica impedido o exercício da ação penal ou inexeqüível a condenação"[553]. A definição de tais circunstâncias pode ser resumida, conforme ressalta Nelson Hungria de que elas "(...) fazem cessar o já concretizado direito de reclamar a pena e, conseqüentemente, impedem a sua atuação"[554].

Esta definição permite delinear que no caso da ausência de uma condicionante objetiva ou da presença de uma condicionante pessoal, o direito de reclamar a pena do Estado, ainda não surgiu, nem se questionando o fato de ter ou não o direito de exercer o *jus puniendi*, pois no caso das condicionantes este somente surge quando está resta devidamente configurada.

Impõe-se também registrar outra colocação de Hungria de que, "Segundo adverte o Ministro Campos, na sua 'Exposição de Motivos' não era de aceitar-se, em retificação da antiga epígrafe, a fórmula com que o Código Rocco procurou corrigir a do revogado Código Zanardelli, isto é, 'extinção do crime e da pena'. Se se pode dizer que as 'causas extintivas' em questão, quando subseqüentes à condenação, suprime I*ex nunc* a pena, não é exato que elas, em qualquer hipótese, eliminem o crime. Não deixa este de existir, quer como *fato* (pois *factum infectum fieri nequit*), quer como *entidade jurídica*, pois sobrevive como tal, apesar das ditas causas, não só para efeitos civis (*actio civilis ex delicto*, efeitos civis de intercorrente condenação), como, de regra, para certos efeitos *penais* (subsistência da intercorrente condenação para o fim de ulterior declaração de reincidência ou exclusão do benefício de suspensão condicional da pena; continuidade da agravação da pena decorrente da conexão, *ut* parágrafo único do artigo 108[555] do novo Código)"[556].

---

[553] HUNGRIA, Nelson. Extinção da punibilidade em face do novo código penal, Revista Forense, n. 87, Rio de Janeiro: Forense, 1941, p. 579.

[554] Idem, ibidem.

[555] O atual Código Penal em seu artigo 107 repete quase todos os preceitos do artigo 108 (anterior), deixando de elencar como causa extintiva da punibilidade: a reabilitação do agente; o ressarcimento do dano no peculato culposo. Acrescenta, entretanto, o perdão judicial, nos casos previstos em lei.

[556] Op. cit., p. 580.

A PUNIBILIDADE NO DIREITO PENAL

Hungria é ainda mais claro quando observa que as causas extintivas de punibilidade "(...) não negam a violação da lei penal (pois, ao contrário, a pressupõem), mas apenas excluem, no caso concreto, a *pretensão jurídica* do Estado concernente a inflicção da pena (direito subjetivo de punir, pertinente ao direito penal material), cessando, portanto, e tão somente, a *punibilidade* do fato previsto como crime. É preciso não esquecer que a *punibilidade* não é *elemento constitutivo* do crime, mas um *efeito jurídico da existência do crime*; de modo que a sua acidental extinção não pode ter a consequência de anular o crime já praticado"[557].

Importa destacar que nas condicionantes de punibilidade a punibilidade não é extinta, ela simplesmente não se caracteriza, em outras palavras, não chega a existir, portanto, não pode ser extinto o que jamais existiu. Por outro lado, nada impede que presente uma condição objetiva de punibilidade ou ausente uma causa pessoal de exclusão da pena (escusa absolutória), incidindo a hipótese de extinção de punibilidade em qualquer de suas modalidades (como a prescrição por exemplo) que se considere esta, aí sim, poderá se afirmar que a punibilidade se extinguiu.

Mas, admitida a condicionante objetiva ou inexistente a causa pessoal de exclusão da pena, os efeitos civis continuam intactos, desaparecendo somente a pena, restando que as causas extintivas de punibilidade não extinguem a infração, somente a pena é que não se aplica enquanto a punibilidade é tida como extinta, já que continua desenvolvendo seus efeitos possíveis[558].

Certo é que nas causas extintivas de punibilidade se parte da existência prévia de um delito com todos os seus caracteres, incluídas, a ausência de escusas absolutórias e a presença de condições objetivas de punibilidade, negando apenas o exercício do *jus puniendi*[559].

Embora se possa argumentar que as causas extintivas de punibilidade possuam uma certa semelhança com as causas de liberação de pena, deve-se observar que há uma diferença de conteúdo e fundamento entre ambas[560]. Nas segundas exige-se sempre um comportamento positivo pós delitivo e voluntário por parte do agente, e são baseadas no cumprimento

---

[557] Idem, ibidem.
[558] BETTIOL, Giuseppe, op. cit., p. 737.
[559] MARTIN, Luis Gracia; BOLDOVA PASAMAR, Miguel Angel; ALASTUEY DOBÓN, M. Carmen. Lecciones de consequencias jurídicas del delito, p. 275/276.
[560] CABANA, Patrícia Faraldo. Op. cit., p. 98.

DELIMITAÇÃO ANTE FIGURAS AFINS

parcial dos fins da pena; nas primeiras a responsabilidade não pressupõe a existência de uma conduta por parte do agente, e sua fundamentação concorre razões de índole material, relacionadas com a necessidade da pena e também processuais.

Outrossim, nas causas de liberação de pena, se faz necessário uma conduta voluntária de colaboração com a Administração da Justiça ou de reparação nas consequências do delito, o que não se exige para a aplicação das causas de extinção da punibilidade[561].

2. Condições de procedibilidade

Com as distinções já apresentadas a tarefa de exibir as diversas espécies do gênero "punibilidade", poderia ser considerada como finalizada. Entretanto, na revisão da doutrina inerente à punibilidade, percebe-se comumente posições, sustentando que muitas das hipóteses, tidas como pertencentes ao Direito material, alheias ao injusto culpável, seriam, na verdade, condições de procedibilidade[562], fazendo com que se torne necessário traçar as linhas divisórias[563].

De uma forma geral, comumente se afirma que a constatação judicial da falta de uma condição de procedibilidade deixa a ação sem julgar, posto que as condições de procedibilidade não são mais que pressupostos do processo, ao passo que a constatação da falta de uma condição de punibilidade

---

[561] Idem, ibidem.

[562] Não há unidade na doutrina acerca da terminologia "condições de procedibilidade", podendo ser encontrados os termos "pressupostos processuais", "condições objetivas de penalidade" e "condições de perseguibilidade". Utilizando a expressão "pressupostos processuais", por exemplo, veja-se: ROXIN, Claus. *Derecho procesal penal*. Traducción de Gabriela E. Córdoba e Daniel R. Pastor. Buenos Aires: Editores del Puerto, 2000, p. 165 e seq.; WESSELS, Johaness. *Derecho penal*. Traducción de Conrado A. Finzi. Buenos Aires: Depalma, 1980, p. 50; PÉREZ, Octavio Garcia. *La punibilidad en el derecho penal*. Pamplona: Aranzadi, 1997, p. 59 e ss; optando por condições objetivas de penalidade, veja-se, por exemplo: CONDE, Francisco Muñoz. *Teoria general del delito*. 3. ed. Valencia: Tirant lo Blanch, 2004, p. 180; quanto às condições de perseguibilidade, veja-se: PÉREZ, Carlos Martinez. *Condiciones objetivas de punibilidad y presupuestos de procedibilidad. Criminologia y derecho penal al servicio de la persona (libro homenaje al prof. Antonio Beristain.* San Sebastian: Instituto Vasco de Criminologia, 1989, p. 567.

[563] Recorda Octavio Garcia Pérez que tanto as condições objetivas de punibilidade quanto às escusas absolutórias possuem os mesmos problemas na hora de distingui-las dos pressupostos processuais, tais quais os que se apresentam em relação aos indícios da existência de diferenças materiais entre ambas, PÉREZ, *op. cit.*, p. 37.

A PUNIBILIDADE NO DIREITO PENAL

consuma a ação e é obstáculo à proposição da demanda[564]. Porém, mesmo considerando que essa assertiva supra esteja correta, importa questionar como é possível distinguir se uma determinada circunstância constitui uma condição de punibilidade ou bem uma condição de procedibilidade[565].

Na hipótese específica das causas de liberação da pena, a discussão poderia ser, de fato, considerada inócua, porém, tendo presente não só o fato de uma parte da doutrina não fazer distinção entre a natureza jurídica das causas pessoais de exclusão da pena e das condições objetivas de punibilidade, lembrando que, no conceito de causas pessoais de exclusão da pena (também chamadas de escusas absolutórias), se insere, sob a nomenclatura "escusas absolutórias posteriores", "as causas de liberação da pena", bem como o de que a configuração desta pode ocorrer antes de qualquer procedimento persecutório penal, há certa importância na distinção ora proposta.

Outra situação a ser observada, no que tange à importância da distinção, reside no interesse prático, porque os pressupostos processuais impedem a prolatação de sentença de mérito, afetando, diretamente, o problema da coisa julgada material, já que, nas causas pessoais de exclusão da pena e nas condições objetivas de punibilidade, há manifestação sobre o mérito absolutório ou condenatório, afetando a coisa julgada material, podendo o mesmo não ocorrer, quando analisa uma condição de procedibilidade[566].

Deve, ainda, restar presente que não se pode equivaler, em termos de idêntica natureza jurídica, que as hipóteses excludentes de punibilidade constituam puras e simples condições de procedibilidade, por serem extrínsecas ao fato do agente. Ao contrário, tampouco se pode afirmar que as condições de procedibilidade constituem outras tantas excludentes, de forma que, se não são verificadas, o fato fica impune.

Especificamente, no tocante ao problema do universo abrangido pela punibilidade, um de seus efeitos práticos é possibilitar a veemência crítica, vociferada contra a existência de condicionantes da punibilidade, reduzindo-as a meros elementos do tipo ou características do fato típico

---

[564] DELITALA, Giacomo. *El hecho em la teoria general del delito.* Traducción de Pietro Sferrazza Taibi. Buenos Aires: Editorial B de F, 2009, p. 128.

[565] *Ibidem.*

[566] Sobre o tema, veja-se: ANTÓN, J. Oneca. *Derecho penal, parte general.* Tomo I. 2. ed. Madrid: Akal, 1986, p. 263; ÁSUA, Jimenez de. *Tratado de derecho penal.* Tomo VII. Buenos Aires: Losada, 1977, p. 98.

DELIMITAÇÃO ANTE FIGURAS AFINS

penal[567], muitas vezes, criticando as distinções feitas pela doutrina, especialmente, quanto à diferença das chamadas "condições de procedibilidade da ação penal', em face de não definir, com exatidão, a natureza e o perfil dos diversos institutos que limitam a punibilidade[568]. Afirma ainda que determinados crimes se consumariam nos tribunais, por ato de um magistrado, não, por um criminoso[569].

Porém, não há que se confundir os elementos de que dependem o dever de punir, de caráter substancial (material), com a dependência do dever de proceder, que tem caráter processual. Tal colocação não resolve todos os problemas suscitados pela matéria na prática, tampouco, na teoria. A dificuldade de se distinguir as diversas espécies do gênero "punibilidade" dos pressupostos de procedibilidade não pode servir de argumento a uma conclusão reducionista, pois a dificuldade, existente no que tange a este problema concreto, nada mais é do que o reflexo das dificuldades da distinção entre o Direito Penal e o Processual[570]. Muito menos, quando admite a queixa, como condição de punibilidade, posto que esta, segundo o entendimento de Antolisei[571], é um instituto de caráter exclusivamente processual, mais precisamente, uma condição de procedibilidade, tratando-se de instituição de Direito Processual.

Por outro lado, há outras posições que não chegam ao extremo de negar substantividade às condições de punibilidade, mas, a conclusões que em nada esclarecem sobre a semelhança existente com as condições de procedibilidade.

É o caso de Magalhães Noronha, que faz a ressalva da falta de nitidez na distinção entre as condições objetivas de punibilidade e procedibili-

---

[567] TOLEDO, Francisco de Assis. *Princípios básicos de direito penal*. 4. ed. São Paulo: Saraiva, 1991, p. 158.

[568] TOLEDO, Francisco de Assis. *Princípios básicos de direito penal*. 4. ed. São Paulo: Saraiva, 1991, p. 155 e ss. Jorge Albero Romeiro equivale a mesma conceituação jurídica referente à representação do ofendido e da queixa como condicionantes da punibilidade, entendendo que é impossível punir, se não se pode proceder e vice-versa (ROMEIRO, Jorge Alberto. *Da ação penal*. 2. ed. Rio de Janeiro: Forense, 1978, p. 175).

[569] ROMEIRO, *op. cit.*, p. 156.

[570] Como recorda CAFFARENA, Borja Mapelli. *Estudio jurídico-dogmatico sobre las llamadas condiciones objetivas de punibilidad*. Madrid: Ministerio de Justicia, 1990, p. 70.

[571] ANTOLISEI, Francesco. *Manual de derecho penal, parte general*. Traducción de Juan Del Rosal e Angel Tório. Buenos Aires: Uteha, 1960, p. 536-537.

A PUNIBILIDADE NO DIREITO PENAL

dade[572], sem, contudo, negar aquela a sua existência. Conclui ainda que, "[...] se a punibilidade efetiva está sujeita à procedibilidade – *nulla pena sine judicio* – parece-nos que realmente as duas circunstâncias se confundem. De qualquer maneira, se distinção houver, será nenhuma no terreno prático"[573], parecendo partidário de considerar as condições de procedibilidade e punibilidade como uma categoria mista, o que seria admitir a existência de uma subespécie de condições de punibilidade.

Esse outro desencontro doutrinário da diferença entre as condicionantes de punibilidade e pressupostos processuais nada mais é do que a tradução dos problemas, existentes da distinção entre o Direito Penal e o Direito Processual Penal, que muitas teorias já se propuseram a resolver, no entanto, com resultados desalentadores[574].

Günther Jakobs assevera que a delimitação entre o Direito formal e o material não se discute somente nos casos concretos, mas também quanto aos princípios[575]. Tampouco, acrescenta ainda, essa delimitação pode ser realizada com critérios gerais, senão por âmbitos objetivos, como a determinação do tipo e as exigências do procedimento probatório no processo, entre outros[576].

Para Claus Roxin, também reconhecendo a dificuldade da distinção entre o direito penal e o direito processual penal, o problema aumenta, visto que é quase impossível desenvolvê-la, partindo das consequências práticas, apesar de estas serem distintas, chegando à conclusão de que não é possível dar uma resposta satisfatória, eis que as soluções sobre esta delimitação não são inequívocas[577].

Günther Stratenwerth limita-se a consignar que a separação dos pressupostos materiais da punibilidade que, para ele, condicionam o direito

---

[572] NORONHA, Edgard Magalhães. *Direito penal*. 28. ed. São Paulo: Saraiva, 1991, v. I, p. 103.

[573] *Ibidem*, p. 104.

[574] PÉREZ, Octavio Garcia. *La punibilidad en el derecho penal*. Pamplona: Aranzadi, 1997, p. 60. O autor ainda assevera que o reconhecimento da punibilidade, como categoria do delito, só pode se justificar se for possível distinguir as condicionantes de punibilidade dos pressupostos processuais.

[575] JAKOBS, Günther. *Derecho penal, parte general*. 2. ed. Traducción de Joaquin Cuello Contreras; Jose Luis Serrano Gonzalez de Murillo. Madrid: Marcial Pons, 1997, p. p. 411.

[576] *Ibidem*.

[577] ROXIN, Claus. *Derecho penal – parte general*. Tomo I. Traducción de Diego-Manuel Luzón Peña; Miguel Díaz Y Garcia Conlledo; Javier de Vicente Remesal. Madrid: Civitas, 1997, p. 984-985.

DELIMITAÇÃO ANTE FIGURAS AFINS

de punir dos pressupostos formais de punibilidade, que condicionam a perseguibilidade penal e somente se referem à possibilidade de processo, exemplifica que nada pode ser novamente perseguido por um fato punível que já tenha sido julgado e só se pode reconhecer a separação dos pressupostos materiais da punibilidade no básico, pois uma classificação segura das condições em um grupo ou outro produz grandes dificuldades[578].

Outro ponto de vista é sugerido por Hilde Kaufmann[579], propondo, para determinar se uma circunstância pertence ao Direito Penal ou ao Processual Penal, a necessade de questionar: "Teria que depender a aplicação ou não da pena, no caso de que ela fora possível sem processo, da circunstância cuja natureza é duvidosa ou, pelo contrário, seria esta circunstância irrelevante?"[580]. Se essa circunstância é irrelevante para a aplicação ou não da pena, se faz abstração do processo, se está (segundo Kaufmann) na presença de um pressuposto processual.

Os críticos[581] desta fórmula assinalam que uma das objeções que se faz é exatamente o emprego de uma forma hipotética, já que o Direito Penal se realiza única e exclusivamente no processo. Assim, "[...] uma concepção que aspire a estabelecer a diferença entre o Direito Penal e Direito Processual não pode prescindir do processo"[582]. Outra objeção seria a de que se reprova esse teste hipotético, por seu caráter formal e carência de conteúdo, "[...] já que não oferece nenhum critério material que permita dirimir, quando uma circunstância é relevante para a aplicação da pena"[583].

Mas este manancial de elucubrações, na busca de uma delimitação com as espécies do gênero "punibilidade", não se afasta do problema central que é, no fundo, a distinção entre Direito Penal e Direito Processual Penal[584].

---

[578] STRATENWERTH, Günter. *Derecho penal – parte general I*. Traducción de Romero. Madrid: Edersa, 1982, p. 73-74.

[579] KAUFMANN, Hilde, *apud* PÉREZ, Octavio Garcia. *La punibilidad en el derecho penal*. Pamplona: Aranzadi, 1997, p. 64; STRATENWERTH, *op. cit.*, 1982, p. 74.

[580] KAUFMANN, Hilde, *apud* PÉREZ, Octavio Garcia. *La punibilidad en el derecho penal*. Pamplona: Aranzadi, 1997, p. 404.

[581] PÉREZ, Octavio Garcia. *La punibilidad en el derecho penal*. Pamplona: Aranzadi, 1997, p. 64.

[582] *Ibidem*.

[583] *Idem*.

[584] Veja-se a paradigmatica posição de Daniel R. Pastor, para quem "o processo penal integra a parte geral do Direito Penal, no sentido amplo de que sua ausência exclui a punibilidade, como o fazem também as causas de justificação, as de exclusão da culpabilidade, as escusas absolutórias e a própria atipicidade da conduta" (PASTOR, Daniel R. *Acerda de presupuestos e*

A PUNIBILIDADE NO DIREITO PENAL

Quanto às causas de liberação da pena, a sua natureza mista parece ficar bem exposta, ao se perceber que a decisão sobre o momento de sua configuração pode ser completamente alheia ao Direito Penal ou ao processo penal, quando, por exemplo, nos casos dos crimes fiscais e previdenciários, podem determinar tanto o início do procedimento persecutório, mostrando a sua face formal, quanto um benefício, como o de extinguir a punibilidade em diversos momentos do procedimento, possuindo ora vínculo processual ora vínculo material.

3. A desistência na tentativa e o arrependimento eficaz

Neste tema torna-se a abordar outro ponto de grande divergência doutrinária, fruto da própria heterogeneidade da hipótese ventilada, bem como dos problemas decorrentes do conceito que se tenha sobre as causas que excluem a punibilidade, o que – outra vez - vem a reforçar o entendimento de que a questão terminológica, especificamente, quanto a adoção do termo causas pessoais de exclusão da pena, para delimitar as figuras que excluem a punibilidade, mas independem de conduta positiva pós--delitiva, demonstra as desvantagens oriundas do uso do termo escusas absolutórias, tanto mais quando se faz a divisão entre escusas anteriores e posteriores, causando mais confusão sobre o alcance e limite destas figuras.

A questão terminológica para definir o que representa a não punibilidade da desistência na tentativa, ganha um realce importante, pois, dependendo do que se entenda por desistência na tentativa, no caso do tema aqui tratado, ou seja, se causa pessoal de exclusão da pena (escusa absolutória), se causa de liberação da pena ou, finalmente, se torna atípica a ação praticada, decorrerão diferentes conclusões sobre o seu fundamento e natureza jurídica, o que termina por trazer - novamente – mais posições conflitantes na doutrina.

Na busca da compreensão da hipótese vertente deve-se ter presente que na configuração da tentativa o agente, em face de interferência de uma causa que *independa* de sua vontade, "(...) deixa de dar continuidade ao já iniciado processo de execução da ação típica (tentativa imperfeita) seja, também, porque, apesar da ação executiva ter se esgotado, através de

---

impedimentos procesales y sus tendencias actuales. Nuevas formulaciones en las Ciencias penales (Homenaje al prof. Claus Roxin). Córdoba: La Lectura, 2001, p. 807).

DELIMITAÇÃO ANTE FIGURAS AFINS

meios idôneos, não se alcançou, todavia, o resultado proposto (tentativa perfeita ou crime falho)"[585]. Assim, o que caracteriza a tentativa (perfeita e imperfeita) é "(...) a circunstância do processo de execução se *interromper* ou *falhar*, por razão alheia à vontade do agente"[586].

Contudo, a questão ganha outra dimensão quando, ainda que iniciado o processo de execução de um crime, este não chega a se configurar por uma conduta voluntária do agente. Esta constatação serve para discernir que, "se o agente interrompe voluntariamente o processo de execução a que dera início, mas que não se esgotara, ocorre a desistência voluntária; se o agente após dar completo desenvolvimento ao processo de execução evita eficazmente que se consume o resultado, verifica-se o arrependimento eficaz"[587].

Nestas hipóteses, estatuídas no artigo 15[588] do Código Penal brasileiro, que deve ser examinado em uma relação de complementariedade com o artigo 14[589], II, também do diploma repressivo penal pátrio[590], importa tratar da natureza jurídica destas conjecturas, pois, do entendimento que se tenha sobre estas, podem surgir diferentes efeitos práticos – em especial - quanto a sua interpretação com relação à participação.

Sendo assim, importa destacar que tanto o arrependimento eficaz quanto à desistência da tentativa, compartem a mesma natureza jurídica das já tratadas causas de liberação de pena, posto que, "(...) a desistência é uma causa de liberação ou anulação da pena de aplicação limitada aos casos em que o comportamento positivo é posterior ao injusto da tentativa, mas anterior a consumação do delito"[591].

---

[585] REALE JUNIOR, Miguel. Teoria do delito, São Paulo: Revista dos Tribunais, 1998, p. 202.

[586] Idem, ibidem.

[587] Idem.

[588] "O agente que, voluntariamente, desiste de prosseguir na execução ou impede que o resultado se produza, só responde pelos atos já praticados".

[589] "Diz-se o crime: II – tentado, quando, iniciada a execução, não se consuma por circunstâncias alheias à vontade do agente".

[590] PRADO, Luiz Regis. Curso de direito penal brasileiro, p. 254.   ZAFFARONI, Raul Eugênio e PIERANGELLI, Jose Henrique, ressaltam ainda que "um exame das duas disposições permite que cheguemos á conclusão de que ambas são complementárias uma da outra, porquanto o art. 15 fala em 'agente', expressão que, em Direito Penal e através do exame dos primeiros artigos do tit. II, só pode ser compreendida como agente da tentativa". Da tentativa, p. 86.

[591] CABANA, Patrícia Faraldo. Op. cit., p. 61.

A PUNIBILIDADE NO DIREITO PENAL

Feito este primeiro discernimento, resta verificar outras posições doutrinárias, quanto à natureza jurídica da desistência da tentativa e do arrependimento eficaz, pois existem diversas concepções dogmáticas da hipótese, com vistas a permitir diferencia-las das causas pessoais de exclusão da pena.

Na doutrina podem ser encontradas as mais dissonantes concepções[592]. Para uns o fundamento da desistência da tentativa estaria na destipificação desta[593]; para outros se trata de uma causa de liberação de pena ou da punibilidade[594]; também podem ser encontrados autores que as tratam como causas de extinção da punibilidade[595]; escusas absolutórias ou causas pessoais de exclusão da punibilidade[596]; causas pessoais de extinção da punibilidade[597] (que não é o mesmo que uma escusa absolutória, ou causa de exclusão da punibilidade, conforme demonstrado no item 1 supra) e ainda outros autores que trasladam a desistência ao âmbito da culpabilidade[598].

Uma posição que se pode considerar híbrida (pois não encontra ressonância com as demais) é aquela sugerida por Günther Jakobs que trata a desistência como uma instituição que possibilita compensar o injusto e a culpabilidade. Segundo este autor a desistência seria uma causa de com-

---

[592] PÉREZ, Octavio Garcia, chama atenção para o fato de que a dificuldade dogmática quanto a natureza jurídica destas figuras significam que, "as diferenças na localização da desistência nem sempre se baseiam em fundamentações distintas, senão que uma mesma concepção lhes outorgam ubiquações diversas e vice-versa". Op. cit., p. 163.

[593] Neste sentido: REALE JUNIOR, Miguel. Op. cit., p. 205; BITENCOURT, Cezar Roberto, op. cit., p. 365/366; FRAGOSO, Heleno Cláudio. Lições de direito penal, p. 255; JESUS, Damásio Evangelista, op. cit., p. 293; MIRABETE, Julio Fabbrini, Manual de direito pena l, vol. 1, p. 160, dentre outros.

[594] Por todos: CABANA, Patrícia Faraldo, op. cit., p. 64.

[595] Posição sustentada por HUNGRIA, Nelson. Comentários ao Código Penal, t. 2, p. 93.

[596] Neste sentido: ROXIN, Claus. Dogmática penal y política criminal, p. 115; JESCHECK, Hans-Heinrich, op. cit., p. 497; WELZEL, Hans. Op. cit., p. 235, que ressalva que a desistência da tentativa é uma escusa absolutória pessoal; MAURACH, Heinhart, op. cit., p. 200 e ss; CONDE, Francisco Muñoz. Teoria geral do delito, p. 188 ZAFFARONI, Eugenio e PIERANGELLI, Jose Enrique, Manual de direito penal brasileiro, op. cit., p. 87 e ss.. PRADO, Luiz Regis; DELMANTO, Celso; DELMANTO, Roberto, DELMANTO JR., Roberto; DELMANTO, Fabio M. De Almeida. Código penal comentado, p. 27; Curso de direito penal brasileiro, p. 255. DOTTI, René Ariel, p. 331. Ressalte-se que DOTTI acrescenta que esta não está elencada no rol do artigo 107 do Código Penal Brasileiro, o que leva a conclusão de que trata as causas pessoais de exclusão da pena como uma causa extintiva de punibilidade.

[597] ZAFFARONI, Eugênio Raul e PIERANGELLI, Jose Henrique. Da tentativa, p. 88/89.

[598] Apud, PÉREZ, Garcia Octavio. Op. cit., p. 163.

DELIMITAÇÃO ANTE FIGURAS AFINS

pensação do delito, que não se deve tratar fora do injusto culpável[599], em suma, para Jakobs, a desistência não se enquadra em nenhuma das concepções dogmáticas mais comuns, restando a conclusão de que rechaça as posições encontradas na doutrina penal.

Uma posição ligada a destipificação, e que merece uma melhor atenção, é aquela que adota o ponto de vista dogmático de que a desistência seria um elemento negativo do tipo da tentativa, implicando em uma decisão que traz sérias consequências de ordem prática. Assim, Patrícia Faraldo Cabana[600], observa que considerar a desistência como um elemento negativo do tipo da tentativa, tornaria necessário estender a impunidade também aos partícipes, como consequência do princípio da acessoriedade da participação que exige, pelo menos, a existência de um fato típico a que referir a participação; pelo contrário, caso se afirme que a desistência é uma causa de liberação ou anulação da pena a impunidade só alcança aquele interveniente que desistiu por si mesmo, mas não para os restantes que não o fizeram.

Outra consequência prática que se deve ter em conta é que, na desistência da tentativa (tanto na desistência voluntária quanto no arrependimento eficaz), quando se reconhece que esta tem como efeito imediato à exclusão da pena, a *suspensão* da pena seria uma recompensa ao *mérito* do autor[601], neste caso "a pena é *suspensa* porque o *mérito* da desistência compensa o *injusto* da tentativa, e assim, fundamenta a *exculpação* do autor"[602].

Ora, nos ordenamentos penais em geral é crescente o número daqueles que contemplam a regulação expressa da desistência[603], evidenciando que não há interesse por parte do Estado (política criminal) na punição do agente que, voluntariamente, impede o resultado delitivo, estimulando a não-consumação do crime, ao oferecer a oportunidade de sair da situação criada, sem sofrer punição. Segundo Cezar Roberto Bitencourt, a probabilidade de não punição da desistência "(...) é a possibilidade de retornar da esfera da ilicitude em que penetrara para o mundo lícito. Na feliz

---

[599] Op. cit. p. 415.
[600] Op. cit, p. 63.
[601] CIRINO, Juarez dos Santos. Op. cit, p. 326.
[602] Idem, p. 326/327.
[603] ÚRZUA, Cury Enrique. Tentativa y delito frustrado, p. 107.

expressão de Von Liszt, 'é a *ponte de ouro* que a lei estende para a retirada oportuna do agente"[604].

Esta opção do legislador, decorrente da chamada teoria premial[605] oriunda da moderna doutrina alemã, busca justificar a desistência voluntária fundando-se no caráter político-criminal, contudo esta diverge do fundamento de Feuerbach[606], na medida em que não se lastreia na idéia da pena como prevenção geral. Nesta seara alguns autores sustentam que "(...) a impunidade da tentativa abandonada consiste em um prêmio, que se atribui ao agente por não ter consumado o delito. Seria, por conseguinte, uma ato de graça, pelo qual o Estado renuncia ao seu direito de punir"[607].

Contudo, independentemente da justificação teórica adotada, parece claro que não se explica estender o beneplácito da não punição da desistência, aquele que não tenha uma conduta positiva, com vistas a impossibilitar o resultado. Daí não se admitir, sequer sob um ponto de vista funcional, que a desistência da tentativa corresponda a uma exclusão da tipicidade do fato.

Maurach[608] reconhecendo que o privilégio tem seu fundamento político criminal, ressalva que, ao autor arrependido deve se construir uma ponte de prata ao retorno a legalidade, premiando-o por seu arrependimento eficaz. Mas a prerrogativa necessita de um ato positivo do agente, ou seja, aquele que não age voluntariamente não pode ser beneficiado, pois não haveria mérito para quem desiste voluntariamente se o mesmo subsistisse com relação àquele que não corroborou no impedimento da lesão ao bem jurídico-penal tutelado.

Jescheck[609] busca fundamentar esta hipótese asseverando que a desistência voluntária produz a impunidade de quem desiste, pois esta não afeta nem a tipicidade, nem a antijuridicidade e a culpabilidade resta compensada até certo ponto, adotando a concepção de que se trata de verdadeira causa pessoal de anulação da pena.

---

[604] Op. cit., p. 365.

[605] CONDE, Francisco Muñoz divide as diversas teorias que fundamentam a desistência em quatro classes: jurídica, político-criminal, premial e menor intensidade da vontade delituosa. El desistimiento voluntário de consumar o delito, p. 14 e ss.

[606] A teoria político-criminal é defendida por este autor, para o qual é finalidade da pena a prevenção geral. Apud. REALE JUNIOR, Miguel. Op. cit., p. 204.

[607] Idem, p. 205.

[608] Op. cit., p. 201.

[609] Op. cit., p. 497.

Ainda o mesmo autor acrescenta que este entendimento resulta óbvio para os partidários do fundamento político criminal da impunidade na desistência, pois o que leva a se reconhecer o privilégio da desistência, não se relaciona com o fato, posto que a culpabilidade não esta eliminada pela desistência senão compensada com posterioridade.

Em complemento as conclusões de Jescheck vale retornar ao magistério de Octavio Garcia Pérez, acrescentando que a desistência é um aspecto da tentativa acabada que surge quando já se esvaiu todo o desvalor da ação, "(...) e o desvalor de resultado (perigo para a integridade do bem jurídico) se se aceita também um desvalor do resultado na mesma. Que na tentativa acabada com a execução de todos os atos necessários para a consumação se esgota o injusto ainda que se exija um desvalor de resultado (perigo para o bem jurídico), o demonstra o fato de que, uma vez realizados todos os atos, somente a intervenção ativa do sujeito (desistência) logra salvar o bem jurídico, o que pressupõe logicamente a existência de um perigo de lesão. Em definitivo, com a desistência da tentativa acabada o autor evita que se produza à lesão do bem jurídico ou, o que é o mesmo, impede que o perigo de lesão criado se chegue a concretizar"[610].

No entanto, a questão a ser aqui observada cinge-se às hipóteses em que, iniciado o processo de execução do delito (atos executórios), este não resta configurado, em face de uma conduta voluntária do agente, como ocorre na desistência da tentativa e no arrependimento eficaz, conforme redação do artigo 15 do Código Penal brasileiro[611], no qual o agente interrompe voluntariamente o processo de execução a que dera início, mas que não se esgotara, e, neste, quando o agente, após dar completo desenvolvimento ao processo de execução, evita eficazmente que se consuma o resultado[612].

A não incidência de responsabilidade criminal nas hipóteses da desistência voluntária e do arrependimento eficaz possui inegável interesse para o estudo da configuração das causas de liberação da pena, principalmente, em face da literatura estrangeira existente sobre o tema, eis que "muitos dos problemas que nele se apresentam reaparecem nas específi-

---

[610] Op. cit., p. 165.

[611] "O agente que, voluntariamente, desiste de prosseguir na execução ou impede que o resultado se produza, só responde pelos atos já praticados".

[612] REALE JR., Miguel. *Teoria do delito*. São Paulo: Revista dos Tribunais, 1998, p. 202.

A PUNIBILIDADE NO DIREITO PENAL

cas causas de liberação da pena, sendo as soluções que oferece a doutrina de grande interesse"[613].

Porém, no Brasil, diante do texto de nossa legislação, essas duas hipóteses (a desistência voluntária e o arrependimento eficaz) provocam, para uma parte da doutrina, o reconhecimento de outra natureza jurídica, no caso, de causas de exclusão da adequação típica[614].

Conforme sustenta Heleno Claudio Fragoso, "nos casos de arrependimento ou de desistência, *não há tentativa*, porque o resultado deixa de ocorrer, em virtude da vontade do agente"[615], e arremata, que não há identidade com as chamadas "causas pessoais de exclusão da pena" nem de "causas de extinção da punibilidade". A tentativa estende a tipicidade a atos que constituem realização incompleta do tipo objetivo. No arrependimento e na desistência, não há, conceitualmente, tentativa, e, em consequência, inexiste crime por ausência de tipicidade[616].

Mas a questão do limite temporal, como parâmetro, para aferir a configuração de uma causa de liberação da pena, não deixa de ser significativo, pois, para a sua caracterização, devem evitar a punibilidade, porém, sendo posteriores a uma ação típica, antijurídica e culpável, exige a realização voluntária de um comportamento positivo, exonerando a punibilidade, em sentido amplo retroativamente,[617] e identificando a causa de liberação da pena.

---

[613] CABANA, Patrícia Faraldo. *Las causas de levantamiento de la pena.* Valencia: Tirant lo Blanch, 2000, p. 27. JESCHECK, Hans-Heinrich, chega a sustentar que a desistência voluntária é o principal exemplo de causas de liberação da pena. (JESCHECK, Hans-Heinrich. *Tratado de derecho penal – parte general.* 4. ed. Traducción de José Luis Manzanares Samaniego. Granada: Comares, 1993, p. 501). Assumindo postura semelhante à de JESCHECK, é a assertiva de ROXIN, Claus. *Derecho penal – parte general.* Tomo I. Tradução de Diego-Manuel Luzón Peña; Miguel Díaz Y Garcia Conlledo e Javier de Vicente Remesal. Madrid: Civitas, 1997, p. 971, devendo ser feita a ressalva que este último entende que a localização sistemática das causas de liberação da pena está entre as hipóteses de exclusão da responsabilidade ou de exculpação.

[614] BITENCOURT, Cézar Roberto. *Manual de direito penal.* 6. ed. São Paulo: Saraiva, 2000, v. 1, p. 367; GARCIA, Basileu. *Instituições de direito penal.* Tomo I. São Paulo: M. Limonad, 1966, v. I, p. 237.

[615] FRAGOSO, Heleno Claudio. *Lições de direito penal, parte geral.* 16. ed. Rio de Janeiro: Forense, 2003, p. 302.

[616] *Ibidem.*

[617] PEÑA, Diego-Manuel Luzón. *La punibilidad. La ciencia penal del derecho penal ante el nuevo siglo. Libro homenaje ao Prof. Dr. Don Jose Cerezo Mir.* Madrid: Tecnos, 2002, p. 5.428 e ss.

DELIMITAÇÃO ANTE FIGURAS AFINS

Outrossim, deve ser fixado não ser incomum encontrar definições semelhantes às aqui definidas causas de liberação da pena, no entanto, sob a terminologia de "escusas absolutórias posteriores", dado que atuam com posterioridade à realização do fato, suprimindo a sua punibilidade. No entanto, não se confunde com as causas de exclusão da pena, também chamada de "escusas absolutórias anteriores", cuja presença, no próprio momento da execução do fato delituoso, impede a configuração da punibilidade[618].

Essa questão do limite temporal, supra referida, ganha em relevância, quando se observa a existência de causas de liberação da pena, previstas na parte especial e na legislação extraordinária, que exigem implicitamente a voluntariedade de comportamento positivo, posterior ao injusto culpável, cujo respeito aos limites temporais, estabelecidos pela norma – que, em alguns casos, é expresso –precisam ser respeitados, para que o comportamento do agente tenha eficácia atenuante ou anuladora da pena[619].

Essa feição temporal do comportamento voluntário, para que o comportamento tenha eficácia atenuante ou anuladora da pena, característica exigida explícita ou implicitamente pelo legislador[620], possui – claramente – um propósito político-criminal, de maneira específica, a fim de garantir que o sujeito tenha agido de forma voluntária, ao realizar o comportamento positivo[621].

Como bem observa Patricia Faraldo Cabana, essa existência de limites temporais constitui, por si mesma, um sólido argumento, para chegar à conclusão de que a diminuição ou a isenção da pena, no caso das causas de liberação da pena, devem ser orientadas, primordialmente, aos fins da pena, pois a atuação pós-delitiva do autor, uma vez sobrepassados os limites temporais impostos, deixa subsistente a necessidade preventiva geral e preventiva especial do castigo[622].

---

[618] CARVALHO, Erika Mendes de. *Punibilidade e delito.* São Paulo: Revista dos Tribunais, 2008, p. 146-147.

[619] PÉREZ, Carlos Martinez-Bujan. *Los delitos contra la hacienda pública y la seguridad social.* Madrid: Tecnos, 1995, p. 181 e ss.

[620] CONDE, Francisco Muñoz. *Derecho penal, parte especial.* 11. ed. Valencia: Tirant lo Blanch, 1996, p. 899.

[621] CABANA, Patrícia Faraldo. *Las causas de levantamiento de la pena.* Valencia: Tirant lo Blanch, 2000, p. 29.

[622] *Ibidem*, p. 29-30. Deve ser analisado ainda que a voluntariedade que se exige para a atenuação ou liberação da pena, correspondente ao delito cometido, tem que ser similar àquela de

A PUNIBILIDADE NO DIREITO PENAL

Outro dado também relevante e destacado pela penalista espanhola, quanto à voluntariedade, é que, por se tratar de uma voluntariedade normatizada, se prescinde de considerações, baseadas na valoração positiva dos motivos, "devendo limitar-se o intérprete a comprovar que o comportamento tem lugar dentro dos limites cronológicos impostos"[623] o que, de outra forma, não significa que "a conduta positiva responda a circunstâncias posteriores que impeçam ou dificultem em maior grau ao sujeito realizar o plano traçado ou conseguir a finalidade pretendida"[624].

Como último alerta, deve restar presente que não se trata de um comportamento com conteúdo positivo qualquer, não sendo o equivalente a qualquer conduta, mesmo que seja moralmente correta, como um pedido de desculpas ou de realização de trabalhos em benefício da vítima, por exemplo, mas, sim, aquela com conteúdo material diverso, dirigido à reparação completa ou parcial dos danos derivados do delito ou à diminuição das consequências do fato ou mesmo à colaboração com a Administração da Justiça[625].

Após estas considerações, insta ainda recordar conforme demonstrado no presente tópico, que a doutrina estrangeira, majoritariamente costuma abordar questão da desistência na tentativa como causa de liberação (ou anulação) da pena, pois é de fato um comportamento posterior ao injusto da tentativa, que não resta excluído, pela desistência, eis que o dolo e o início da execução já estão caracterizados. Porém – repetindo o que já foi ressaltado no presente item supra – para uma parte da doutrina pátria, em face de nossa legislação penal a desistência não chega a configurar um fato típico.

Nesta linha de argumentação (atipicidade) deve ser considerado que os autores que não admitem que a natureza jurídica esteja vinculada a punibilidade (como causa de liberação de pena), não consideram que o legislador estabeleceu um prêmio, após cessados os atos executórios, que afasta a possibilidade de punição, não podendo ser considerado que não há tipicidade pois, não fosse a ressalva do legislador, a tentativa já iniciada, mesmo com uma conduta positiva, posterior ao *iter criminis*, continuaria a ser punida.

---

desistência na tentativa, eis que compartilham um mesmo fundamento e natureza jurídica.

[623] CABANA, Patrícia Faraldo. *Las causas de levantamiento de la pena*. Valencia: Tirant lo Blanch, 2000, p. 31.

[624] *Ibidem.*

[625] *Idem*, p. 31-32.

Contrariamente aos autores que admitem que a desistência tenha a natureza jurídica de um fato atípico, seja objetiva ou subjetiva, destaca Zaffaroni que existe "impossibilidade de ter a desistência a virtualidade de tornar atípica uma conduta que antes era típica. Se o começo da execução é objetiva e subjetivamente típico, não se compreende como um ato posterior possa eliminar o que já se apresentou como proibido, situação que muito se assemelha à do consentimento subsequente"[626].

Portanto, ante a estas considerações, conclui-se que a desistência da tentativa e o arrependimento eficaz não afetam o injusto culpável, sendo o critério para o afastamento da possibilidade de sanção criminal vinculado a punibilidade e não a tipicidade[627].

A questão deve ser observada considerando o fato de que a admissão da desistência da tentativa e do arrependimento eficaz, quanto a natureza jurídica de uma causa de liberação de pena, sustenta que são hipóteses de fato identificadas com uma conduta posterior ao injusto da tentativa, que não resta excluído, apesar da divergência doutrinária já apontada, pois o dolo e o início da execução já estão configurados.

De outra forma, admitindo-se que a desistência não configura um fato típico, restaria sem sentido a punição do partícipe que seria beneficiado, ainda que quisesse o resultado. Vejamos.

Tome-se como exemplo a seguinte ficção: A, querendo matar C envenenada, solicita a B que lhe forneça o veneno, revelando sua intenção de acabar com a vida de C. Por sua vez B, que também não gosta de C, apreciando a ideia fornece o veneno. A, de posse do veneno, coloca-o em uma jarra

---

[626] ZAFFARONI, Eugenio Raul; PIERANGELI, José Henrique. Da tentativa, 4ª ed. São Paulo: Revista dos Tribunais, 1995, p. 87.

[627] No mesmo sentido da posição aqui adotada: RIOS, Rodrigo Sanchéz. *Das causas de extinção da punibilidade nos delitos econômicos*. São Paulo: Revista dos Tribunais, 2003, p. 43. O autor cita como exemplos do reconhecimento de comportamentos positivos pós-delitivos que isentam ou atenuam a pena: extinção da punibilidade pelo pagamento do tributo e contribuição previdenciários nas hipóteses de delitos fiscais e previdenciários, a retratação no crime de falso testemunho (art. 342, § 2º, Código Penal), desistência nos atos de execução (art. 15 do Código Penal), e, quanto à atenuação de pena, aquelas correspondentes à circunstância prevista no art. 65, III, b, do Código Penal; NUCCI, Guilherme de Souza. Manual de direito penal, 10ª ed., Rio de Janeiro: Forense, 2014, p. 293. Também identificam o instituto, porém alocando-o dentro das escusas absolutórias que, no caso em tela, seriam hipóteses de escusas absolutórias posteriores, é a posição de CARVALHO, Erika Mendes de. *Punibilidade e delito*. São Paulo: Revista dos Tribunais, 2008, p. 143 e ss. e PRADO, Luiz Regis. Curso de direito penal brasileiro, 6ª ed., vol. 1, São Paulo: Revista dos Tribunais, 2006, p. 454-456

A PUNIBILIDADE NO DIREITO PENAL

de água, ciente que C costuma utilizá-la frequentemente. C ingere a água envenenada. Neste interregno, e antes que qualquer resultado pudesse ocorrer, A se arrepende e procura B para ministrar um antídoto, ou mesmo providenciar socorro adequado. Porém, B fala para A que o problema não é mais dele e nada faz. A chama socorro e C sobrevive sem qualquer sequela.

No exemplo supra é possível observar que, se a conduta de A excluir a tipicidade do fato, B não pode ser considerado partícipe, em face do princípio da acessoriedade da participação, ainda que sua conduta não tenha mérito alguma para o isentar da pena prevista.

Pelo contrário, entendendo-se a desistência como uma causa de liberação ou anulação da pena, quem tem como um de seus requisitos uma atitude positiva do agente, após iniciado o *iter criminis*, restando óbvio que naõ existiu no exemplo dado, conduta voluntária de B (que não possui mérito algum, pelo contrário), este será punido como partícipe a título de tentativa, pois, o crime já havia iniciado, não logrando êxito por um atitude voluntária de quem lhe deu início (no caso A).

Nesta hipótese, não se justificaria, nem por um critério de prevenção geral ou especial, estender uma "ponte de ouro", para que B retorne a esfera da licitude. Nada poderia resgatar um agente para a esfera do lícito quando este não obrou com mérito algum. Seria premiar quem não merece.

A justificativa para a não aplicação de uma pena ao agente que, com sua conduta espontânea impede o risco ou exposição de lesão a um bem jurídico, só tem fundamento político criminal, estando suas bases melhor assentadas como um fato que embora seja típico afasta a punibilidade.

Noutra vertente, resta ainda consignar que a desistência não neutraliza o injusto da tentativa, pois, admitindo-se tal hipótese "estaríamos em uma hipótese de causa de justificação específica da tentativa. Mas a análise da antijuridicidade pressupõe logicamente a existência de uma conduta típica, não uma sucessão temporal da tipicidade e da antijuridicidade, senão todo o contrário. Ou seja, na conduta típica concorrem simultaneamente tanto os desvalores de ação e de resultado como os valores de ação como de resultado"[628].

Ainda deve ser destacado que "a conduta típica que infringe uma norma (proibição ou mandato) está simultaneamente coberta por uma norma

---

[628] PÉREZ, Octavio Garcia. La punibilidad en el derecho penal, Valencia: Aranzadi, 1997, p. 165.

DELIMITAÇÃO ANTE FIGURAS AFINS

permissiva, como o demonstra o fato de que a justificação somente se dá se o sujeito realiza a conduta típica ao menos com o conhecimento da concorrência dos pressupostos da mesma. Na desistência não se dá esta simultaneidade, senão que ao desvalioso da tentativa (posta em marcha da resolução criadora de um risco para o bem jurídico) sucede o valioso, a evitação do resultado ou a renúncia a seguir executando o fato"[629].

Esta realidade leva a conclusão que a infração a norma (começo de uma execução) resulta permitida por um fato posterior (a desistência). Portanto, se a realidade for essa, estar-se-ia admitindo que o injusto da tentativa "se compensa com um ato posterior ou construindo um requisito de antijuridicidade condicionada, como proposto por Binding"[630].

4. Anexo ao injusto culpável

Dentre as diversas controvérsias suscitadas pelo tema é possível encontrar autores que situam as causas excludentes de punibilidade, em especial as condições objetivas de punibilidade, próximas ao injusto como elementos típicos.

Ha doutrina sugerindo que as condições objetivas de punibilidade integram "(...) o tipo de injusto culpável, numa concepção totalizadora do tipo penal, sem adoção, contudo, da teoria dos elementos negativos do tipo. Com efeito, os exemplos oferecidos de tais condições (o casamento anterior no crime de bigamia; a sentença de falência nos crimes falimentares; o prejuízo no crime de abandono; ou introdução de animais em propriedade alheia), constituem dados do fato típico, ainda que não necessitem ser abarcados pelo dolo. Melhor denominadas condição de integração do tipo penal"[631].

Desta conclusão, chama a atenção o fato de que para aqueles que admitem o entendimento supra, resta consignar expressamente que não adotam a teoria dos elementos negativos do tipo, situando as condições de punibilidade no injusto culpável, criando uma hipótese contraditória.

Nesta seara, recorrendo a lição de Mir Puig, partidário da teoria dos elementos negativos do tipo, situando as condições próximas ao injusto

---

[629] Idem.
[630] Idem, ibidem.
[631] ARAÚJO, David Teixeira de. A representação penal e os crimes tributários, p. 479.

A PUNIBILIDADE NO DIREITO PENAL

culpável, afirmando que o tipo penal "(...) descreve não somente os elementos que fundamentam positivamente o injusto, senão também os que condicionam sua punibilidade(...)"[632].

Resta considerar por outro lado que "(...) a teoria dos elementos negativos do tipo criou o discutido conceito de tipo total do injusto, que congrega em si todos os elementos fundamentadores e excludentes do injusto, dos quais depende, tanto em sentido positivo como negativo, a qualidade do injusto na conduta(...)"[633], e ainda que, o tipo total de injusto abrange o conjunto de todos os pressupostos da pena[634].

Portanto, a posição daqueles que afirmam ser as condições de punibilidade um anexo ao injusto, resta insustentável, caso não adotem a teoria dos elementos negativos do tipo, posto que não cabe afirmar que as condições integram o tipo de injusto culpável, sem adoção da teoria dos elementos negativos do tipo, que, na verdade, para quem a adota, poderia dar sustentação teórica à consideração de serem as condicionantes de punibilidade um anexo do tipo de injusto, em especial as condicionantes objetivas.

Fragoso, por sua vez, esclarecendo quão insustentável é anexar as condicionantes ao injusto culpável, assinala quanto às condições objetivas de punibilidade, que estas são, "(...) sem sombra de dúvida, elementos suplementares do tipo, mas não se incluem no mesmo, caracterizando-se precisamente pela circunstância de serem exteriores"[635].

Entende ainda que " (...) a análise do conceito de crime revela que ele apresenta, em primeiro lugar, a descrição objetiva de um comportamento humano, expressando-se por uma ação ou omissão, a que se juntam as características da antijuridicidade e da culpabilidade, além de, eventualmente, uma condição exterior (condições objetivas de punibilidade)"[636].

Contudo, torna-se necessário, todavia, especificar o que seriam os elementos suplementares do tipo, ou seja, o que exatamente as condições acrescentam ao tipo e, se acrescentam, por que não fariam parte deste, pois admitido que se caracterizam exatamente por serem circunstâncias exteriores, deve ser observado finalmente que aquelas "(...) são, sem sombra

---

[632] Op. cit., p. 121.
[633] GOMES, Luiz Flavio. Erro de tipo e erro de proibição, p. 66.
[634] Idem, ibidem.
[635] Op. cit, p. 758.
[636] Lições de direito penal, p. 157.

DELIMITAÇÃO ANTE FIGURAS AFINS

de dúvida, elementos constitutivos do crime, desde que sem elas o fato é juridicamente indiferente: são, pois, condições de punibilidade do fato"[637].

Um posicionamento que chama mais atenção é o adotado por João Mestieri, para quem as condições objetivas integram o tipo subjetivo (e, portanto, o injusto), isto porque é bem claro em seu entendimento ao consignar que "(...) compõe-se o tipo subjetivo do dolo ou da culpa e de quaisquer outras características subjetivas (...)"[638], podendo ser considerada sua posição, pelo menos entre os autores brasileiros, como híbrida, contudo alinhando-se dentre os doutrinadores que admitem as condições de punibilidade como anexo do injusto.

Neste caso, verifica-se na posição de Mestieri, que esta termina por acrescentar um outro problema de intrincada solução, quanto à punição da tentativa nos delitos em que se verificar alguma condicionante, conforme será analisado com maiores detalhes em tópico específico.

Resta assaz complicada a posição de atrelar as condicionantes ao dolo do agente, principalmente quando desde já vale reconhecer o acerto da posição de Juarez Cirino dos Santos de que a "(...) diferença fundamental entre os requisitos ou resultados objetivos definidos como condições objetivas de punibilidade e os elementos objetivos do tipo de injusto é a seguinte: as condições objetivas de punibilidade não precisam ser apreendidas pelo dolo ou se relacionar com a imprudência do autor, enquanto os elementos objetivos do tipo de injusto devem ser apreendidos pelo dolo ou se relacionar com a imprudência do autor"[639].

Assim, parece difícil sustentar o argumento de que o dolo se relaciona com as condições, principalmente quanto às questões intrincadas que se desdobrariam no tangente à tentativa.

Deve-se ressaltar que "(...) nem sempre a realização de todos os requisitos típicos importa tenha o autor já logrado a finalidade a que se propunha, mas sim, freqüentemente, esta se estende mais além no tempo, pela vontade criminosa do autor. Desta forma, é freqüente distanciarem-se no tempo a consumação formal e o exaurimento material, dando lugar a um período em que o delito se encontra consumado, mas não exaurido"[640],

---

[637] Idem, p. 225.
[638] Op. cit., p. 383.
[639] Op. cit., p. 272.
[640] ZAFFARONI, Eugênio Raul e PIERANGELI, Jose Henrique. Da tentativa, p. 23.

A PUNIBILIDADE NO DIREITO PENAL

como pode ocorrer, por exemplo, quando presente uma condicionante objetiva que independe do dolo do agente.

A realidade é que as causas excludentes de punibilidade ou são objetivas ou são pessoais ou estão vinculadas a uma conduta positiva pós delitiva, portanto, alheias ao dolo e a culpa, daí se concluir não ser possível adotar a posição de Mestieri, razão pela qual chamá-la de híbrida, pois seria inconcebível não considerar as condições objetivas de punibilidade como elementos subjetivos do tipo, que devem ser abrangidas pelo conhecimento (e, portanto, o dolo) ou pela possibilidade de conhecimento (culpa), o que é rechaçado por este autor, quando assevera que as condições precisam ser abarcadas pelo dolo, mas não integram o injusto.

Estas dificuldades, que se apresentam junto àqueles que são partidários das condições como anexos ao tipo de injusto, residem na pretensão de buscar um tratamento unitário para todas aquelas circunstâncias do fenômeno delitivo, alheias ao dolo e a culpa, que não pode ser acolhida em sua totalidade na fenomenologia condicional[641], pois não é possível perceber antecipadamente os planos do legislador penal e sua capacidade infinita de surpreender a doutrina com criações bizarras, que não encontram eco na teoria do delito tradicional.

5. Diferença com os delitos qualificados pelo resultado

Deve-se evitar, a todo custo, confundir os delitos qualificados pelo resultado[642], com os delitos subordinados a uma condicionante objetiva de punibilidade, embora se reconheça que os aspectos em que um e outro coincidem são numerosos[643].

---

[641] CAFFARENA,Borja Mapelli, op. cit., p. 64.

[642] Alguns autores utilizam as expressões crime preterdoloso e crime qualificado pelo resultado como sinônimas. Contudo, "segundo a melhor corrente, especialmente na Itália, no crime qualificado pelo resultado, ao contrário do preterdoloso, o resultado ulterior mais grave derivado involuntariamente da conduta criminosa, lesa um bem jurídico que, por sua natureza, não contém o bem jurídico precedentemente lesado. Assim, enquanto a lesão corporal seguida de morte (artigo 129, § 3°) seria preterintencional, o aborto seguido de morte da gestante (artigo 125 e 126 combinados com o 127, in fine) seria crime qualificado pelo resultado. O raciocínio é simples: nunca se conseguirá matar alguém sem ofender sua saúde ou integridade corporal, enquanto para matar alguém não se terá necessariamente de fazê-lo abortar". BITENCOURT, César Roberto. Manual de direito penal, 6ª ed., vol. 1, p. 232.

[643] CAFFARENA, Borja Mapelli, op. cit., p. 95.

Hassemer[644] reconhece que as condições objetivas de punibilidade se parecem com os delitos qualificados pelo resultado, em que surgem também de uma ação na qual estão plenamente representados os aspectos do autor e do fato, mas faz a ressalva de que há uma parte dessa ação que somente contém o do fato.

Observando-se o artigo 44 do Código penal italiano, o único que ousou positivar o que se entende por condições objetivas de punibilidade, Pietro Nuvolone, destaca que, no tangente ao estabelecimento da relação existente entre o fato-condição e a conduta humana, "(...) não se pode deixar de levar em consideração a circunstância de que a lei fala em *verificar--se de uma condição*': uma vez que a infração penal já é perfeita na ação, na omissão e no evento (pois, se assim não fosse, não haveria necessidade de norma específica), a lógica exige que se trate de ocorrência *externa* à conduta e a seu resultado típico: de uma ocorrência, portanto, que, por sua própria natureza, não está ligada por relação de causalidade à conduta, e para cuja relevância não se faz necessária a demonstração do nexo de causalidade. Isso leva a que não se possa falar em condição objetiva de punibilidade, quando o fato for qualificável como modalidade da conduta ou como seu resultado típico"[645].

Quintero Olivares[646] - comparando as condições objetivas de punibilidade com os delitos qualificados pelo resultado - acrescenta que há uma diferença importante, pois, no caso das primeiras, não há relação causal entre estas e a ação, mas se parecem aos delitos qualificados em um ponto essencial: a pena a ser aplicada depende de algo que não há de ser nem querido nem previsto.

Um exemplo típico de delito qualificado, que pode ser confundido com uma condição objetiva de punibilidade, pode ser encontrado no parágrafo único do artigo 137 do Código Penal brasileiro[647], que prevê a hipótese típica qualificada estabelecendo uma pena maior do que a rixa não quali-

---

[644] Fundamentos del derecho penal, p. 236.

[645] Op. cit., p. 184.

[646] Op. cit, p. 448.

[647] "artigo 137. Participar de rixa, salvo para separar os contendores: Pena – detenção, de quinze dias a dois meses, ou multa. Parágrafo único. Se ocorre morte ou lesão corporal de natureza grave, aplica-se, pelo fato da participação na rixa, a pena de detenção, de seis meses a dois anos".

A PUNIBILIDADE NO DIREITO PENAL

ficada, quando pelo fato da participação na rixa, resulte lesão corporal de natureza grave ou morte.

A exposição de motivos do Código Penal do Brasil, de 1940, em seu item 48, discorre que "A participação na rixa é punida independentemente das consequências desta. Se ocorre morte ou lesão corporal grave de algum dos contendores, dá-se *uma condição de maior punibilidade*, isto é, a pena cominada ao simples fato de participação na rixa é especialmente agravada. A pena cominada à rixa em si mesma é aplicável separadamente da pena correspondente ao resultado lesivo (homicídio ou lesão corporal), mas serão ambas aplicadas cumulativamente (como no caso do concurso material) em relação aos contendores que concorrerem para a produção deste resultado".

Esta postura do legislador pátrio termina por criar uma espécie que não se enquadra dentre as condicionantes objetivas, pois ao rixoso que abandona a rixa antes do evento qualificador, aplica-se o tipo qualificado[648]. Por outro lado, "(...) o juiz penal deve tomar em consideração, ao realizar o juízo de adequação típica na rixa qualificada, o artigo 19 do Código Penal, a saber: 'Pelo resultado que agrava especialmente a pena só responde o agente que o houver causado, ao menos culposamente"[649].

Desse modo, no artigo 19, mesmo que não querido o resultado pelos agentes, este necessita ser, ao menos, previsível, "(...) como consequência do fato típico rixa, para cuja realização prestaram a sua contribuição consciente e voluntariamente"[650]. Só o fato da necessidade da previsibilidade, já afasta a objetividade da punibilidade, bem como não exige nenhuma circunstância pessoal que, se presente, possa afastar a punibilidade.

Por força do citado artigo 19, introduzido na reforma penal de 1984, o delito qualificado pelo resultado, entendido como "(...) aquele delito cuja ação era dolosamente realizada, mas cujo resultado mais grave atribuído ao agente sem qualquer pressuposto de que tenha sido querido ou pelo menos fosse previsível"[651], não é mais admissível, pois se passou a exigir para essa responsabilidade pelo resultado mais grave, pelo menos, o obrar

---

[648] SALES, Sheila Jorge Selim de. Op. cit., p. 117.
[649] Idem, ibidem.
[650] Idem, p. 117/118.
[651] TAVARES, Juarez. Teoria do injusto penal, p. 193.

DELIMITAÇÃO ANTE FIGURAS AFINS

culposamente, o que configura uma categoria de crime qualificado pelo resultado[652].

Importa destacar que a rixa não possui os mesmos traços nas diversas legislações[653], posto que, por exemplo, na legislação cubana, resta classificada a rixa simples (que não resulta lesões corporais ou morte), entre os crimes contra a ordem pública, e a rixa qualificada entre os crimes contra a vida e a integridade corporal (sob a denominação legal *riña tumultuária*)[654], e não como no Brasil, onde a rixa é prevista em capítulo autônomo, sendo a rixa qualificada prevista no parágrafo único.

Os códigos penais suíço (artigo 133, rixa prevista como crime de dano ou lesão real e não de perigo, ao contrário dos sistemas penais em que se pune a simples participação em rixa, como no Brasil) e grego (artigo 313), só punem a rixa quando da mesma resulte lesão corporal ou morte[655]. Já o Código Penal espanhol de 1995 não mais prevê a rixa qualificada[656].

O que importa desta breve passagem por algumas legislações estrangeiras, é procurar demonstrar como o caso concreto e a postura do legislador, pode ser decisiva no momento de se compreender quando se esta diante de uma condicionante de punibilidade e quando se esta diante de outra figura, como por exemplo, um crime qualificado, mesmo que se trate da mesma figura, no caso a rixa qualificada que, dependendo da elaboração da norma pode configurar ou não uma condicionante de punibilidade.

Contudo, aqueles que compreendem as condições de punibilidade como próprias características do tipo, aquelas que, por estarem situadas fora do âmbito da congruência não precisam referir-se ao dolo, nem ser objeto, nos fatos culposos, da inobservância contrária ao dever, estendem por demasiado as condições de punibilidade que, por sua qualidade de corpos estranhos no sistema legal, deveriam ter somente uma vigência limitada, não considerando que existem próprias características do tipo que não são abarcadas pelo dolo[657].

Desse modo, pode-se concluir que "Segundo este ponto de vista, as graves consequências dos delitos qualificados pelo resultado constitui-

---

[652] Idem, ibidem.
[653] Idem, por todos, , op. cit., p. 121/122.
[654] Idem, p. 121.
[655] SALES, Sheila Jorge Selim de, op. cit., p. 121.
[656] Idem, p. 121/122.
[657] Neste sentido, por todos: MAURACH, Reinhart, op. cit., p. 297.

A PUNIBILIDADE NO DIREITO PENAL

riam condições de punibilidade ou condições de punibilidade agravada. Se passaria por alto que as graves consequências, se bem não são elementos da ação, se constituem, por razão do nexo causal e da imprudência exigida, resultados atribuíveis e, em consequência, características do tipo"[658].

Portanto, nos delitos qualificados pelo resultado, deve-se observar que possuem "(...) um conteúdo típico de periculosidade que, materializando-se o perigo compreendido no tipo básico, têm uma cominação penal notavelmente superior a do fato simples"[659].

Essa característica representa que a pena será aplicável desde que devidamente reconhecidos o injusto e a culpabilidade, a circunstância ou resultado, de que depende a aplicação de uma pena mais grave, não diz respeito a uma condicionante objetiva ou pessoal de punibilidade, que dependem de uma circunstância alheia ao fato, não para majorar ou diminuir a quantidade da pena a ser aplicada, como ocorre no delito qualificado pelo resultado, mas sim para determinar a incidência ou não da punibilidade do fato em si.

Fato é que nada impede a utilização do termo condicionante de maior (ou menor) punibilidade como sinônimo da qualificadora do resultado, o que não significa reconhecer uma subespécie ou subgrupo de condicionantes de punibilidade.

---

[658] Idem, ibidem.
[659] JESCHECK, Hans-Heinrich, op. cit., p. 519.

CAPÍTULO VI
REPERCUSSÕES RELEVANTES NA TEORIA DO DELITO

1. O erro

A posição majoritária da doutrina desconsidera a ideia de relevância as hipóteses de erro sobre a punibilidade, argumentando que, nestes casos o erro é irrelevante[660] pois: o tipo, a antijuridicidade e a culpabilidade já estão plenamente caracterizados, e o agente, em tais casos, já tinha consciência de que sua conduta era típica e antijurídica[661].

Embora considerando que as abordagens ao erro sobre a punibilidade, com base na aplicação analógica dos conceitos próprios do erro de proibição, não guardem muita afinidade, podem ser destacados alguns autores que, ao admitirem a possibilidade de diálogo entre o erro e a punibilidade, procuram um caminho diferente, a fim de admitir a possibilidade do erro sobre a punibilidade, contra a forte maioria contrária.

Maria Rosa Moreno-Torres Herrera, de certa forma, também trabalha com a hipótese de que o conhecimento da punibilidade interfere no aferimento de relevância ao erro e, sendo assim, poderia ser afirmado que não diverge dos demais autores citados e deve ser alocada no outro grupo pro-

---

[660] Posição da doutrina brasileira, onde é incomum encontrar autores que divirjam deste entendimento, bem como o assunto não é abordado ou, quando é, não há aprofundamento. Compartilhando o entendimento de que o erro é irrelevante veja-se, por todos, FRAGOSO, Heleno Cláudio. Pressupostos do crime e condições objetivas e punibilidade, 2ª parte, p. 754;
[661] Veja-se, por todos: PÉREZ, Octavio Garcia. Op. cit., p. 83.

A PUNIBILIDADE NO DIREITO PENAL

posto. No entanto, a sua análise discrepa em alguns pontos, ao sustentar ser possível considerar um paralelo da punibilidade com a culpabilidade do autor, que é diminuída em algumas hipóteses[662], levando as suas ponderações para uma solução diversa.

Em seu estudo monográfico, esta autora, com esteio no conteúdo que é outorgado às normas penais, bem como na admissão da prevenção, como forma da legitimação do Direito Penal, conclui pela relevância do erro sobre a punibilidade (com relação às causas pessoais de exclusão da pena e não, das condições objetivas de punibilidade), como uma forma de erro referente à existência de uma ameaça própria da infração da proibição.

Resumindo a posição da referida autora, percebe-se que a sua conclusão resta assentada na premissa de que o erro sobre as circunstâncias, inerentes à punibilidade, pressupõe uma diminuição do grau de culpabilidade, por afetar diretamente a motivação do agente, através da norma, pois interessa a particular representação do agente (que é sempre subjetiva) sobre a existência ou a inexistência do elemento que determina a punibilidade (e não, da própria punibilidade em si). Por isso, a motivação, em face da norma, diminui, se há desconhecimento ou erro, propugnando pela aplicação, por analogia *in bonam partem*, da disciplina do erro de proibição[663], ainda que não seja a solução mais idônea, porém, necessária, enquanto o legislador não decidir dar solução expressa aos casos de erro sobre a punibilidade, dando um tratamento jurídico adequado à diminuição ou desaparição da culpabilidade que os caracteriza[664].

Esclarece ainda que, ao admitir a necessidade de complementação da legislação, somente compreende como, em parte, certas afirmações de que a relação com o tema referente à questão deve ser resolvida em termos de

---

[662] HERRERA, Maria Rosa Moreno-Torres. *El error sobre la punibilidad*. Valencia: Tirant lo Blanch, 2004, p. 97.

[663] CABANA, Patrícia Faraldo. *Las causas de levantamiento de la pena*. Valencia: Tirant lo Blanch, 2000, p. 103 e seq. Deve ser ainda observado que a autora cita que, nas hipóteses de erro vencível sobre a punibilidade, quando ocorre uma diminuição da culpabilidade que justificaria a diminuição desta em um ou dois graus e, no erro invencível sobre a punibilidade da conduta, existiria uma exclusão total da culpabilidade, em face de aplicação analógica do art. 14 do Código Penal da Espanha.

[664] HERRERA, Maria Rosa Moreno-Torres. *El error sobre la punibilidad*. Valencia: Tirant lo Blanch, 2004, p. 104.

lege ferenda[665], para que uma futura regulamentação sobre o erro permita excluir ou atenuar a responsabilidade criminal também na função da existência e possibilidade de vencer erro sobre a punibilidade. Entende, então, que o Código Penal espanhol oferece, por meio do uso da analogia, instrumentos dogmáticos adequados, para dar resposta à diminuição ou exclusão da culpabilidade, presente nos casos de erro sobre a punibilidade[666].

Quanto às colocações de Maria Rosa Moreno-Torres Herrera, ora analisadas, cabe ressaltar que, além da própria dificuldade na compreensão do que exatamente se está considerando, quando se usa o termo "punibilidade", conforme o presente trabalho buscou demonstrar desde o seu início, não fica claro, da leitura da autora, o que se compreende por culpabilidade, posto que as suas conclusões implicam imiscuir o conceito tradicional de culpabilidade, com o de punibilidade, criando, por conseguinte, uma espécie de culpabilidade híbrida, ou então, forçando a conclusão de que adota o conceito de responsabilidade, proposto por Claus Roxin[667].

Juan Felipe Higuera Guimera trabalha com a hipótese, também por analogia, de que o erro sobre a punibilidade é um erro *sui generis*, com base na tese de Enrique Bacigalupo, de que as causas pessoais de exclusão da pena, elencadas no Código Penal alemão, podem estar vinculadas aos seguintes aspectos: aos efeitos de solucionar os problemas do erro ao injusto ou à culpabilidade, nos quais são verificadas as hipóteses de não punibilidade das declarações e dos informes parlamentares (§§ 36 e 37); ao privilégio dos advogados defensores e médicos (§ 139.3); ao exercício da possibilidade de escolha (§ 139.4); ao privilégio da idade (§ 173.3); à possibilidade de provar a verdade, se vincularia ao injusto, já o privilégio, de parentesco (§§ 139.3 e 258.6); e ao favorecimento de parentes (§ 258.6) que é, no ordenamento jurídico alemão, causa pessoal de exclusão da pena, que se vincularia à culpabilidade[668].

---

[665] A autora se refere às colocações de Borja Mapelli Caffarena na obra *Estudio jurídico-dogmático sobre las llamadas condiciones objetivas de punibilidad*. Madrid: Ministerio de Justicia, 1990, p. 123-124.

[666] HERRERA, *op. cit.*, p. 104.

[667] Sobre a concepção roxiniana de culpabilidade, veja-se: ROXIN, Claus. *Política criminal y estrutura del delito*. Tradução de Juan Bustos Ramírez y Hernán Homazábal Malarée. Barcelona: PPU, 1992, p. 115 e ss.

[668] GUIMERA, Juan Felipe Higuera *Las excusas absolutórias*. Madrid: Marcial Pons, 1993, p. 159.

A PUNIBILIDADE NO DIREITO PENAL

Da mesma forma, argumenta o autor que, quando a hipótese versar sobre as causas pessoais de exclusão da pena, vinculadas à culpabilidade, o erro sobre as causas de inculpabilidade poderá ser aplicado por analogia ao erro de proibição. Já, com referência aos casos em que a causa pessoal de exclusão da pena estiver vinculada ao injusto, não há que se aplicar o erro de tipo, porque o erro sobre as causas pessoais de exclusão da pena não pode excluir o dolo do tipo[669].

No mesmo esteio analógico, posicionam-se Tiago Caiado Milheiro e Frederico Soares Vieira, tendo como base a legislação de Portugal, ressalvando que o erro sobre a punibilidade, por não possuir previsão no Direito positivo, deve ser considerado como relevante, aplicando-se, por analogia, *in bonam partem* o art. 17 do Código Penal português (erro de proibição), porém, limitadas as hipóteses das escusas absolutórias, as quais, ressalte-se, são compreendidas pelos autores como as causas pessoais de exclusão de pena e as causas de liberação da pena, indistintamente, não estendendo o entendimento às condições objetivas de punibilidade[670].

Embora possam ser alinhados aos autores que admitem a analogia do erro sobre a punibilidade com o erro de proibição, estes destoam da fundamentação adotada pelos demais, pois, na argumentação pela relevância, advogam a tese de que, se o legislador renuncia à punição, colocando nas mãos do cidadão a possibilidade de fazer cessar a sua responsabilidade criminal, por força de um ato de vontade, no sentido da exclusão ou verificação desta responsabilidade e valorando uma atuação pessoal, a pena torna-se desnecessária[671]. Assim, "em termos de binômio merecimento-necessidade da pena, a situação é semelhante entre quem pratica o acto excludente ou crê, erroneamente, que adoptou o comportamento estipulado por lei para afastar a punição"[672].

Na ótica dos autores, o caráter pessoal, inerente à modalidade de exclusão da punibilidade, negando, porém, a utilização de idêntica ponderação quanto às condições objetivas, permite afirmar que o principal fundamento assenta-se nos fins preventivos da pena considerando o legislador que a adopção de um determinado comportamento impulsionado pela via

---

[669] *Ibidem*, p. 159.
[670] MILHEIRO, Tiago Caiado; VIEIRA, Frederico Soares. *Do erro sobre a punibilidade*. Lisboa: Quid Juris, 2011, p. 239-244.
[671] *Ibidem*, p. 231.
[672] *Idem*.

da vontade do agente esbate as necessidades de prevenção geral e, principalmente, especial, ao ponto de considerar desnecessária a punição[673].

A postura em foco implica adotar uma posição quanto à relevância do erro baseada no casuísmo, o que é reconhecido pelos próprios autores, sob o argumento de que importa estar atento às necessidades de prevenção e de necessidade de pena relevadas na situação concreta, devendo, em regra, reconhecer-se relevância em todos os comportamentos que denotem uma vontade interior, uma atitude, reveladora de uma adesão a norma penal[674].

Desta forma, segundo os autores supra citados, a adesão à norma penal é verificada "quando, através de uma actuação, se supõe erroneamente que ficou excluída a sua punibilidade"[675], o que, em resumo, demonstraria uma recolocação, em conformidade com o ordenamento jurídico, pela vontade de respeitar o normativo legal.

A admissão do casuísmo, como critério para o aferimento ou não do erro sobre a punibilidade, inspirado na ideia de necessidade de pena (vide, Capítulo III, Item 2 supra), tendo como base uma análise de eventual adesão à norma penal verificada, não encontra precedentes no pequeno universo das incursões doutrinárias sobre o erro estranho ao injusto culpável. Porém, mesmo que aqui colocados apenas como referencial ao bloco de autores simpáticos ao uso analógico com o erro de proibição trata-se de uma posição referente ao casuísmo e de proposta de análise de eventual adesão à norma penal isolada[676].

Por outro lado, autores como o argentino Marcelo Sancinetti, fazem ainda outras ponderações, buscando sustentar que, em determinadas situações, a pena resta condicionada pelo injusto culpável, por certas exigências político-criminais de punibilidade, dentre as quais se encontram as que impõem limites utilitaristas da ameaça penal, que talvez se achem satisfeitos, quando o autor tem um erro sobre o caráter efetivamente punível de seu comportamento[677]. Por isso, se quer admitir a possibilidade da existên-

---

[673] *Idem*, p. 232.

[674] *Idem*, p. 235.

[675] MILHEIRO, Tiago Caiado; VIEIRA, Frederico Soares. *Do erro sobre a punibilidade*. Lisboa: Quid Juris, 2011.

[676] Aferimento aqui considerado como impossível, sem que se estabeleçam pressupostos mínimos para tanto, o que os autores não fazem.

[677] SANCINETTI, Marcelo A. Error de prohibición y error de punibilidad. *Doctrina Penal*, Buenos Aires: Depalma, a. 32, n. 31, p. 433, 1985.

cia de um erro sobre a punibilidade, que não exclui o caráter culpável da ação, senão que afeta ao princípio segundo, o qual 'somente é justificável a pena que aparece político-criminalmente como iniludível' à exceção de que o conceito, mesmo de culpabilidade, seja redefinido com um maior alcance ao que hoje se lhe designa[678].

Marcelo Sancinetti parte do pressuposto de que o erro sobre a punibilidade não exclui o caráter culpável da ação – excepcionada a hipótese de ser conferida à culpabilidade uma definição com alcance maior – entendendo ainda que o erro sobre a punibilidade afeta o princípio de que somente se justifica a pena iniludível do ponto de vista político-criminal[679].

No entanto, o autor alega que o legislador pode perfeitamente estabelecer que os erros sobre a gravidade do injusto devem dispensar a punibilidade. Para tanto, sugere a utilização da expressão "compreensão da criminalidade", com um alcance que não se esgote no conhecimento da mera proibição do fato. Nessa concepção, o legislador pode, por decisão de política-criminal, mais conveniente aos seus fins, fazer depender a pena de maiores ou menores condições, como, por exemplo, no caso em que, expressamente, poderia tomar a decisão de atribuir ou negar eficácia ao erro sobre as causas pessoais de exclusão da pena (o autor prefere a expressão "escusas absolutórias").

Entretanto, com essa decisão, não se define o conceito de culpabilidade, nem o de dolo, visto que a explicação dogmática não depende do Direito Positivo, mas, do Direito em si. Com isto, quer asseverar que o legislador não decide a respeito do que é um erro de proibição, o que pertence à dogmática, podendo, todavia, individualizar os requisitos aos quais associa certas consequências[680].

A posição de Sancinetti, envereda pelo caminho da abordagem do erro, considerando o erro sobre a gravidade do injusto, como um erro de proibição, leva a refletir que o ponto nodal da questão está em detectar se o erro de proibição impede o autor de atuar, conforme o direito. Deste modo, o erro sobre a gravidade do injusto pode excluir a culpabilidade (entendida como reprovabilidade) que, por sua vez, está integrada pela disposição

---

[678] *Ibidem.*
[679] SANCINETTI, Marcelo A. Error de prohibición y error de punibilidad. *Doctrina Penal,* Buenos Aires: Depalma, a. 32, n. 31, p. 433, 1985.
[680] *Ibidem,* p. 443.

interna contrária à norma, a possibilidade de realizar outra conduta e a de motivar-se pela norma, a exigibilidade e o âmbito de determinação[681].

Mas, dentre os autores pesquisados, é Enrique Bacigalupo quem faz as mais interessantes e profundas análises no tocante ao erro sobre a punibilidade, não apenas porque, dentre os autores analisados é, sem sombra de dúvidas, aquele que possui a mais extensa pesquisa a respeito do binômio "punibilidade-erro", bem como possui uma posição ímpar com relação às diversas investigações existentes em relação aos vários temas inerentes à Teoria do Delito e Teoria da Pena, que se conectam na análise da configuração da estrutura do crime e dos efeitos, provocados pela existência de pressupostos da punibilidade, alheios ao injusto culpável.

Enrique Bacigalupo, ao analisar a posição majoritária geralmente aceita, que não admite a relevância do erro sobre a punibilidade, constata quanto à origem da ideia que esta tem início no marco das teorias absolutas da pena, bem como no magistério de Binding, que consegue manter influência até os dias atuais. Ressalta os postulados básicos das teorias absolutas e a sua influência na posição dominante[682].

Em seus estudos, podem ser destacadas algumas importantes observações, sendo mister ressalvar, ainda que de forma resumida, quando, ao demonstrar a influência das teorias absolutas, verifica que a sua conexão com a punibilidade leva em conta a concepção sobre a pena como mera retribuição. É dizer que a ameaça, contida na pena em abstrato, carece de função em relação à motivação do sujeito[683].

Por conta dessa constatação, a motivação, baseada nessa forma de ameaça, carece de valor moral, pois dita coação, não baseada na consciência de um dever, poderia ter até sentido prático, pelo fato de obedecer a uma regra prática, mas, certamente, o mesmo não pode ser dito no que concerne à questão moral[684].

Ao construir o seu pensamento, tendo como ponto de partida – ao analisar os motivos pelos quais, historicamente, não se atribui relevância ao erro sobre a punibilidade – as teorias absolutas da pena, além de procurarem demonstrar como as conclusões, oriundas destas teorias, não são neces-

---

[681] *Idem*, p. 443.

[682] BACIGALUPO, Enrique. *Delito y punibilidad*. 1. ed. Madrid: Civitas, 1983, p. 47 e seq. e 159 e seq.

[683] *Ibidem*, p. 48.

[684] *Idem*, p. 161.

sárias no contexto das teorias mistas da pena (que hoje formam a posição majoritária), o autor salienta que, quando a teoria parte da ideia de justificação da pena, com base em sua utilidade social, postulando a prevenção geral, como uma intervenção da ameaça penal na vida em sociedade, para a prevenção do crime, necessariamente, a consciência da punibilidade teria que ser um pressuposto da punibilidade, posto que, se a ameaça da pena é desconhecida, não pode influenciar, em forma de intimidação, o agente potencialmente infrator[685]. Sob essa premissa, o autor foca a sua análise sobre os motivos que recomendariam a exigência de consciência da punibilidade, dividindo-a em três pontos distintos.

Assim, o primeiro discernimento deve ser estabelecido, em face de uma possível contradição, oriunda da análise da motivação, provocada pela ameaça penal e dignidade humana. Procura o autor, então, observar - tendo como base o idealismo alemão - que a consciência do dever determinava a moralidade do comportamento, enquanto o recurso, a ameaça da pena, como espécie de motivação ao indivíduo, e impunha um tratamento que não levava em consideração (deixando de lado) a honra e a liberdade, como inerentes a espécie humana. A crítica a essa contradição reside na ilação de que a pena deve ser aplicada, sem observar o conhecimento da ameaça penal e que isto implicaria lesão da dignidade humana, eis que obrigaria o agente a compartilhar, em seu íntimo, o que o Estado erige à condição de valores elementares da vida em comum[686].

O segundo tópico abordado insiste na necessidade da afirmação da relevância do erro sobre a punibilidade, porque o princípio da culpabilidade necessita extrair o seu conteúdo do princípio da legalidade, recordando que este último também se refere às consequências do crime, motivo pelo qual a culpabilidade deveria abranger a consciência da punibilidade[687].

Concluindo, em relação ao terceiro ponto, em favor da relevância do erro sobre a punibilidade, Enrique Bacigalupo afirma que este reside na relação entre a consciência da punibilidade e a sua prevenção. Para o autor, se a prevenção geral é compreendida como uma ação inibitória, exercida

---

[685] BACIGALUPO, Enrique. El error sobre las excusas absolutórias. *Cuadernos de Política Criminal,* Madrid: Instituto de Criminologia de la Universidad Complutense de Madrid, n. 6, p. 11, 1978.

[686] BACIGALUPO, Enrique. *Delito y punibilidad.* 2. ed. Buenos Aires: Hammurabi, 1999, p. 192-197.

[687] *Ibidem,* p. 197-202.

pela ameaça penal, fica evidente que a consciência da punibilidade seria o elemento imprescindível para fazer com que o efeito da coação, inerente à ameaça, fosse concretizado[688].

Por outro lado, admite que, embora seja provável que a prevenção geral não seja afetada, quando o Estado tem feito uma intervenção, sancionando, mesmo sem levar em conta o conhecimento da punibilidade, a conveniência do castigo pode ser defendida sob o argumento de que, ao castigar os que não têm conhecimento desta, se está incentivando aos cidadãos que se informem sobre o proibido, desde o ponto de vista preventivo especial, e somente se justificaria a intervenção estatal ante um autor que não é capaz de inibir a sua conduta delitiva ante a ameaça de uma pena[689].

Mas, para melhor compreender a posição adotada por Bacigalupo, defendendo reiteradamente a conveniência de outorgar relevância ao erro sobre os elementos da punibilidade, é preciso ter presente que este autor tem, como uma das bases de sua ideia, com referência à consciência – ou potencial conhecimento da punibilidade – a redefinição do princípio da culpabilidade[690].

Neste sentido, uma das críticas feitas ao sentido comum quanto à inadmissibilidade do erro sobre a punibilidade, é a de que tal assertiva é um produto direto da evolução das teorias absolutas da pena. Resumindo o pensamento do pesquisador acerca dessas teorias, constata-se que a questão inerente ao erro precisa ser analisada no Direito Penal, na medida em que impossibilita a motivação do agente por meio do Direito, posto que a sanção não constitui uma autêntica ameaça de um mal através do qual se busque motivar o agente. Não se pode, portanto, levar em conta o erro sobre a punibilidade, considerando que a pena, dirigida à motivação do autor, determinaria uma lesão à honra da pessoa[691]. Concluindo o seu raciocínio, admite Enrique Bacigalupo que para uma teoria que justifica a pena por sua utilidade social e que postula a prevenção geral como uma intervenção da ameaça penal na vida social para prevenir o delito, a cons-

---

[688] BACIGALUPO, Enrique. *Delito y punibilidad*. 2. ed. Buenos Aires: Hammurabi, 1999, p. 202.

[689] *Ibidem*, p. 202-203.

[690] BACIGALUPO, Enrique. El error sobre las excusas absolutórias. *Cuadernos de Política Criminal*, Madrid: Instituto de Criminologia de la Universidad Complutense de Madrid, n. 6, p. 3, 1978.

[691] *Ibidem*, p. 7.

A PUNIBILIDADE NO DIREITO PENAL

ciência da punibilidade deveria ser, necessariamente, um pressuposto da punibilidade[692].

Destarte, e mesmo sem esclarecer expressamente o conteúdo do que compreende, como causas pessoais de exclusão da pena (no sentido de incluir, dentro do conceito, as quais são chamadas "causas de liberação da pena"), que distingue como escusas absolutórias, afirma que nestas existe uma proximidade muito grande com a medida do injusto ou da culpabilidade. Sugere, assim, que cumpram as mesmas regras, adotadas para outros elementos inerentes à quantificação do injusto e da culpabilidade, fazendo uma referência especial em termos de aproximação e comparação ao estado de necessidade exculpante[693].

Da mesma forma, é preciso explicar que o autor nega uma suposta solução diferenciada, que sustente que o erro sobre as causas pessoais de exclusão da pena seja admitido, quando o erro do autor tenha recaído sobre circunstâncias do fato, atenuando os efeitos da culpabilidade, visto não existir razão, para limitar a relevância do erro sobre as causas pessoais de exclusão da pena para apenas alguns casos[694].

Em outra vertente, partindo-se do pressuposto de uma teoria dialética da unificação dos fins da pena e admitindo, todavia, que a pena possui também uma função preventiva-geral, e deveriam ser equiparadas – para os fins de efeito relevante do erro[695] – todas as causas que excluem a punibilidade (aqui incluídas para Bacigalupo: as causas de justificação; as causas de inculpabilidade e as causas pessoais de exclusão da pena), pois, quanto ao fator de intimidação da ameaça penal, este será anulado, quando o agente se sentir autorizado a acreditar que a punibilidade do injusto está excluída[696].

Contudo, conforme o raciocínio desenvolvido pelo autor, caso seja conferida a prevenção especial à preferência dentre os alegados fins da pena, o prisma pelo qual o problema deve ser enxergado sofre uma mutação.

---

[692] BACIGALUPO, Enrique. El error sobre las excusas absolutórias. *Cuadernos de Política Criminal*, Madrid: Instituto de Criminologia de la Universidad Complutense de Madrid, n. 6, p. 11, 1978.

[693] *Ibidem*, p. 15.

[694] *Idem*, p. 16.

[695] *Idem*, p. 17.

[696] *Idem*, p. 17.

Neste caso, admitindo-se que o agente necessite de um tratamento ressocializador, mesmo que conheça a ilicitude de sua conduta, que é a lesão à norma, questiona se isso poderia supor a sua não punibilidade, respondendo que entende ser imprescindível estabelecer o significado do conhecimento da punibilidade e da antijuridicidade quanto ao conteúdo da prevenção especial[697].

Seguindo o seu raciocínio, Enrique Bacigalupo explica que o ter a consciência da ilicitude não é o suficiente, para fundamentar a punibilidade de uma conduta, pois não é qualquer lesão à norma que não pode ser suportada pelo ordenamento jurídico, bem como não é possível encontrar qualquer diferença nas próprias normas que possibilite medir quais são e quais seriam suportáveis[698].

Se for assim, a ameaça penal torna-se o único indicativo de que uma lesão à norma possa ser insuportável do ponto de vista da sociedade, concluindo ser tal ameaça uma garantia no momento da aplicação judicial da lei, bem como uma garantia no momento em que ocorre a motivação do agente, já que somente o indivíduo que é capaz de reconhecer, sob uma ameaça de sanção penal, qual conduta fere a ordem de paz assegurada pelo Direito é que poderá motivar-se na forma exigida pelo ordenamento jurídico.

Mais: apenas o agente que tem tido a possibilidade de tomar conhecimento da contrariedade de sua conduta – e o que está prescrito – pode ser considerado, sob o ponto de vista da ressocialização, posto que, se o agente teve conhecimento de que a sua conduta era contrária a uma norma jurídica, porém acreditou que esta ação não era punível, não poderia ser obrigado a um tratamento ressocializador. Como já reafirmado, nem toda lesão a uma norma é, sozinha, sintoma de um estado pessoal de falta de socialização[699].

No entanto, é quanto à posição referente à dignidade humana que a posição de Enrique Bacigalupo encerra as suas ilações, recorrendo a uma ponderação comum e referente à punibilidade, posto que tal preocupação também é encontrada em outros doutrinadores, inclusive naqueles que

---

[697] BACIGALUPO, Enrique. El error sobre las excusas absolutórias. *Cuadernos de Política Criminal,* Madrid: Instituto de Criminologia de la Universidad Complutense de Madrid, n. 6, p. 17-18, 1978.

[698] *Ibidem,* p. 18.

[699] *Idem,* p. 19.

não admitem o erro sobre a punibilidade, mas que consideram preponderante, sob o ponto de vista da dignidade humana, não perder de vista a necessidade desta consideração[700].

Explicando a sua linha de pensamento, Enrique Bacigalupo observa, em relação ao desconhecimento da ameaça penal, no momento da aplicação da pena, que, na hipótese de sua desconsideração, restará configurada evidente lesão à dignidade humana, dado que seria obrigar ao agente comum a aceitar, em seu íntimo, o que o Estado considera como valores fundamentais da vida em comum[701].

Todas essas ponderações – sob suas diversas formas – relacionadas à possibilidade de se aferir relevância ao erro sobre a punibilidade, procuram considerar a conduta equivocada do indivíduo com relação à subsunção de sua conduta à norma penal. É dizer, com base em uma ação, que se equivoca quanto aos elementos da punibilidade, em especial, a um desconhecimento, que se erra sobre uma determinada condição mal percebida ou cujo conhecimento implicava erro no que tange à situação que tornaria, ou não, punível uma conduta. É uma avaliação errada, ou ruim, de determinadas circunstâncias estranhas ao injusto culpável. Em suma: o pensamento é o de que a ação praticada é típica, antijurídica e culpável, mas não, punível.

Porém, acerca do tema da presente investigação, voltada para identificar a existência de três espécies que formam uma uniformidade dentro do conceito de punibilidade, as quais podem alterar a punibilidade, quando estas são identificadas como espécie dentro das três diferentes aqui mencionadas (a causa pessoal de exclusão da pena, as condições objetivas de punibilidade e as próprias causas de liberação da pena) do gênero "punibilidade", com as particularidades existentes em cada uma delas, as hipó-

---

[700] Referindo-se, expressamente à dignidade, como elemento a ser valorado em relação à punibilidade, mesmo posicionando-se de forma contrária à relevância do erro, veja-se: DIAS, Jorge de Figueiredo. *Questões fundamentais do direito penal revisitadas*. São Paulo: Revista dos Tribunais, 1999, p. 249; CARVALHO, Érika Mendes de. *Punibilidade e delito*. São Paulo: Revista dos Tribunais, 2008, p. 28. Não fazendo referência expressa à punibilidade, porém, sublinhando a necessidade de uma dogmática e de um Direito Penal concebido à luz do conceito de dignidade quanto ao erro, veja-se: CRUZ, Flávio Antônio da. *O tratamento do erro em um direito penal de bases democráticas*. Porto Alegre: Sergio Fabris, 2007, p. 41; YACOBUCCI, Guillermo Jorge; GOMES, Luiz Flávio. *As grandes transformações do direito penal tradicional*. São Paulo: Revista dos Tribunais, 2005, p. 18.

[701] BACIGALUPO, Enrique. *Delito y punibilidad*. 2. ed. Buenos Aires: Hammurabi, 1999, p. 197.

teses encontradas de erro sobre a punibilidade são diversas, necessitando esclarecer, afinal, como o erro estranho ao injusto culpável pode ser percebido e valorado.

Ademais, a transposição da punibilidade para a culpabilidade por analogia, como defendem alguns autores, como forma de erro de proibição *sui generis*, nos casos em que o agente errou ou não conhecia perfeitamente a ameaça da pena com que se castiga a conduta, não considera que já houve o reconhecimento de um injusto culpável, cuja conduta já foi desvalorada e para qual existe uma pena, em abstrato, cominada, porque o sujeito não necessita saber exatamente que a sua conduta está sancionada com pena e o seu alcance cognitivo consegue perceber o conteúdo proibitivo, inerente à norma incriminadora, e este é um ponto inatingível sob a perspectiva da punibilidade em abstrato e em concreto, dicotomia preferida por alguns autores[702].

O problema mais saliente desta posição, cujo maior representante é Enrique Bacigalupo, a qual já foi explanada no presente item, é que, ao aderir a esta ideia, teria que ser admitido na hipótese em que o agente que errou quanto à espécie da pena cominada a determinado delito, na hipótese de conceder o benefício da impunidade, quando não há nenhuma conduta inescusável que justificasse uma diminuição de sua culpabilidade, pois o desconhecimento da sanção penal ou o próprio desconhecimento do injusto podem ser um indício do desconhecimento da proibição, permitindo uma diminuição da culpabilidade, mas não, decorrente da punibilidade, mas, sim, da postura do agente perante a ordem social, não podendo ser considerado um erro referente ao gênero "punibilidade".

Como recorda Eugenio Raul Zaffaroni, ao abordar o tema da irrelevância do erro sobre a punibilidade, o que deve ser ressaltado é o erro sobre a gravidade ou a entidade penal da conduta ilícita, em razão de a culpabilidade requerer a compreensão potencial da antijuridicidade com relevância

---

[702] Como, por exemplo: ZAFFARONI, Eugênio Raul. *Tratado de derecho penal*. Tomo V. Buenos Aires: Ediar, 1988, p. 16; COLLAO, Luis Rodriguez. Punibilidad y responsabilidade criminal. *Revista de Derecho de la Universidad Catolica de Valparaíso XVI*, Valparaíso: Universidad Católica de Valparaíso, p. 362-363, 1995; PALAZZO, Francesco. *Corso di diritto penale, parte generale*. 5. ed. Torino: G. Giappichelli, 2013, p. 557 e seq.

penal, o que demanda que o autor tenha a possibilidade de compreender a natureza e a relevância do caráter injusto de seu ato[703].

Assim, quando se considera a punibilidade, tem-se presente que o agente compreende a natureza e a relevância do caráter injusto de seu ato, mas há uma circunstância pessoal (nas causas de liberação da pena), ou objetiva (nas condições objetivas de punibilidade), ou exigente de uma conduta voluntária positiva e pós-delitiva (nas causas de liberação da pena), que afasta ou diminui a responsabilidade criminal, mas não, por causa de uma diminuição do grau quanto à desaprovação inerente à inexigibilidade de outra conduta, já desvalorada em momento anterior. Por isso, não torna possível uma transposição por analogia, eis que não há fator de identidade entre culpabilidade e punibilidade, além das outras ressalvas já assinaladas.

Colocadas as impertinências a respeito do embate doutrinário, torna-se necessário reestabelecer a sua análise, em especial, porque considera o erro (contra ou a favor) sobre uma punibilidade genérica, com a busca de um fundamento unitário, sempre destacando a dificuldade em se estabelecer sobre qual situação inerente à punibilidade cada autor se refere, ao abordar o problema, passando-se, a seguir, à análise das diversas situações de erro, que podem ser situadas sob a perspectiva da punibilidade, nos termos já delineados no Capítulo I supra

Por outro lado, há uma parte da doutrina – minoritária – que, de certa forma, recepciona antigo posicionamento, baseado nas premissas estabelecidas por Feuerbach. Fato é que o referido autor foi o primeiro a sustentar a possibilidade de ser conferida relevância do erro sobre a punibilidade, de acordo com as bases de sua Teoria da Coação Psicológica, outorgando a cominação penal à função de motivação aos cidadãos, para que não cometam delitos, pois, desta forma, o agente deve ter conhecimento de que cometer um crime implica um mal maior do que as vantagens eventualmente cogitadas[704].

---

[703] ZAFFARONI, Eugenio Raul *Tratado de derecho penal*. Tomo IV. Buenos Aires: Ediar, 1982, p. 186.

[704] FEUERBACH, Anselm Von. *Tratado de derecho penal*. Tradução de Eugenio Raul Zaffaroni. Buenos Aires: Hammurabi, 2007, p. 96-122. Importa recordar – conforme destaca Octavio Garcia Pérez – que Binding opunha resistência à posição de Feuerbach, argumentando que, "se somente a norma se dirige aos súditos e somente a ela lhe corresponde uma função motivadora, o cumprimento desta função exige unicamente que o sujeito conheça a norma, sendo irrelevante que o sujeito conheça ou não a punibilidade, posto que aquela se define sem fazer referência as consequências jurídicas" (*Ibidem*, p. 85).

Roxin[705] parte do ponto de vista de que, se reconhecendo a existência de pressupostos adiante do injusto culpável, no caso de uma crença errônea de que falta uma condição objetiva de punibilidade, ou de que concorra uma causa pessoal exclusão da pena não pode haver relevância penal, justamente por não afetar a culpabilidade e a responsabilidade do autor. De outra forma, "a crença equivocada de que concorre uma condição objetiva de punibilidade, ou de que falta uma causa de exclusão da punibilidade, não pode dar lugar a punibilidade"[706].

Especificamente quanto às condições objetivas de punibilidade próprias (as únicas admitidas neste trabalho, sob os termos extrínsecas e próprias, rechaçando-se a hipótese de condições impróprias ou intrínsecas), Caffarena, embora preferindo a terminologia condições objetivas de punibilidade extrínsecas, também esclarece que "(...) quando se produz a errônea representação de um elemento condicionante extrínseco, o fato não é punível (delito putativo); se, pelo contrário, o autor ignora o elemento condicionante de forma invencível, de todas as maneiras será castigado por sua atuação delitiva"[707].

Por outro lado, importa registrar que há doutrina admitindo a possibilidade de relevância do erro nas hipóteses, conhecidas como condições objetivas de punibilidade impróprias, visto que, para esta, ao situar as condições objetivas de punibilidade impróprias, na esfera do tipo ou próximo a ele, seria imperativo admitir a hipótese de erro, na medida em que passa a ser um erro sobre os elementos do tipo objetivo[708].

Como as condições objetivas não comportam o requisito da pessoalidade exigido pelas causas pessoais de exclusão da pena, não afetando em nenhum caso o injusto culpável, não há que se falar em erro de tipo, nem de proibição, ante a sua completa dissonância com estas formulações de erro (independente da variação das consequências jurídicas em matéria de erro existentes nas legislações em geral), pois não resultando necessário

---

[705] Derecho penal, p. 980.

[706] Idem, ibidem.

[707] Op. cit., p. 120.

[708] A ideia da existência das chamadas "condições objetivas de punibilidade impróprias' amplia a punibilidade de uma forma manifestamente contrária ao princípio da culpabilidade. Além do mais, nada impede que sejam reconhecidas como elementos do tipo objetivo. Com mais detalhes, veja-se: CARVALHO, Erika Mendes de. *Punibilidade e delito.* São Paulo: Revista dos Tribunais, 2008, p. 139-143.

A PUNIBILIDADE NO DIREITO PENAL

que as condições sejam abarcadas pelo dolo do autor, nem sendo imputáveis a título de imprudência[709], não há que se falar na incidência ou não das hipóteses de erro nestas figuras. Contudo, para se chegar uma conclusão com relação às causas pessoais de exclusão da pena e as causas de liberação da pena, posto que nestas últimas a questão do erro comporta uma outra reflexão.

Da realidade de que as condições objetivas de punibilidade e as causas pessoais de exclusão da pena são uma demonstração de que não interessa para o legislador que determinados fatos, embora típicos, sejam punidos simplesmente pelo cometimento por um agente culpável, mas somente quando ocorrerem resultados ou consequências específicas, que avalia relevantes à consecução de sua política-criminal[710], faz-se mister considerar algumas observações, de uma parte da doutrina, que vê com reservas a questão da não consideração do erro em determinadas hipóteses onde concorra uma causa pessoal de exclusão da pena, pois o caso concreto poderá trazer algumas questões, no mínimo, desconcertantes para aqueles que rechaçam a relevância absoluta do erro sobre algumas causas de exclusão da pena[711].

Segundo o conceito de Bacigalupo[712] quando as escusas absolutórias vincularem-se com a culpabilidade, estas apenas se diferenciam dos pressupostos do estado de necessidade exculpante[713], motivo pelo qual o erro nestes casos deve ser tratado como um erro sobre o estado exculpante.

Patrícia Faraldo Cabana salienta que esta tese deve ter em conta os argumentos de um setor da doutrina alemã "(...) que afirma que é necessário distinguir, dentro das causas de exclusão da pena, entre aquelas que se

---

[709] PÉREZ, Carlos Martínez. Las condiciones objetivas de punibilidad. Op. cit., p. 121.

[710] TAVARES, Juarez. Teoria do injusto penal, p. 200.

[711] Como por exemplo, JESCHECK, Hans-Heinrich, para quem "as causas pessoais de exclusão da pena se encontram fora do injusto e da culpabilidade, nem o dolo do autor nem o conhecimento da proibição necessitam referir-se as mesmas. Somente importa sua presença, e um erro neste ponto resulta irrelevante". Op. cit., p. 502.

[712] El error sobre las excusas absolutórias, p. 20 e 21.

[713] O código penal brasileiro consagra o estado de necessidade como excludente de criminalidade, sem as restrições adotadas pela legislação alemã. BITENCOURT, Cezar Roberto. Manual de Direit Penal, 6ª. Ed., p. 251. Portanto, a hipótese do erro sobre o estado de necessidade exculpante não tem sentido em face da lei penal pátria, restando sua consideração abordada, tendo em vista o caráter universal que se pretende neste trabalho, com relação ao estudo das causas excludentes de punibilidade.

fundamentam em uma situação de motivação similar ao estado de necessidade exculpante e as que se baseiam de forma exclusiva ou predominante em considerações utilitárias de natureza extrapenal. As primeiras supõem uma diminuição da culpabilidade que, a diferença do que ocorre nas causas de exculpação, não chega a alcançar o grau suficiente como para excluí-la completamente, enquanto que as segundas não respondem a uma diminuição do injusto ou da culpabilidade do fato, senão a uma ponderação de interesses alheios ao Direito Penal"[714].

Assim, o que propõe Bacigalupo[715] é que, no caso daquelas normas do Código Penal alemão que regulam a causa pessoal de exclusão da pena do privilégio de parentesco[716], a diferença situa-se apenas nos pressupostos do estado de necessidade exculpante do § 35.2, e os casos de erro sobre estas deveriam ser regulados como se fossem um erro sobre o estado exculpante. Para os demais casos citados por Bacigalupo o problema restringe-se a aplicação do § 16, que regula o erro de tipo que estabelece a exclusão do dolo, ou o § 17, que regula o erro de proibição.

Juan Felipe Higuera Guimera[717] sustenta que, quando a hipótese versar sobre as causas pessoais de exclusão da pena vinculadas a culpabilidade, o erro sobre as causas de inculpabilidade, poderá ser aplicado por analogia ao erro de proibição. Já com referência aos casos em que a causa pessoal de exclusão da pena estiver vinculada ao injusto, não há que se aplicar o erro de tipo, porque o erro sobre as causas pessoais de exclusão da pen não pode excluir o dolo do tipo.

Johaness Wessels ressalta que "(...) as particularidades das respectivas causas de exclusão de pena e as diversas ponderações do legislador para que sejam incluídas no Código Penal só se satisfazem através de uma *solução diferenciada*: deve-se orientar, em todo caso, segundo a *situação objetiva*, onde a regra legal sirva exclusiva ou preponderantemente a *interesses políticos do Estado* ou se baseie em *ponderações práticas de Política Criminal*"[718]. Mais: "Deve-se atender entretanto à *representação do autor*, quando a causa

---

[714] Op. cit., p. 182.
[715] El error sobre las excusas absolutórias, p. 3 e ss.
[716] Que não se encontra na lei penal brasileira.
[717] Las excusas absolutorias. Op. cit., p. 159.
[718] Op. cit., p .112.

A PUNIBILIDADE NO DIREITO PENAL

excludente de pena queira dar importância a uma *situação de motivação seme-lhante ao estado de necessidade e ao conteúdo atenuado da culpabilidade do fato*"[719].

Esta certa prudência de um setor da doutrina em não refutar por completo a possibilidade de uma suposição errônea sobre a presença de uma causa pessoal de exclusão da pena que impediria a punibilidade do fato, parte de que, na prática, podem surgir situações em que a não consideração sobre o erro do agente, faria com que a fundamentação da aplicabilidade ou não da reprimenda penal ficasse comprometida, pois as legislações não preveem a regulação do erro nos casos das condições objetivas de punibilidade e das causas pessoais de exclusão da pena, levando a busca de uma justificação para o reconhecimento do erro sobre as circunstâncias excludentes da punibilidade, para o campo da analogia, aplicando-se a regra pertinente ao erro de proibição[720].

Noutra vertente busca-se sustentar que, às vezes, a aplicação da pena está condicionada por um injusto culpável, por certas exigências político--criminais de punibilidade, dentre as quais se encontram as que impõem limites utilitaristas da ameaça penal, que "(...) quiçá não se achem satisfeitos quando o autor tem um erro acerca do caráter efetivamente punível de seu comportamento"[721].

Por isso se quer admitir a possibilidade da existência de um erro sobre a punibilidade, que não exclui o caráter culpável da ação, "(...) senão que afeta ao princípio segundo o qual 'somente é justificável a pena que aparece político-criminalmente como iniludível' a exceção de que o conceito mesmo de culpabilidade seja redefinido com um maior alcance ao que se hoje se lhe designa"[722]. Mas, o reconhecimento do erro sobre a punibilidade, continua a deixar a possibilidade da consideração, desta pouco admitida modalidade de erro, no campo da analogia, agora sob novo fundamento, sem que exista previsão legal, ao contrário do erro de proibição.

---

[719] Idem, íbidem.

[720] Neste sentido: GUIMERA, Juan Felipe Higuera, concluindo que nos casos em que causa pessoal de exclusão da pena (Guimera usa termo escusa absolutória) esteja vinculada a culpabilidade, poderia aplicar-se por analogia o erro de proibição, não se podendo fazer o mesmo com relação aquelas vinculadas ao injusto, onde não se pode aplicar-se o erro de tipo, pois o erro sobre as escusas absolutórias não pode excluir o dolo do tipo, motivo pelo qual se recorre a aplicação do erro de proibição. Las excusas absolutórias. Op. cit., p. 159.

[721] SANCINETTI, Marcelo A..Error de prohibición y error de punibilidad, p. 433.

[722] Idem, íbidem

Asseverar a impossibilidade da aplicação destas ponderações sobre a incidência do erro nas excludentes de punibilidade, sob o argumento de que não encontram resposta adequada na teoria do delito, tampouco no direito positivo, não evita algumas questões que poderiam não justificar a utilização da reprimenda penal. Pode-se citar, o exemplo de que em regra[723], a lei pune quem se apodera ilegitimamente de coisa alheia móvel[724].

Destarte, uma outra disposição[725] – da mesma lei – discorre que ficam isentos de pena, os cônjuges, ascendentes, descendentes, pelos furtos que reciprocamente se causarem. Neste caso a norma proíbe apoderar-se ilegitimamente de coisas móveis total ou parcialmente alheias. Por isso, quem executa tal ação em relação a um livro[726] de seu pai, não responderá penalmente por seu ato. Contudo, se o autor crê erroneamente, que o livro é de seu pai, quando não era, senão de um terceiro, seu erro será irrelevante aos fins penais, já que a limitação da responsabilidade penal não formará parte do conteúdo da norma que proíbe um certo fato, e que a lei inclui como condição necessária, mas não suficiente, para imputar uma pena.

Para o exemplo supra a doutrina tradicional não conseguirá outra resposta senão a de que o erro no caso nas causas pessoais de exclusão da pena não isentará de responsabilidade penal, posto que é irrelevante para a tipicidade, a antijuridicidade e a culpabilidade, restando a aplicação analógica do erro de proibição, sem embargo, uma extrapolação hermenêutica.

Da constatação de que a doutrina tradicional não consegue justificar a não aplicação de pena, no caso do erro sobre uma excludente pessoal de punibilidade, responde Bernd Schüneman que na lei penal alemã, na hipótese de favorecimento pessoal de parentes (§ 258.6 StGB) "(...) se se contempla o sistema atual do Direito Penal como uma formação, por assim dize-lo, fechada no espaço, não haveria mais remédio que estimar que a suposição errônea do autor de que a pessoa favorecida por ele é um parente, constitui mero erro sobre a punibilidade, penalmente irrelevante.

---

[723] Exemplo elaborado em face da legislação Argentina - aqui utilizado em face da lei penal pátria - por: SPOLANSKY, Norberto Eduardo. Delito, error y excusas absolutórias, p. 112/113.
[724] Art. 155 Código Penal brasileiro.
[725] Art. 181, I e II do Código Penal brasileiro. O art. 183 do CP dispõe que não se aplica esta imunidade, se o crime é de roubo ou extorsão, ou, em geral, quando haja emprego de grave ameaça ou violência à pessoa; ao estranho que participa do crime.
[726] Não se levando em conta o princípio da insignificância.

A PUNIBILIDADE NO DIREITO PENAL

Com efeito, este autor atua conhecendo a tipicidade e antijuridicidade de sua conduta e tampouco supõe erroneamente a concorrência dos pressupostos de uma causa de exclusão da culpabilidade, de modo que não são aplicáveis os §§ 16 e 17 do StGB[727] e também está fora de lugar uma analogia com a regulação do erro sobre os pressupostos do estado de necessidade exculpante no § 258.6, do StGB, o legislador renuncia a pena por indulgência frente ao autor que age sob uma pressão fora do comum.

Conseqüentemente, dado que dita pressão, a rigor, não se deriva da situação objetiva, senão das representações que sobre a mesma se dão no autor, é obrigado a reagir com idêntica indulgência frente ao autor que supôs erroneamente a qualidade de parente na pessoa favorecida por ele. Assim, pois, haveria que fazer depender a impunidade exclusivamente da representação subjetiva do autor e, por tanto, estimar punível – contra o teor literal do § 258.6, do StGB – o favorecimento de um parente desconhecendo o vínculo parental"[728].

Certo é que não cabe dúvida sobre o caráter de limitador da punibilidade contido nas causas pessoais de exclusão da pena, eis que o legislador entende não ser cabível o recurso ao Direito Penal nestes casos, cabendo a seguinte reflexão: somente por não se encontrar uma resposta adequada dentro do sistema penal, para as hipóteses de erro sobre as causas excludentes de punibilidade, não restaria outra solução plausível que não a violação do sistema penal ou a não admissão completa de isenção de pena quando o agente represente erroneamente uma circunstância excludente de punibilidade?

A este questionamento Bernd Schüneman leciona que "(...) Na argumentação a partir de um 'sistema fechado' se passa por alto o alcance limitado de tal construção sistemática, a que as 'causas pessoais de exclusão da pena' constituem uma mera categoria de orientação, cuja 'estrutura profunda' não se reflete no sistema.

Pois bem, dado que o tratamento do erro sobre uma circunstância eximente em sentido amplo depende claramente da questão de por que já a concorrência objetiva de tal circunstância exime de pena, um critério meramente negativo de sistematização (causas pessoais de exclusão da pena são aquelas que não excluem nem a tipicidade, nem a antijuridicidade, nem a

---

[727] Erro de tipo e de proibição.
[728] Op. cit., p. 39.

REPERCUSSÕES RELEVANTES NA TEORIA DO DELITO

culpabilidade, mas sim à punibilidade) não pode prejulgar o tratamento dos erros produzidos neste nível.

Sem embargo, por outro lado, a advertência do limitado alcance do sistema eximente não pode conduzir a adoção definitiva de um 'espaço livre de sistema', em que a última palavra lhe corresponda a confrontação dos argumentos relativos ao problema concreto. Mas bem, o princípio de ausência de contradição requer que a conclusão obtida por via problemática se confronte com o sistema dado. Assim, ou bem se cederá a superioridade dos juízos de valor contidos nele (com que se ampliaria o alcance material do sistema), ou bem se forçará uma modificação do sistema, dadas as maiores razões em favor dele"[729].

Tal pensamento significa que, para Schüneman, contemplando-se o sistema de Direito Penal como um todo fechado, a doutrina tradicional está certa em refutar a exclusão da punibilidade nos casos aqui tratados, bem como não se poderia aplicar por analogia os pressupostos do estado de necessidade exculpante, previstos no § 35.2 do Código Penal alemão.

Schüneman[730] sugere que para se admitir a exclusão da punibilidade, em especial quanto ao exemplo da representação do erro no caso da norma do favorecimento de parentes (§ 258.6 StGB), o sistema deve ser modificado, em face das fortes razões para fazê-lo. Isto poderia ser feito substituindo-se a definição tradicional da categoria sistemática da culpabilidade como possibilidade de atuar de outro modo, definindo-a como uma exigibilidade razoável desde uma perspectiva político-criminal de atuar de outro modo, fazendo com que o conceito de culpabilidade experimente um desenvolvimento progressivo, tornando possível conceber a hipótese do § 258.6 StGB, como uma causa de exclusão da culpabilidade, não havendo problema sistemático em estender esta aplicação analógica do erro de proibição (§ 35.2 StGB), nos casos de erro[731].

Este esforço na tentativa de se buscar uma solução para as hipóteses de erro, na forma aqui tratada, não significa que se tenha chegado à conclusão de que se tenha uma solução que se impõe para todas as chamadas causas pessoais de exclusão da pena. O propósito aqui é o de demonstrar, primeiro, as enormes dificuldades encontradas quando se necessita recorrer a teoria do delito para fundamentar a aplicação da lei nos casos das

---

[729] Introducción al razonamiento sistemático en derecho penal. Op. cit., p. 39.
[730] Op. cit., p. 40.
[731] Idem, ibidem.

A PUNIBILIDADE NO DIREITO PENAL

excludentes de punibilidade, e segundo que o Direito Penal, embora não esteja voltado para o casuísmo, necessita ser um sistema aberto, sob pena de não conseguir responder convincentemente as surpresas surgidas com a aplicação da lei penal ao caso prático[732].

Certamente, o erro sobre uma causa pessoal de exclusão da pena deve ser analisado com cuidado, a fim de que não se cometam injustiças, somente em face do problema que surge em se conseguir fundamentar seu reconhecimento no caso concreto. A proposta de Schüneman sugere na verdade uma modificação do conceito tradicional de culpabilidade, com vistas a buscar uma solução dentro da própria teoria do delito, o que se conclui não ser a melhor solução.

A proposta de Bernd Schüneman, se bem sopesada, não significa o reconhecimento da existência de erro sobre a punibilidade, mas sim com relação somente às causas pessoais de exclusão da pena que se relacionam com a culpabilidade o que, no caso do Código Penal brasileiro, nas hipóteses previstas no art. 181, I e II, concluiria-se que o erro sobre estas hipóteses é de fato um erro *sui generis*, devendo o caso concreto indicar qual a melhor saída para o seu reconhecimento ou não, levando-se em conta a política criminal seguida pelo legislador na criação da norma.

Com o que foi visto no Capítulo IV supra, restou claro que o universo, compreendido como essencial à punibilidade, possui três flancos distintos: a) o das circunstâncias objetivas positivas, compreendidas na denominação "condições objetivas de punibilidade"; b) o inerente a condições pessoais do sujeito ativo do delito, aqui tratadas como causas pessoais de exclusão da pena; e c) aquele que exige um comportamento positivo pós-delitivo do agente, colaborando com a Administração da Justiça e diminuindo o dano causado às próprias causas de liberação da pena.

Nessas três circunstâncias, o erro sobre o gênero "punibilidade" não pode ser analisado sob um denominador comum, especialmente, porque, nas condições objetivas de punibilidade e nas causas pessoais de exclusão de pena, que possuem uma semelhança maior, não se exige uma conduta positiva do agente (aliás, não exigem nenhuma conduta, para afastar a punibilidade), bem como o seu advento deve ocorrer antes ou durante a conduta ilícita, o que difere das causas de liberação da pena, cujo comportamento

---

[732] MIR, Jose Cerezo após admitir que na legislação espanhola o erro sobre a punibilidade é irrelevante, admite que o desconhecimento da concorrência dos pressupostos de uma escusa absolutória não deve impedir sua aplicação. Derecho penal, parte general (lecciones 26-40).

que incidirá sobre a punibilidade somente ocorre em momento posterior ao cometimento do delito, em que pese, como amplamente afirmado, todos terem o fato comum de estarem localizados adiante do injusto culpável.

Essa distinção é necessária, porque, para os efeitos das conclusões do presente trabalho, precisam estar esclarecidas as variáveis do erro sobre a punibilidade, pois a motivação para a relevância de cada um deles possui enfoques diferentes – tudo com o propósito de mostrar que o erro sobre as causas de liberação da pena comporta uma visão diversa para a sua relevância, daquelas inerentes, e já destacadas no presente capítulo, das causas de exclusão da pena.

Outro destaque deve ser feito, advertindo que a abordagem doutrinária, quanto ao erro sobre a punibilidade, sempre teve por base um tratamento unitário das diversas espécies do gênero, inclusive o que sempre foi percebido em relação à busca de um critério reitor, o que nunca foi atingido, conforme demonstrado nos Capítulos I e II supra e que, no presente trabalho, deu causa à conclusão de que o fracasso do tratamento unitário, diante da face policrômica e difusa da punibilidade, recomenda a divisão aqui proposta da punibilidade em três espécies, pois, particularmente, no tocante às diferentes formas, estas refletem, de maneira diversa, e devem ser analisadas individualmente acerca de seu fundamento quanto ao erro.

Primeiramente, cumpre frisar que nas hipóteses das condições objetivas de punibilidade de fato não se pode conferir relevância as hipóteses de erro nesta espécie do gênero punibilidade.

Mesmo aqueles autores que admitem a relevância do erro sobre a punibilidade, quando a referência é feita, em face das condições objetivas de punibilidade, a negativa se impõe não apenas porque não há relação destas com o injusto culpável e, sendo assim, em que pese reconheçam certa semelhança com as causas pessoais de exclusão da pena (mas não o suficiente para admissão do erro), visto que a sua desconexão com a imputação subjetiva faz derivar a irrelevância do erro sobre as mesmas[733].

Em suma, essa posição majoritária da doutrina considera irrelevante o erro sobre a punibilidade, argumentando que, nestes casos, a irrelevância é decorrente da constatação de que o tipo, a antijuridicidade e a culpabili-

---

[733] CAFFARENA, Borja Mapelli. *Estudio jurídico-dogmático sobre las llamadas condiciones objetivas de punibilidad.* Madrid: Ministerio de Justicia, 1990, p. 119; FRAGOSO, Heleno Claudio. Pressupostos do crime e condições objetivas de punibilidade. *Revista dos Tribunais,* São Paulo, n. 738, p. 754, 1997.

A PUNIBILIDADE NO DIREITO PENAL

dade já estão plenamente caracterizados, e o agente, em tais casos, já tinha consciência de que a sua conduta era típica e antijurídica[734].

Como as condições objetivas não comportam o requisito da pessoalidade, exigido pelas causas pessoais de exclusão da pena, não afetando em nenhum caso o injusto culpável, não há que se falar em erro de tipo, nem de proibição – nem mesmo na forma analógica – ante a sua completa dissonância com estas formulações de erro (independente da variação das consequências jurídicas em matéria de erro, existentes nas legislações em geral), pois não resultando necessário que as condições sejam abarcadas pelo dolo do autor, nem sendo imputáveis a título de imprudência[735], não há que se falar na incidência ou não das hipóteses de erro nestas figuras.

Embora as condições objetivas de punibilidade sejam uma demonstração de que não interessa para o legislador que determinados fatos, mesmo que típicos, sejam punidos simplesmente pelo cometimento por um agente culpável, mas somente, quando ocorrerem resultados ou consequências específicas, é que se considerada relevante a consecução de sua política-criminal[736], e tal fato, por si só, não implica aferir relevância a um erro quanto às consequências específicas da condicionante objetiva.

Feito o esclarecimento e recordando que as condições objetivas de punibilidade próprias independem do dolo ou culpa, devendo estar presentes no momento em que o injusto culpável está caracterizado, para permitir a punibilidade[737], posto que, se configurada, impede o advento da punibilidade, importa ter presente que é sobre a configuração da circunstância objetiva que deverá recair a análise sobre o erro.

A punibilidade, nas condições objetivas depende, sempre, de um fator que em nada se relaciona à conduta do autor de forma subjetiva, seja pré, ou mesmo, pós-delitiva. Para o advento ou não da punibilidade, há sempre que ser ressaltado que esta depende de condições, além de objetivas, que sejam circunstâncias exteriores à conduta, que condicionem a ilicitude

---

[734] Veja-se, por todos: PÉREZ, Octavio Garcia. *La punibilid en el derecho penal*. Pamplona: Aranzadi, 1997, p. 83.

[735] PÉREZ, Carlos Martinez. *Las condiciones objetivas de punibilidad*. Madrid: Edersa, 1989, p. 121.

[736] TAVARES, Juarez. *Teoria do injusto penal*. Belo Horizonte: Del Rey, 2000, p. 200.

[737] Citando o que ocorre nos crimes falimentares, exemplifica Juarez Tavares que "a declaração de falência continua sendo uma condição objetiva de punibilidade também nos crimes pós-falimentares, de tal sorte que, se essa sentença por algum motivo for reformada ou anulada, os fatos restarão impunes, embora já se tenham consumado" (TAVARES, Juarez. *Teoria do injusto penal*. Belo Horizonte: Del Rey, 2002, p. 251).

penal ou a punição[738] a circunstâncias exteriores. Mesmo que não sejam previstas explicitamente na lei penal, a condição objetiva de punibilidade tem a sua existência comumente confirmada pela doutrina, já que resulta do sistema penal[739].

Sustenta-se que a característica da objetividade deve restar separada do fato ao qual subordina a punibilidade quanto à realização da ação ou omissão, exigida pelo injusto culpável, da qual, como reiteradamente demonstrado, não faz parte. Diz-se que são objetivas, porque a sua eficácia jurídica independe da culpa ou de qualquer nexo psicológico, relativo à conduta incriminada. Ela é o antecedente, exterior ao tipo, indispensável para a punibilidade do fato, quando o fato incriminado já está realizado[740].

Desta forma, a representação equivocada sobre a condicionante, especificamente, o erro em relação ao pressuposto da punibilidade, nesta espécie, não possui relevância, principalmente, porque o advento da punibilidade depende ou de uma condição concomitante ou futura, bem como incerta, eis que, de outra forma, não teria sentido a sua disciplina jurídica[741].

No exemplo mais citado como condição objetiva de punibilidade, na hipótese de crime falimentar, em que há exigência expressa da decretação de uma sentença de falência para o advento da responsabilidade criminal, possibilita dimensionar o porquê se afirma não relevar o erro nestas circunstâncias. Este exemplo, encontrado também em outras legislações alienígenas, na legislação brasileira, pode ser observado quanto à previsão da Lei nº 11.101, de 9 fevereiro 2005, que regula a recuperação judicial, extrajudicial, bem como a falência do empresário e da sociedade, tipificando crimes falimentares, mas que, em seu art. 180, estabelece expressamente que "a sentença que decreta a falência, concede a recuperação judicial ou concede a recuperação extrajudicial de que trata o art. 163 desta Lei, que

---

[738] FRAGOSO, Heleno Claudio. *Lições de direito penal*. 16. ed. Rio de Janeiro: Forense, 2003, p. 265.

[739] A única exceção conhecida é a legislação italiana, por força da previsão do art. 44 do Código Penal. Porém, deve ser ressaltada a confusão de termos existente, bem como pelo fato de não aclarar a natureza das condições de punibilidade, porque se limita a estabelecer a possível independência entre a condição e a voluntariedade do fato (BETTIOL, Giuseppe; MANTOVANI, Luciano Pettoello. *Diritto penale*. 12. ed. Padova: Cedam, 1986, p. 245).

[740] FRAGOSO, *op. cit.*, p. 266.

[741] *Ibidem*, p. 268.

é condição objetiva de punibilidade das infrações penais descritas nesta Lei"[742].

O texto legal imprime uma situação interessante, visto que o legislador admite que um crime possa ser praticado ante expressa previsão legal, contudo impede o advento da punibilidade, com a expressa exigência de uma condição objetiva que dependerá, a rigor, de um fato futuro, no caso, uma sentença, decretando a falência, a recuperação judicial ou extrajudicial, cuja expectativa de não acontecer, ou a crença inequívoca de que não ocorrerá não opera qualquer transformação na escusabilidade ou inescusabilidade da conduta humana praticada, porque, simplesmente, não se conecta a qualquer conduta, muito menos, a uma circunstância pessoal.

O primeiro fator em favor da irrelevância desta modalidade de erro, como já ressaltado, já fica presente diante da indiferença no aferimento da relevância do erro, quanto à inexistência de conduta a ser valorada, porque, mesmo acreditando o autor do fato criminoso na não ocorrência da condicionante objetiva, no caso a sentença de falência, qualquer ato, realizado antes da circunstância condicionante da punibilidade (a sentença), não permite configurar a responsabilidade criminal e, sendo assim, o erro sobre o que não existe não pode ser aferido como relevante, pelo contrário, termina por mostrar um completo desprezo diante da ameaça contida na norma, sendo, desta forma, ainda mais reprovável.

O segundo, também já assinalado, é que o legislador não exige nenhuma condição pessoal específica, para limitar a punibilidade, hipótese possível quanto às causas pessoais de exclusão da pena, bem como não permite, por meio de norma, uma modalidade de conduta que, se praticada, influenciaria o âmbito da punibilidade, como é a hipótese das causas de liberação da pena, na qual a situação a ser analisada comporta outra reflexão.

O estudo da relevância do erro, nas hipóteses objetivas, em que não se afere a conduta do agente, mas que condiciona a punibilidade, parte do princípio de que a falta de representação do autor do elemento condicionante não impede que este seja penalmente relevante, pois, sequer, no âmbito da culpabilidade, se exige o conhecimento da punibilidade, mas, sim, que o agente reconheça a proibição de sua conduta pelo ordenamento

---

[742] BITENCOURT, Cezar Roberto; MONTEIRO, Luciana de Oliveira. *Crimes contra a ordem tributária*. São Paulo: Saraiva, 2013, p. 68.

jurídico[743]. Posição que, embora majoritária, possui escassa fundamentação, para sustentá-la[744], encontrando alguma oposição que, mesmo consciente da necessidade de assentar sobre novas bases, a irrelevância do erro sobre a punibilidade não se dispõe para tanto[745].

Mas o erro, para ser relevante, quanto a não imputação de responsabilidade ou à diminuição da pena em perspectiva, impõe, além de todas as ponderações já analisadas, uma conduta humana escusável, e isto quer dizer que, pela percepção equivocada do agente, justifica-se refletir sobre a pena a ser aplicada e o grau do erro praticado.

Neste aspecto, além dos demais citados pela doutrina pesquisada, o erro sobre a circunstância objetiva não se relaciona, ou de forma metafórica, não dialoga com a punibilidade em si, porém, com a circunstância futura, desconhecida pelo agente, como é o caso exemplificado pela sentença de falência, objetivamente exigida, para permitir a punibilidade do crime falimentar.

Esse é o exemplo mais admitido e mencionado como uma condição objetiva de punibilidade[746], cuja não incidência somente pode ser uma "aposta" do agente, decidido a agir contra o ordenamento jurídico, posto que seja uma situação incerta, não sendo, por quaisquer dos pontos de vistas elencados, para contemplar um erro sobre a punibilidade, um argumento válido, visando a conferir relevância a uma hipótese de erro.

---

[743] RODA, Juan Córdoba. *El conocimiento de la antijuridicidad en la teoria del delito*. Barcelona: Bosch, 1962, p. 98.

[744] PÉREZ, Octavio Garcia. *La punibilidad en el derecho penal*. Pamplona: Aranzadi, 1997, p. 84.

[745] É o caso específico de Reinhart Maurach, e já anteriormente citado no item 2.1 supra. *Tratado de derecho penal*. Tomo II. Tradução de Juan Córdoba Roda. Barcelona: Ariel, 1962, p. 151 e seq. Schroeder, citado por Octavio Garcia Pérez, afirma que, se a pena, diferentemente das restantes consequências jurídicas, expressa um juízo específico de desaprovação, o erro sobre a punibilidade não reflete simplesmente um caso de erro sobre as consequências, senão sobre o juízo, mesmo de desaprovação (PÉREZ, *op. cit.*, p. 87).

[746] São, de fato, inúmeros os autores que buscam, na sentença falimentar, o exemplo clássico de uma condição objetiva de punibilidade. Nesse sentido: CAFFARENA, Borja Mapelli. *Estudio jurídico-dogmático sobre las llamadas condiciones objetivas de punibilidad*. Madrid: Ministerio de Justicia, 1990, p. 15; MIRABETE, Julio Fabbrini. *Manual de direito penal*. São Paulo: Atlas, 1987, v. 1, p. 368. Aliás, Mirabete apenas cita como único exemplo; SANTOS, Juarez Cirino dos. *A moderna teoria do fato punível*. Rio de Janeiro: Freitas Bastos, 2000, p. 272; MESTIERI, João. *Teoria elementar do direito criminal*. Rio de Janeiro: J. Mestieri, 1990, p. 384; PÉREZ, op. cit., 1997, p. 231; CARVALHO, Erika Mendes de. *Punibilidade e delito*. São Paulo: Revista dos Tribunais, 2008, p. 116.

A PUNIBILIDADE NO DIREITO PENAL

Já quanto às circunstâncias pessoais que podem alterar o advento da punibilidade (causas pessoais de exclusão da pena), sem dúvida, essas podem ser consideradas como o laboratório dos estudos sobre a irrelevância do erro, possuindo o melhor manancial de análise ao permitir trilhar, no pequeno universo das discussões existentes, o principal caminho na busca de novas bases para o seu futuro.

Note-se que, no âmbito da doutrina minoritária que trabalha com a hipótese do erro sobre a punibilidade, é este aspecto pessoal – quando o autor tem um erro sobre o caráter efetivamente punível de seu comportamento – o ponto nodal para as incursões analógicas com o erro de proibição, iniciado por alguns poucos autores (vide análise supra neste mesmo tópico), aproximando a situação às causas de justificação[747].

É possível encontrar, em diversos ordenamentos jurídicos do mundo ocidental, dispositivos legais que, ao considerarem uma circunstância pessoal específica do agente infrator, ou seja, mesmo diante de um constatado injusto culpável, admitem a mitigação da punibilidade, sendo um dos mais concretos exemplos de contenção do poder estatal que se dispõe a adotar exceções dentro de determinados parâmetros previstos no texto legal[748].

---

[747] Como por exemplo: MILHEIRO, Tiago Caiado; VIEIRA, Frederico Soares. *Do erro sobre a punibilidade*. Lisboa: Quid Juris, 2011, p. 236 e seq.; HERRERA, Maria Rosa Moreno-Torres. *El error sobre la punibilidad*. Valencia: Tirant lo Blanch, 2004, p. 97 e seq.; GUIMERA, Juan Felipe Higuera. Las excusas absolutórias. Madrid: Marcial Pons, 1993, p. 159 e seq.; BACIGALUPO, Enrique. El error sobre las excusas absolutórias. *Cuadernos de Política Criminal*, Madrid: Instituto de Criminologia de la Universidad Complutense de Madrid, n. 6, p. 3 e seq., 1978; SANCINETTI, Marcelo A. Error de prohibición y error de punibilidad. *Doctrina Penal*, Buenos Aires: Depalma, a. 32, n. 31, p. 443 e seq, 1985. Destaque-se que Bacigalupo constrói a responsabilidade pelo fato, conforme análise já realizada no capítulo III, item, 2.2.

[748] Na Espanha, por exemplo, são citadas por Patrícia Faraldo Cabana as seguintes hipóteses: inviolabilidades, imunidades (que esta autora faz questão e frisa que não admite como causa pessoal de exclusão da pena, mas, sim, como condição de procedibilidade, a isenção de pena em alguns casos de encobrimento de parentes, o parentesco pela comissão de alguns delitos patrimoniais não violentos (CABALDO, Patrícia Faraldo. *Las causas de levantamento de la pena*. Valencia: Tirant lo Blanch, 2000, p. 52-55). Erika Mendes de Carvalho esclarece que são circunstâncias de caráter pessoal, sendo aplicáveis "exclusivamente aqueles nos quais concorram. O artigo 268.2 do Código Penal espanhol, por exemplo, prevê expressamente que 'não é aplicável aos estranhos que participarem no delito'. Da mesma forma, o artigo 183, II, do Código Penal brasileiro é taxativo, ao estabelecer que as isenções de pena constantes dos artigos 181 e 182 não se aplicam 'ao estranho que participa do crime' (CABALDO, Patrícia Faraldo. *Punibilidade e delito*. São Paulo: Revista dos Tribunais, 2008, p. 72-73). Na Itália Francesco Palazzo enumera as imunidades de direito público interno e internacionais, o parentesco nos

Mas, como foi ressaltado no Capítulo I, o problema da terminologia utilizada não se caracteriza pela uniformidade, sendo importante recordar que as causas pessoais de exclusão da pena – além do requisito de uma condição especial do agente infrator (o parentesco nos crimes patrimoniais cometidos sem violência ou grave ameaça, por exemplo) – são o grupo de circunstâncias que eliminam a punibilidade e devem concorrer no momento da execução do delito, enquanto as causas de liberação da pena se caracterizam pela concorrência tardia das circunstâncias que excluem a punibilidade.

Na definição de Maria Rosa Moreno-Torres Herrera, a qual se adota como uma boa explanação do conteúdo, percebe-se que as causas de exclusão da pena concorrem durante a execução do delito, evitando que surja a punibilidade das causas de anulação da mesma, enquanto que as causas de liberação da punibilidade são posteriores a realização do fato delitivo e pressupõem a existência de uma ação típica antijurídica, culpável e punível, cuja punibilidade eliminam[749].

A circunstância pessoal, para observar a forma como se deve tratar a fundamentação jurídica nesses casos, é essencial, já que, dentre as espécies do gênero "punibilidade", é a única que impõe uma condição pessoal do agente, individual, com fins de alteração da punibilidade, além da condição objetiva. Fato é que as causas pessoais de exclusão da pena afetam apenas os intervenientes do fato em que concorram, ou seja, não afetam a todos[750].

Nesses casos, segundo Borja Mapelli Caffarena, a diferença desta espécie de punibilidade com as demais reside no detalhe de que o seu caráter pessoal lhe confere uma similitude com os elementos de exculpação, que faz com que o erro, nas causas pessoais de exclusão da pena, apresente semelhança com o erro sobre as causas de exculpação, o que tornaria necessário outorgar-lhe relevância[751].

---

crimes contra o patrimônio, cometidos sem violência (PALAZZO, Francesco. *Corso di diritto penale, parte generale*. 5. ed. Torino: G. Giappichelli, 2013, p. 620).

[749] HERRERA, Maria Rosa Moreno-Torres. *El error sobre la punibilidad*. Valencia: Tirant lo Blanch, 2004, p. 107.

[750] MILHEIRO, Tiago Caiado; VIEIRA, Frederico Soares. *Do erro sobre a punibilidade*. Lisboa: Quid Juris, 2011, p. 218.

[751] CAFFARENA, Borja Mapelli. *Estudio jurídico-dogmático sobre las llamadas condiciones objetivas de punibilidad*. Madrid: Ministerio de Justicia, 1990, p. 124-125.

A PUNIBILIDADE NO DIREITO PENAL

Todavia, essa posição merece ser refutada, não pela comparação feita, por si só, mas, sim, porque a causa que exclui a punibilidade não possui nenhuma conexão com o injusto ou a culpabilidade, não sendo possível realizar equiparações com uma circunstância que, a toda evidência, somente pode ocorrer no instante em que o agente pratica uma conduta errônea. Além do mais, não se apresenta qualquer distinção, para que o entendimento não seja estendido às condições objetivas de punibilidade, o que é refutado pelo mesmo autor[752].

Por outro lado, ainda hoje, é opinião dominante que a culpabilidade requer que o autor, no momento do fato, possa atuar de outra maneira, no sentido de poder seguir a norma. Também é possível afirmar "que, com o juízo de culpabilidade, se formula ao autor a reprovação de que não seguiu a norma, apesar de que poderia fazê-lo"[753].

A questão do fundamento da reprovação da culpabilidade, focada na capacidade do autor de formar a sua vontade, exige posicionamento com relação ao problema fundamental da liberdade da vontade (livre arbítrio)[754], o que não é objeto da investigação do presente trabalho. Contudo, essa questão não pertence à punibilidade, cujo conteúdo não abrange o problema da possibilidade, ou não, do agir de outro modo, pois já está claro que poderia, quando a discussão chega até o advento, ou não, da punibilidade, por força de uma circunstância pessoal, que independe de livre arbítrio.

O legislador, ao prever uma causa pessoal de exclusão da pena, não tem a mínima preocupação com a conduta do indivíduo, mas, sim, com questões estranhas ao injusto culpável, inerentes a relações políticas internacionais, no caso das inviolabilidades, ou político-familiares, que podem ser compreendidas como político-criminais, nos casos em que o Estado opta por não interferir nas relações familiares, o que difere no caso de um erro sobre uma circunstância pessoal, do prejuízo ao patrimônio alheio, cujo Estado opta pela interferência. Fato é que o que exclui a pena está relacionado, apenas, à pessoa do agente autor do fato[755].

---

[752] *Ibidem*, p. 119 e seq.

[753] CÓRDOBA, Fernando Jorge. *La evitabilidad del error de prohibición*. Madrid/Barcelona/Buenos Aires, 2012, p. 33.

[754] *Idem*, p. 35.

[755] Apenas como esclarecimento, há doutrina sustentando que, ao lado dos requisitos pessoais do autor, devem estar alinhadas causas de exclusão da pena objetivas e que estejam vinculadas ao fato praticado (MAURACH, Reinhart. *Tratado de derecho penal*. Tomo II. Tradução de Juan

REPERCUSSÕES RELEVANTES NA TEORIA DO DELITO

No entanto, quando o agente desconhece a presença dos pressupostos que configuram uma causa pessoal de exclusão da pena, como no caso em que, no crime de furto, no qual, de acordo com o art. 181, II, do Código Penal brasileiro, o parentesco afasta a punibilidade nos crimes previstos no Título II (crimes contra o patrimônio)[756], ocorre o desconhecimento que a vítima é seu parente ou acredita que existe uma relação de parentesco com a vítima, quando esta relação não existe e, ainda, se o agente erra sobre o setor de atuação de uma causa pessoal de exclusão da pena, acreditando que possui a qualidade pessoal exigida, quando não a possui. Em todas essas situações, está agindo ciente da contrariedade ao ordenamento jurídico e, somente, a sua condição pessoal permite alterar a punibilidade.

Não se trata de questionar a aplicação analógica com o erro de proibição que, na forma proposta por Bernd Schünemann[757], é entendida como aplicável às causas de exclusão da pena, mas, sim, de esclarecer que tais circunstâncias diferem daquelas que podem ocorrer nas causas de liberação da pena, em que, embora inerentes à punibilidade, reflitam sobre o erro de forma diferente, conforme será melhor percebido no item a seguir.

Destarte, ao refutar a equiparação por analogia com o erro de proibição, não se está afirmando ser impossível que exista relevância do erro escusável, quando este recai sobre um equívoco em relação à condição pessoal da vítima, ou mesmo sobre o conhecer ou o desconhecer a situação pessoal que poderia afastar a punibilidade, como é o caso do exemplo

---

Córdoba Roda, Barcelona: Ariel, 1962, p. 91; ROXIN, Claus. *Derecho penal*. Tradução de Diego-Manuel Luzón Peña, Miguel Díaz y Garcia Conlledo e Javier de Vicente Remesal. Madrid: Civitas, 1997, p. 971 e seq.; JAKOBS, Günther. *Derecho penal, parte general*. 2. ed. Tradução de Joaquin Cuello Contreras e Jose Luis Serrano Gonzalez de Murillo. Madrid: Marcial Pons,1997, p. 410 e seq.; BACIGALUPO, Enrique. El error sobre las excusas absolutórias. *Cuadernos de Política Criminal,* Madrid: Instituto de Criminologia de la Universidade Complutense de Madrid, n. 6, p. 14 e seq., 1978. No Brasil, criticando esta posição, Erika Mendes de Carvalho esclarece que "a aplicação da isenção da pena sempre estará subordinada à necessidade de que todos os beneficiados reúnam as características exigidas pelo preceito. Na verdade, será preciso perquirir se cada um dos eventuais beneficiários apresenta os requisitos de natureza pessoal exigidos ou – no caso de uma escusa relacionada ao fato praticado – se realizou, também pessoalmente, algum comportamento capaz de isentá-lo de pena" (CARVALHO, Erika Mendes de. *Punibilidade e delito*. São Paulo: Revista dos Tribunais, 2008, p. 161-162).

[756] "É isento de pena quem comete qualquer dos crimes previstos neste Título, em prejuízo: II – de ascendente ou descendente, seja o parentesco legítimo ou ilegítimo, seja civil ou natural".

[757] SCHÜNEMANN, Bernd. Introducción al razonamiento sistemático en derecho penal. In: *El sistema moderno del derecho penal:* cuestiones fundamentales: Madrid: Tecnos, 1991, p. 39-40.

clássico do indivíduo que erra ou desconhece o parentesco, ou da imunidade parlamentar quando, por exemplo, o parlamentar, desconhecendo (de forma inescusável) que não mais está no exercício de seu *múnus*, pratica um injusto inerente à sua palavra, voto ou opinião, não estando, portanto, protegido pela imunidade parlamentar.

Nos exemplos supramencionados, a culpabilidade já está delineada de forma inequívoca, bem como não há qualquer equívoco no que concerne à ilicitude da conduta, eis que existe consciência sobre o que ocorre, não havendo erro de qualquer ordem subjetiva, mas, sim, objetiva, nos casos mencionados, a condição pessoal que afastaria a punibilidade, não, a antijuridicidade ou a culpabilidade.

E a punibilidade é afastada, justamente porque está ausente aquele *"plus"*, ou aquele algo mais que é necessário, em determinados ilícitos penais, para permitir o advento da punibilidade, que permite que o fato punido seja punível.

Na hipótese do erro com relação a uma qualidade pessoal, como ocorre nas causas de exclusão da pena, não se está alterando o conteúdo da culpabilidade, mas sim da própria punibilidade da conduta, fazendo com que aquele injusto culpável, erigido em norma penal incriminadora, por uma opção político criminal do legislador, não cumpra nem a função preventiva geral, tampouco especial da pena, impedindo portanto o advento da responsabilidade criminal.

Finalmente, quanto as causas de liberação da pena, outras considerações necessitam ser feitas, no intuito de demonstrar os motivos pelos quais se defende a relevância do erro sobre o gênero punibilidade, também nesta espécie.

Da leitura do texto produzido até o momento, resta claro que a ideia de se reconhecer a relevância ao erro sobre as causas de liberação da pena parte do pressuposto de que esta possibilidade tem como base a promulgação de uma norma de cunho penal, autorizando que o agente, em face de uma conduta positiva e pós- delitiva, em benefício da vítima ou da Administração da Justiça, com a reparação voluntária dos efeitos delitivos ou na colaboração livre com as autoridades, consiga alterar a punibilidade de sua conduta, fato admitido como limitador do poder punitivo estatal, referente aos fins da pena, especialmente, à mitigação da prevenção geral e da desnecessidade de prevenção especial.

É essa alteração legislativa (a previsão de uma causa de liberação da pena) que permite a assertiva de que é o próprio legislador quem altera a desvaloração do injusto e do resultado e, de certa forma, consente com a conduta do infrator, tendo em vista que lhe confere outra valoração quanto ao advento da punibilidade que, apesar de, na norma incriminadora e da pena em abstrato cominada, demonstra que procura agir, conforme o Direito, por força do comportamento pós-delitivo positivo, pode obter isenção ou diminuição da sanção criminal em perspectiva.

Embora o erro sobre a punibilidade inerente às causas pessoais de exclusão da pena ou das causas de liberação da pena não possua previsão legal, e o reconhecimento de sua relevância não signifique similitude com o erro de proibição, com o recurso da analogia, hipótese já afastada na presente obra, a sua admissibilidade, como causa supralegal, é possível. Assim, o legislador, ao permitir a alteração da punibilidade, por força da conduta pós-delitiva positiva, concede formalmente um direito ao autor, fazendo-o, por força de disposição em norma despenalizadora, como é o caso da possibilidade de extinção da punibilidade pelo pagamento do tributo ou da contribuição previdenciária, da retratação no delito de falso testemunho, da colaboração com as investigações na delação premiada, entre outras possibilidades expressamente previstas em lei[758].

Essa concessão do legislador é um dos requisitos, para aferir relevância ao erro estranho ao injusto culpável, no caso das causas de liberação da pena, pois ela pode ser limitada a determinados tipos e condutas especificadas pela norma limitadora da punibilidade.

Note-se que o erro não é pensar ou equivocar-se quanto ao que é punível ou quando o fato é punível, mas, sim, quando o agente está consciente de que age, amparado pela causa de liberação da pena, mas erra quanto aos seus requisitos que, quando invencíveis, isenta-se de pena ou diminui a punibilidade. Por outro lado, se vencível, apenas poderá reduzir a pena, sempre na dependência da previsão do tipo inerente à conduta positiva

---

[758] RIOS, Rodrigo Sanchez. *Das causas de extinção da punibilidade nos delitos econômicos*. São Paulo: Revista dos Tribunais, 2003, p. 43. O autor cita como exemplos do reconhecimento de comportamentos positivos pós-delitivos que isentam ou atenuam a pena: extinção da punibilidade pelo pagamento do tributo e contribuição previdenciários nas hipóteses de delitos fiscais e previdenciários, a retratação no crime de falso testemunho (art. 342, § 2º, Código Penal), desistência nos atos de execução (art. 15 do Código Penal) e, quanto à atenuação de pena, aquelas correspondents à circunstância prevista no art. 65, III, b, do Código Penal.

pós-delitiva que o agente errou, sendo a própria modalidade (se isenção ou diminuição da pena) de causa de liberação da pena que sustenta as consequências quanto ao erro.

Como os requisitos da causa de liberação da pena são delineados pela própria norma que a previu, o erro relevante somente poderá ser determinado, inclusive se vencível ou invencível, de acordo com a conduta exigida pelo legislador, para propiciar o benefício no contexto da conduta pós-delitiva exigida, demonstrando se o possível erro será vencível ou não.

Conforme exposto no presente trabalho, a resistência ao reconhecimento de relevância às hipóteses de erro sobre a punibilidade é significativa, motivo pelo qual seria recomendável a sua previsão no Código Penal, especialmente, porque a ampliação do uso de limitadores de punibilidade é uma tendência clara nas legislações penais.

Entretanto, quando o legislador permite que um comportamento positivo pós-delitivo afaste ou diminua o âmbito da punibilidade de determinada conduta, evidentemente está disponibilizando a proteção do bem jurídico penal tutelado, motivo pelo qual, na hipótese de uma causa de liberação da pena, reste configurada uma autêntica causa supra legal de justificação por motivos de política criminal, desaconselhando a aplicação da sanção criminal inicialmente prevista.

2. Participação

No que tange as condições objetivas de punibilidade, deve-se ter presente que "a presença ou não das condições de punibilidade é indiferente para a consumação do crime"[759], e que o delito se consuma independentemente desta[760]. Desse modo, é possível verificar que, na questão da participação em tema de condições objetivas de punibilidade, diferentemente das causas pessoais de exclusão da pena, a não verificação de uma condição afeta tanto ao autor como aos partícipes, devido a sua natureza objetiva[761] sendo certo que não se verificando a condição objetiva de punibilidade não haverá consequência jurídico-penal (sequer tentativa[762]), restando como conse-

---

[759] PRADO, Luiz Regis. Curso de direito penal brasileiro, p. 483.
[760] Idem, ibidem.
[761] CAFFARENA, Borja Mapelli. Op. cit., p. 158.
[762] JESCHECK, Hans-Heinrich. Op. cit., p. 504.

quência lógica, que a participação não será punida, em face da não satisfação da condição objetiva de punibilidade exigida pelo delito[763].

Por último, a título de recordação, é preciso ressaltar que neste trabalho não se admite a existência de condições objetivas impróprias (ou intrínsecas), onde há quem sustente a possibilidade de participação[764]. Já com referência a participação nas causas pessoais de pena à questão não comporta a mesma tranqüilidade.

Higuera Guimera sustenta que "as escusas absolutórias não somente se aplicam as pessoas que sejam autores do correspondente delito, senão que também se aplicam quando são meros partícipes (instigadores, cúmplices, etc.). Do contrário se incorre em um absurdo"[765]. Para Jescheck[766], a impunidade dos informes parlamentares verdadeiros (§ 37 StGB), constitui uma causa pessoal de exclusão de pena, que oferece a particularidade de atuar não somente de forma pessoal, mas também objetiva, motivo pelo qual deve favorecer a todos os intervenientes. Também Miguel Bajo e Silvina Bacigalupo[767], admitem a possibilidade da extensão exclusão da punibilidade no caso das causas pessoais de pena (que tratam como escusas absolutórias) ao partícipe.

Primeiramente, faz-se imperativo recordar (conforme destacado no capítulo I supra) que, os autores ora citados, tratam algumas causas de liberação de pena como escusas absolutórias (ou causas pessoais de exclusão de pena), restando a extensão ampla do privilégio da causa pessoal de exclusão de pena, a toda e qualquer hipótese inaceitável, tendo-se em vista que "(...) a participação é necessariamente acessória, porque está em função da conduta típica realizada por outrem"[768]. De tal modo, "(...) participação é, pois, contribuição ao crime realizado por outrem, apresentando-se sob forma de instigação ou cumplicidade"[769].

Ora, como nas causas pessoais de exclusão da pena, o dolo e a culpa a ela não se relacionam, o mesmo ocorrendo com a tipicidade, à antijuridicidade e a culpabilidade, não é possível a extensão do benefício legal aos

---

[763] PRADO, Luiz Regis. Curso de direito penal brasileiro, p. 483.
[764] Como por exemplo, CAFFARENA, Borja Mapelli. Op. cit., p. 158.
[765] Op. cit., p. 124.
[766] Op. cit., p. 501.
[767] Op. cit., p. 262/263.
[768] FRAGOSO, Heleno Cláudio. Lições de direito penal, p. 266.
[769] Idem, ibidem.

partícipes, por absoluta falta de previsão legal, bem como da existência de motivos plausíveis para a extensão do benefício.

Entretanto, conforme já destacado, faz-se necessário observar a motivação do legislador na criação de uma causa pessoal de exclusão da pena, as motivações extrapenais como, por exemplo, no caso da indenidade dos parlamentares, que recebem do legislador uma prerrogativa pessoal específica (isenção de pena), que ficaria sem sentido (objetivo), se não fosse estendido aos seus auxiliares (intervenientes), a fim de atingir o objetivo para o qual o legislador o criou, sob pena de não restar justificada sua própria criação, daí porque o acerto de Jescheck[770], em considera-la uma hipótese particular, que atua objetivamente e não de forma pessoal, sendo a única exceção da extensão da causa pessoal de exclusão da pena ao partícipe.

3. Tempo e local da comissão do delito

Conforme observa Martínez Pérez[771], como as condições objetivas de punibilidade não incidem na consumação, achando-se fora do tipo de injusto, resta claro que carece de transcendência a verificação das mesmas com relação a determinação do lugar e tempo de comissão do delito. Nos tipos delitivos, que contenham condições de punibilidade, o tempo e o local da comissão do crime estarão representados (com independência do cumprimento da condição) pelo lugar e o instante em que se executou o fato delitivo, ou seja, onde e quando se desenvolveu a atividade, ou se produziu o resultado, se for o caso[772].

Quanto as causas pessoais de exclusão da pena, o mesmo entendimento de que a "(...) aparição das condições objetivas de punibilidade é indiferente para o lugar e o tempo do fato (...)"[773], pode ser considerado válido, para aqueles que as tratam de forma unitária (ou seja sem classificação), conforme o sugerido neste trabalho, não servindo a conclusão para aqueles que adotam a classificação em escusas absolutórias anteriores e pos-

---

[770] Op. cit., p. 501.

[771] Op. cit., p. 128. Ainda segundo o mesmo autor, quanto às chamadas condições objetivas de punibilidade impróprias, o entendimento é o de que a presença das condições resultam necessárias para que se produza a consumação do delito. Op. cit., p. 129. No mesmo sentido: CAFFARENA, Borja Mapelli. Op. cit., p. 133/142.

[772] No mesmo sentido: JESCHECK, Hans-Heinrich. Op. cit., p. 508.

[773] JESCHECK, Hans-Heinrich. Op. cit., p. 508.

teriores[774] ou aqueles que tratam como escusas absolutórias as causas de liberação de pena[775].

Higuera Guimera[776], que admite a existência de escusas absolutórias posteriores a comissão do delito, assevera que, nestes casos podem surgir algumas ponderações: a primeira é a de que, para as escusas absolutórias que concorram no momento em que se produz a ação, é indiferente o local e o tempo do fato; já no segundo caso, admitindo-se que a escusa possa se produzir com posterioridade à comissão do delito, podem surgir problemas de ordem processual, onde a competência do local do fato em regra pode ser do juiz do lugar da comissão do delito, ou do juiz do lugar onde se produziu a escusa absolutória[777].

Este outro desencontro doutrinário está – mais uma vez – a demonstrar quão importante é a diferenciação entre causas pessoais de exclusão da pena (ou conforme prefere a quase totalidade dos doutrinadores brasileiros: escusas absolutórias), das chamadas causas de liberação de pena posto que, evidentemente, dirime questões intrincadas que surgem para aqueles que não fazem esta diferenciação, restando claro para aqueles que adotam o tratamento unitário das escusas absolutórias, aqui chamadas causas pessoais de exclusão da pena, como também das condições objetivas de punibilidade, que a aparição destas é indiferente para o tempo e o local do fato.

4. Prescrição

Esta questão fica delimitada a duas situações que dão margem a interpretação, e onde não há consonância na doutrina. Uma destas, embrenha pela conclusão de que o prazo prescricional começa a correr a partir da consumação do delito, independentemente do momento em que se produz a excludente de punibilidade; outra, a de que o prazo prescricional só começa a correr a partir da verificação da causa excludente de punibilidade.

Algumas questões podem ser esclarecidas sem maiores questionamentos como, por exemplo, quando concorra uma causa pessoal de exclusão da pena pois, como esta preexiste ao fato, e é uma circunstância pessoal

---

[774] Por todos: BACIGALUPO, Enrique. Lineamentos de la teoria del delito, p. 96.
[775] Por todos: MIR, Jose Cerezo. Derecho penal, parte general (lecciones 26-40) p. 240.
[776] Op. cit., p. 140/141.
[777] Segundo GUIMERA, Juan Felipe Higuera, "a lei de enjuizamento criminal não resolve nada com relação a este problema". Las excusas absolutórias. Op. cit., p. 141.

e objetiva que não surge após o delito, o prazo prescricional só poderá ser contado a partir da consumação do delito[778]. Outro fator também importante, quanto às causas pessoais de exclusão da pena, é que a concorrência destas afasta a punibilidade, e não a condiciona como é o caso das condições objetivas de punibilidade. Para aqueles que admitem a existência de condições objetivas impróprias, a questão também não comporta maiores discussões, pois, conforme destaca Martinez Pérez[779], a relevância da prescrição deve estar ligada à natureza destas condições onde, tratando-se de condições impróprias, sendo sabido que a presença destas é necessária para a consumação do delito, ao contrário das condições próprias onde sua concorrência não possui relação com o aperfeiçoamento do crime, nenhuma dúvida resta de que o prazo prescricional se inicia quando o delito está consumado, pois, neste entendimento, é impossível que se considere o delito consumado, sem a verificação da condicionante imprópria.

Noutra vertente, quanto às condições objetivas próprias ou extrínsecas, as conclusões já não podem ser consideradas incontroversas.

Na Itália, em face de disposição expressa, onde o inciso primeiro do parágrafo segundo do art. 158 do Código Penal[780], contempla uma previsão específica sobre o começo do prazo prescricional, o tema não comporta discussão em torno deste ponto[781]. Mas, como as legislações em regra não fazem esta distinção verificada na Itália, a única exceção conhecida, verifica-se que esta falta de previsão legal necessita ser superada[782].

No Brasil, onde o Código Penal também não possui disposição expressa, a doutrina inclina-se por admitir o termo inicial da prescrição, apenas com o implemento da condição, em face de que "(...) a prescrição é causa extintiva de punibilidade e pressupõe a inércia; se ainda não manifestada a condição não há prescrição no interregno entre a consumação do delito e o implemento da condição de punibilidade"[783].

---

[778] Idem, p. 140.

[779] Op. cit., p. 140. No mesmo sentido: CAFFARENA, Borja Mapelli. Op. cit., p. 156.

[780] "quando a lei faz depender a punibilidade do delito da verificação de uma condição, o termo da prescrição começará a correr no dia em que a condição se verificou".

[781] PÉREZ, Carlos Martinez. Las condiciones objetivas de punibilidade. Op. cit., p. 136.

[782] Tendo-se em conta para efeitos de comparação neste trabalho, principalmente, as legislações penais do Brasil, da Alemanha e da Espanha.

[783] MESTIERI, João. Op. cit., p. 385. No mesmo sentido: PRADO, Luiz Regis. Curso de direito penal brasileiro, p. 483.

REPERCUSSÕES RELEVANTES NA TEORIA DO DELITO

Contudo, havia uma exceção na lei brasileira, pois no caso dos crimes falimentares o prazo prescricional, independente da pena prevista em abstrato ou a ser aplicada, era sempre de dois anos[784]. Contudo, mesmo com disposição expressa existiam três posições a respeito da forma de contagem[785].

A primeira era a de que o biênio prescricional deveria ser considerado a partir do trânsito em julgado da sentença de encerramento da falência, de acordo com o parágrafo único do art. 199 da Lei 7.661 de 21.jun.45 (Lei de Falências); na segunda o biênio teria início na data do trânsito em julgado da sentença de encerramento da falência, contudo, se o procedimento falimentar não terminar dois anos depois da declaração da quebra (art. 132, § 1° da Lei 7.661/45), ocorre à prescrição quatro anos depois da decretação da falência. Entretanto, poderia acontecer de o processo de falência não terminasse dentro do prazo do art. 132, § 1°[786].

Como esta era a regra, os dois anos eram contados do término do biênio, a partir da declaração de quebra, ou seja, significava que o biênio previsto no parágrafo único do art. 199 deveria ser considerado a partir do término do biênio previsto no § 1° do art. 132. Assim, o prazo total seria de quatro anos (dois anos da declaração da falência até o encerramento fictício; mais dois anos a partir da data do encerramento fictício[787]).

Dessa forma, encerrado o processo falimentar – de acordo com a Lei 7.661/45 - no prazo do art. 132, § 1°, dois anos após a sentença declaratória, o que era raro, o biênio teria início na data do trânsito em julgado da decisão de encerramento. Não fosse encerrado em dois anos a partir da sentença declaratória (a regra), o biênio seria contado da data em que deveria estar encerrada a falência, ou seja, dois anos após a declaração da quebra; A terceira era uma variante da segunda, onde a regra era a mesma:

---

[784] JESUS, Damásio E. de. Prescrição penal, p. 190. Art. 199, *caput*, da Lei de Falências (Dec.-lei n° 7.661, de 21.jun.45): "a prescrição extintiva de punibilidade de crime falimentar opera-se em dois anos". O biênio, nos termo do parágrafo único, "começa a correr da data em que transitar em julgado a sentença que encerrar a falência ou que julgar cumprida a concordata". JESUS, Damásio E. de. Prescrição penal, p. 121.

[785] Idem, p. 121/123.

[786] "Salvo caso de força maior, devidamente provado, o processo de falência deverá estar encerrado dois anos depois do dia da declaração".

[787] Súmula 147 do STF: "a prescrição de crime falimentar começa a correr da data em que deveria estar encerrada a falência, ou do trânsito em julgado da sentença que a encerrar ou que julgar cumprida a concordata".

A PUNIBILIDADE NO DIREITO PENAL

o biênio iniciava-se no dia do trânsito em julgado da sentença do encerramento da falência. Não encerrado no prazo legal os dois anos deveriam ser contados a partir do encerramento fictício.

Entretanto, o recebimento da denúncia poderia se dar antes dos dois anos contados a partir da declaração de quebra. Nesta hipótese, o termo inicial do biênio recuaria a data do recebimento. Caso o recebimento ocorresse após os dois anos contados da declaração da falência e antes dos outros dois anos considerados a partir da data em que deveria estar encerrada, ocorreria uma causa interruptiva de prescrição, que correria desde a data do encerramento fictício (CP, art. 117, I[788]).

Contudo a nova legislação (Lei 11.101, de 9.fev.2005), em seu art. 182, deixou expresso que "a prescrição dos crimes previstos nesta lei reger-se-á pelas disposições do (...) Código Penal, começando a correr no dia da decretação da falência, da concessão da recuperação judicial ou da homologação do plano de recuperação extrajudicial".

Conforme recorda Nilo Batista "o parágrafo único esclarece que a sentença de falência, por seu turno, interrompe os prazos que se tenham iniciado na homologação da recuperação judicial"[789]. Assim a questão está disciplinada pelo Código Penal, acrescida de uma causa especial de interrupção do prazo.

Mesmo assim, quando se tratam dos crimes antefalimentares, resta ainda esclarecer as hipóteses em que um delito seja consumado antes da sentença de falência pois, o artigo 182 da atual Lei de Falências, não revogou o art. 111 do Código Penal, restando, nos crimes falimentares o entendimento de que o início do prazo prescricional pode retroceder ao momento consumativo do crime ou ao último ato executivo, no caso da tentativa[790].

Desse modo, a sentença que homologa a recuperação extrajudicial ou conceda a judicial, sempre interromperá o prazo, novamente interrompido pela superveniência de sentença de falência[791].

Finalmente, insta recordar que as condições objetivas de punibilidade independem do delito, sendo circunstâncias externas a este, daí, sob este

---

[788] "art. 117. O curso da prescrição interrompe-se: I – pelo recebimento da denúncia ou da queixa;". Súmula 592 do STF: "Nos crimes falimentares aplicam-se às causas interruptivas da prescrição previstas no Código Penal".

[789] Lições de direito penal falimentar, Rio de Janeiro: Revan, 2006, p. 107.

[790] BATISTA, Nilo. Lições de direito penal falimentar. Op. Cit., p. 108.

[791] BATISTA, Nilo. Lições de direito penal falimentar, Rio de Janeiro: Revan, 2006, p. 108.

prisma, restar correto o entendimento de que o prazo prescricional não tem início com o cumprimento da condição, mas sim com a consumação do crime. Acrescente-se a este argumento o temor de que, se o termo inicial do prazo prescricional só começasse a correr quando caracterizada as condições objetivas de punibilidade, em tais casos a prescrição já poderia estar operada quando as condições se houverem produzido, gerando uma impunidade não aconselhável[792], salvo expressa disposição em contrário.

---

[792] MARTÍNEZ PÉREZ, Carlos. Op. cit., p. 139.

BIBLIOGRAFIA

ALIMENA, Francesco. *Le condizioni di punibilità*. Milano: Giuffré, 1938.

ALVARENGA, Aristides Junqueira. Crimes contra a ordem tributária, coord. MARTINS, Ives Gandra da Silva, São Paulo: Revista dos Tribunais, 1995.

AMERICANO, Odin, I. do Brasil. Manual de Direito Penal, São Paulo: Saraiva, 1995.

ANDRADE, Vera Regina Pereira de. *A ilusão de segurança jurídica:* do controle da violência à violência do controle penal. 2. ed. Porto Alegre: Livraria do Advogado, 2003.

ANDREUCCI, Ricardo Antunes. A propósito do conceito de pena e de ressarcimento em Del Vecchio, Revista de Ciência Penal, ano III, n. 1, São Paulo: Convívio, 1976.

ANGIONI, F. Condizioni di punibilità e principio di colpevolezza. *RIDPP*, Milano: Giuffré, p. 515-518, 1989.

ANTOLISEI, Francesco. *Manual de derecho penal, parte general.* Traducción de Juan Del Rosal e Angel Tório. Buenos Aires: Uteha, 1960.

_____. *Manuale di Diritto penale – parte generale.* Milano: Giuffré, 1994.

ANTONINI, Elisabeta. La funzione delle condizioni obiettive de punibilità. Aplicación in tema di rapporti fra incesto e violenza carnale presunta, Rivista Italiani di Diritto e Procedura penale, n. 4, Milano: Giuffré, 1984.

ANTÓN, J. Oneca. *Derecho penal, parte general.* Tomo I. 2. ed. Madrid: Akal, 1986.

ARNAU, Maria Luisa Cuerda. *Atenuación y remisión de la pena en los delitos de terrorismo.* Madrid: Ministerio de Justicia e Interior, 1995.

ARAÚJO, David Teixeira. A representação e os crimes tributários: reflexão sobre o art. 83 da Lei n. 9.430-96, São Paulo: Revista dos Tribunais, v. 739, 1997.

ASUA, Luiz Jiménez de. *Princípios de derecho penal.* 3. ed. Buenos Aires: Sudamericana, 1958.

A PUNIBILIDADE NO DIREITO PENAL

_____. *Tratado de derecho penal*. Tomo VI. Buenos Aires: Losada, 1962.

_____. *Tratado de Derecho penal*. Tomo VII. Buenos Aires: Losada, 1977.

BACIGALUPO, Enrique. *Lineamentos de la teoria del delito*. Buenos Aires: Astrea, 1978.

_____. El error sobre las excusas absolutórias. *Cuadernos de Política Criminal*, Madrid: Instituto de Criminologia de la Universidad Complutense de Madrid, n. 6, 1978.

_____. *Delito y punibilidad*. Madrid: Civitas, 1983.

_____. *Princípios de Derecho penal*. 4. ed. Madrid: Akal, 1997.

_____. *Delito y punibilidad*. 2. ed. Buenos Aires: Hammurabi, 1999.

BACIGALUPO, Enrique. Sobre el derecho penal y su racionalidad. In: GÓMEZ-JARA-DÍEZ, Carlos (Ed.). *Teoria de sistemas y Derecho penal*. Granada: Comares, 2005.

BAJO, Miguel; BACIGALUPO, Silvina. *Derecho penal econômico*. Madrid: Centro de estudios Ramón Areces, 2001.

BARREALES, Maria A. Trapero. *El error em las causas de justificación*. Valencia: Tirant lo Blanch, 2004.

BATARRITA, Adele Asúa. Causas de exclusion o de restricción de la punibilidad de fundamento jurídico constitucional. In: CEREZO, Mir... [et al.]. *El nuevo código penal:* presupuestos y fundamientos. Libro homenaje al professor doctor Don Angel Tório Lopez. Granada: Comares, 1999.

BATISTA, Nilo. *Introdução crítica ao direito penal brasileiro*. 10. ed. Rio de Janeiro: Revan, 2005.

_____. *Lições de direito penal falimentar*. Rio de Janeiro: Revan, 2006.

BATTAGLINI, Giulio. *Diritto penale, parte generale*. Padova: Cedam, 1949.

BELEZA, Teresa Pizarro. Direito penal, vol. II, Lisboa: AAFDL.

BETTIOL, Giuseppe; MANTOVANI, Luciano Pettoello. *Diritto penale*. 12. ed. Padova: Cedam, 1986.

BETTIOL, Giuseppe. Derecho penal, trad. Jose Leon Pagano, Bogota: Temis, 1965.

BIANCHINI, Alice. Pressupostos materiais mínimos da tutela penal, São Paulo: Revista dos Tribunais, 2002.

BINDER, Alberto. *Política criminal:* de la formulación a la práxis. Buenos Aires: Ad-Hoc, 1997.

_____. *Análisis político criminal*. Buenos Aires: Astrea, 2011.

BITENCOURT, Cézar Roberto. *Manual de direito penal*. 6. ed. São Paulo: Saraiva, 2000. v. 1.

_____. *Direito penal no terceiro milênio:* estudos em homenagem ao prof. Francisco Muñoz Conde. Rio de Janeiro: Lumen Juris, 2008.

BIBLIOGRAFIA

BITENCOURT, Cezar Roberto; MONTEIRO, Luciana de Oliveira. *Crimes contra a ordem tributária*. São Paulo: Saraiva, 2013.

BITTAR, Walter Barbosa. *Condições objetivas de punibilidade e as causas pessoais de exclusão da pena*. Rio de Janeiro: Lumen Juris, 2004.

_____. *Delação premiada*. 2. ed. Rio de Janeiro: Lumen Juris, 2011.

BITTAR, Walter Barbosa. O erro sobre a punibilidade. In: BITENCOURT, Cezar Roberto (Coord.). *Direito penal no terceiro milênio*: estudos em homenagem ao prof. Francisco Muñoz Conde. Rio de Janeiro: Lumen Juris, 2008.

BOYNET, Aurelian Sarrau de. *Des excusas légales en dróit penal*. Bourdeaux: Imprimerie Centrale A. de Lanefranque, 1875.

BRICOLA, Franco. *Punibilità (condizioni obiettive di)*. *Novissimo digesto italiano*. Torino: UTET, 1976. v. XIV.

BROCHARD, Victor. *Do erro*. Tradução de Emanuel Ângelo da Rocha Fragos e Jean-Marie Breton. Fortaleza: UECE, 2006.

BRUNO, Aníbal. *Direito penal*. Tomo III. 3. ed. Rio de Janeiro: Forense, 1967.

BUOMPADRE, Jorge Eduardo (Dir.). *Cuestiones actuales en derecho penal tendencias y perspectivas*. Resistencia-Chaco: Contexto, 2012.

CABANA, Patrícia Faraldo. *Las causas de levantamiento de la pena*. Valencia: Tirant lo Blanch, 2000.

CAFFARENA, Borja Mapelli. *Estudio jurídico-dogmatico sobre las llamadas condiciones objetivas de punibilidad*. Madrid: Ministerio de Justicia, 1990.

CALÓN, Eugenio Cuello. *Derecho penal, parte general*. Tomo I. 15. ed. Barcelona: Bosch, 1968.

CANARIS, Claus-Wilhelm. *Pensamento sistemático e conceito de sistema na ciência do direito*. 2. ed. Tradução de A. Menezes Cordeiro. Lisboa: Fundação Calouste Gulbenkian, 1996.

CARNELUTTI, Francesco. Relevancia penal del error. *Revista Síntese de Direito Penal e Processual Penal*, n. 13, abr./maio 2002.

CARVALHO, Érika Mendes de. *Delito y punibilidad*. Madrid: Reus, 2007.

_____. *Punibilidade e delito*. São Paulo: Revista dos Tribunais, 2008.

CASTRO, Flavio de. *Compacto dicionário jurídico de expressões latinas*. Rio de Janeiro: Aide, 1995.

CAVERO, David Orgega. *Diccionario Portugués-Español Español-Portugués*. Barcelona: Editorial Ramon Sopena, 1975.

CERNICCHIARO, Luiz Vicente. Lei 9.430-96, Artigo 83, Boletim do Instituto Brasileiro de Ciências Criminais, n. 54, São Paulo: IBCCRIM, 1997.

CERNICCHIARO, Luiz Vicente; COSTA JR., Paulo José da. Direito penal na Cosntituição, 3ª ed., São Paulo: Revista dos Tribunais, 1995.

CESANO, Jose Daniel. Reparación y resolución de conflito penal: su tratamento em el Código Penal Argentino. In: *Nuevas formulaciones em las ciência penales (Homenaje a Claus Roxin)*. Córdoba: Marcos Lerner Editora, 2001.

CHRISTIE, Nills. *La indústria del control del delito*. Tradução de Sara Costa. Buenos Aires: Editores del Puerto, 1993.

COLLAO, Luis Rodriguez. Punibilidad y responsabilidad criminal. *Revista de Derecho de la Universidad Católica de Valparaíso XVI*, Valparaíso: Universidad Católica de Valparaíso, 1995.

CONDE, Francisco Muñoz. *Teoria general del delito*. Bogotá: Temis, 1984.

_____. *Derecho penal, parte especial*. 11. ed. Valencia: Tirant lo Blanch, 1996.

CONDE, Francisco Muñoz; ARÁN, Mercedes Garcia. *Derecho penal – parte general*. 2. ed. Valência: Tirant lo Blanch, 1996.

CONLLEDO, Miguel Diaz y Garcia. *El error sobre elementos normativos del tipo penal*. Madrid: Muriel, 2008.

CORDERO, Isidoro Blanco. *El delito de blanqueo de capitales*. 3. ed. Pamplona: Thomson Reuters; Aranzadi, 2012.

CÓRDOBA, Fernando Jorge. *La evitabilidad del error de prohibición*. Madrid/Barcelona/Buenos Aires: Marcial Pons, 2012.

CORVALÁN, Juan Gustavo. *Condiciones objetivas de punibilidade*. Buenos Aires: Astrea, 2009.

COSTA, José de Faria. *Linhas de direito penal e de filosofia*: alguns cruzamentos reflexivos. Coimbra: Coimbra Editora, 2005.

COSTA JR., Paulo José. Direito penal: curso completo, 8ª ed., São Paulo: Saraiva, 2000.

CRUZ, Flávio Antônio da. *O tratamento do erro em um direito penal de bases democráticas*. Porto Alegre: Sérgio Antônio Fabris, 2007.

CUNHA, Antonio Geraldo da. *Dicionário etimológico*. Rio de Janeiro: Nova Fronteira, 1982.

DAVID, Héctor Alejandro. *El desistimiento de la tentativa*: repercusiones prácticas del fundamento de su impunidad. Buenos Aires: Marcial Pons Argentina, 2009.

D'AVILA, Fabio Roberto. *Ofensividade em direito penal*. Porto Alegre: Livraria do Advogado, 2009.

DELITALA, Giacomo. *El hecho en la teoria general del delito*. Traducción de Pietro Sferrazza Taibi. Buenos Aires: Editorial B de F, 2009.

DELMANTO, Celso... [et. al.]. *Código Penal comentado*. 6. ed. Rio de Janeiro: Renovar, 2002.

DIAS, Jorge de Figueiredo. *Questões fundamentais do direito penal revisitadas*. São Paulo: Revista dos Tribunais, 1999.

BIBLIOGRAFIA

_____. *Direito penal* – parte geral. Tomo I. Coimbra: Coimbra Editora, 2004.

DOLCINI, Emilio. *Manuale di Diritto penale – parte generale*. 4. ed. Milano: Giuffré, 2012

DONINI, Massimo. Non punibilità e ideia negoziale. *L'Indice Penale*, Padova: CEDAM, v. 4, n. 3, p. 1051, set./dez. 2001.

DONNA, Edgardo Alberto. *Teoria del delito y de la pena*. 2. ed. Buenos Aires: Astrea, 2006. v. 1.

DOSTOIÉVSKI, Fiódor Mikaháilovitch. Crime e castigo. In: *Obras completas e ilustradas de Dostoiévksy*. Tradução de Rosário Fusco. Rio de Janeiro: José Olympio, 1962. v. I.

ESER, Albin; BURKHARDT, Bjorn. Derecho penal. Traducción de Silvina Bacigalupo e Manuel Cancio Melia. *Cuestiones fundamentales de la teoria del delito sobre la base de casos de sentencias*. Madrid: Colex, 1995.

ESTELLITA, Heloisa. *A tutela penal e as obrigações tributárias na Constituição Federal*. São Paulo: Revista dos Tribunais, 2001.

_____. Pagamento e parcelamento nos crimes tributários: a nova disciplina da lei n. 10.684/03. *Boletim IBCCRIM*, São Paulo, v. 11, n. 130, p. 2-3, set. 2003.

FELGUERAS, Santiago. Relevancia del error de punibilidad. In: *Lecciones y Ensaios*. Buenos Aires: Astrea, 1989. n. 53, p. 185-206.

FEUERBACH, Anselm Von. *Tratado de derecho penal*. Tradução de Eugenio Raul Zaffaroni. Buenos Aires: Hammurabi, 2007.

FLORIAN, Eugenio. *Parte generale del diritto penale*. Milano: Vallardi, 1934.

FRAGOSO, Heleno Claudio. Pressupostos do crime e condições objetivas de punibilidade. *Revista dos Tribunais*, São Paulo, n. 738, p. 756, 1997.

_____. *Lições de direito penal, parte geral*. 16. ed. Rio de Janeiro: Forense, 2003.

FRISCH, Wolfgang et al. *El error en el derecho penal*. Tradução de Enrique Peñarada. Buenos Aires: Ad Hoc, 1999.

GALVÃO, Fernando. *Direito penal curso completo*. 2. ed. Belo Horizonte: Del Rey, 2007.

GARCIA, Elisa España. *El premio a la colaboración con la justicia. Especial consideración a la corrupción administrativa*. Granada: Comares, 2006.

GARCÍA, Francisco Javier Álvarez. *Introducción a al teoría jurídica del delito*: elaborada con base en las sentencias del tribunal constitucional y del tribunal supremo. Valencia: Tirant lo Blanch, 1999.

GOMES, Luiz Flávio. *Erro de tipo e erro de proibição*. 2. ed. São Paulo: Revista dos Tribunais, 1994.

_____. Norma e bem jurídico no direito penal, São Paulo: Revista dos Tribunais, 2002.

GOMES, Luiz Flávio; MOLINA, Antônio García-Pablos de. *Direito penal parte geral*. São

Paulo: Revista dos Tribunais, 2007. V. 2.

GÓMEZ, Serrano. *Derecho penal español – parte general*. 16. ed. Madrid: Dykinson, 1993.

GUIMERA, Juan Felipe Higuera. *Las excusas absolutórias*. Madrid: Marcial Pons, 1993.

_____. Las condiciones objetivas de punibilidad y las excusas absolutorias, el nuevo código penal: libro homenaje prof. Dr. Don Ángel Torío Lópes, Granada: Editorial Comares, 1999.

HAFFKE, Bernhard. El significado de la distincion entre norma de conducta y norma de sancion para la imputación jurídico-penal. In: SANCHÉZ, Jesus-Maria Silva; SCHÜNEMANN, Bernd; DIAS, Jorge de Figueiredo (Coords.). *Fundamentos de un sistema europeo del derecho penal*. Tradução de Jesús-Maria Silva Sanchéz. Barcelona: Bosch, 1995.

HASSEMER, Winfried. Alternativas ao princípio da culpabilidade. Tradução de Francisco Muñoz Conde. In: *Doctrina penal*. Buenos Aires: Depalma, 1982.

_____. *Fundamentos del derecho penal*. Tradução de Francisco Muñoz Conde e L. Arroyo Zapatero. Barcelona: Bosch, 1984.

_____. Alternativas ao princípio de culpabilidade? Trad. Francisco Muñoz Conde, Doctrina Penal n. 17 a 20, Buenos Aires: Depalma, 1982.

HERRERA, Maria Rosa Morento-Torres. *Tentativa de delito y delito irreal*. Valência: Tirant lo Blanch, 1999.

_____. *El error sobre la punibilidad*. Valencia: Tirant lo Blanch, 2004.

HIRSCH, Hans Joachim. El desarollo de la dogmatica penal después de Welzel. In: *Derecho penal:* obras completas. Tomo I. Tradução de Mariano Bacigalupo. Buenos Aires: Rubinzal-Culzoni, 2000.

HUNGRIA, Nélson. Extinção da punibilidade em face do novo Código Penal. *Revista Forense,* Rio de Janeiro, n. 87, 1941.

_____. Comentários ao código penal, vol. V, 3ª ed., Rio de Janeiro: Forense, 1955.

HUSAK, Douglas. *Sobrecriminalización. Los límites del derecho penal*. Traducción de Rocio Lorca Ferreccio. Madrid/Barcelona/Buenos Aires/São Paulo: Marcial Pons, 2013.

JAKOBS, Günther. *Derecho penal – parte general*. Tradução de Cuello Contreras y Serrano Gonzáles de Murillo. Madrid: Marcial Pons, 1995.

_____. *Moderna dogmática penal. Estudios compilados*. 2. ed. México: Porrúa, 2006.

JESCHECK, Hans-Heinrich. *Tratado de Derecho penal – parte general*. 4. ed. Tradução de José Luis Manzanares Samaniego. Granada: Editorial Comares, 1993.

_____. *Tratado de Derecho penal – parte general*. 5. ed. Tradução de M. Olmedo Cardenete. Granada: Comares, 2002.

JESUS, Damasio E. de. Direito penal, vol. 1, 12ª ed., São Paulo: Saraiva, 1988.

BIBLIOGRAFIA

JÜRGEN, Wolter; FREUND, Georg. *El sistema integral del derecho penal:* delito, determinación de la pena y proceso penal. Madrid: Marcial Pons, 2004

KAUFMANN, Armin. *Teoria de las normas. Fundamentos de la dogmática penal moderna.* Tradução de Enrique Bacigalupo e Ernesto Garzón Valdés. Buenos Aires: De Palma, 1977.

LLAZA, Percy Enrique Revilla. Apuntes sobre la transmisibilidad de circunstancias personales entre autores y parcícipes. In: *Dogmatica penal del tercer milenio (libro homenaje a los profesores Eugenio Raul Zaffaroni y Klaus Tiedmann.* Perú: Ara Editores, 2008.

LEITE, Alaor. *Dúvida e erro sobre a proibição no direito penal.* São Paulo: Atlas, 2013.

LUÑO, Antonio Pérez. *Derechos humanos, Estado de derecho y constituición.* Madrid: Tecnos, 2005.

MACHADO, Hugo de Brito. Prévio esgotamento da via admininistrativa e ação penal nos crimes contra a ordem tributária, Revista Brasileira de Ciências Criminais, n. 15, São Paulo: Revista dos Tribunais, 1996.

MAGLIE, Cristina de. *Los delitos culturalmente motivados ideologías y modelos penales.* Traducción de Victor Manuel Macías Caro. Madrir/Barcelona/Buenos Aires: Marcial Pons, 2012.

MAIELLO, Vincenzo. La clemenza tra dommatica e politica criminale, Rivista Italiana di Diritto e Procedura Penale, n. 35, Milano: Giuffré, 1992.

MAÍLLO, Alfonso Serrano. *Ensaio sobre el Derecho penal como ciencia:* acerca de construcción. Madrid: Dykinson, 2000.

MALARÉE, Hernán Hormazábal. *Bien jurídico y estado social y democrático de derecho (El objeto protegido por la norma penal).* Lima: Idemsa, 2005.

MANTOVANI, F. *Diritto penale, parte generale.* 2. ed. Padova: Cedam, 1988.

MANTOVANI, Ferrando. *Diritto penale – parte generale.* 4. ed. Padova: Cedam, 2001.

MARQUES, José Frederico. Tratado de direito penal, vol. II, atual. OLIVEIRA, Antonio Claudio Mariz de; NUCCI, Guilherme de Souza e ALVARENGA, Sergio Eduardo Mendonça de, Campinas: Bookseller, 1997.

MARTIN, Luiz Gracia. *Fundamentos de dogmática penal. Una introducción a la concepción finalista de la responsabilidad penal.* Barcelona: Atelier, 2006.

MARTIN, Luiz Gracia (Coord.); PASAMAR, Miguel Ángel Boldova; DOBÓN, M. Carmen Alastuey. *Lecciones de consecuencias jurídicas del delito.* Valencia: Tirant lo Blanch, 2000.

MARINUCCI, Giorgio; DOLCINI, Emilio. *Corso di diritto penale.* Milano: Giuffré, 1995. v. I.

_____. *Manuale di diritto penale – parte generale.* 4. ed. Milano: Giuffré, 2012.

MAURACH, Reinhart. *Tratado de Derecho penal.* Tomo II. Tradução de Córdoba Roda. Barcelona: Ariel, 1962.

251

MATTONE, Julieta. *La excusa absolutoria entre cónyuges. A propósito de la actual redacción del art. 185 del código penal*. In: PASTOR, Daniel R. (Dir.); GUZMÁN, Nicolas (Coord.). *Problemas actuales de la parte general del Derecho penal*. Buenos Aires: Ad-Hoc, 2010.

MELINA, Livio; NORIEGA, José; PÉREZ-SOBA, Juan José. *Camminare nella luce dell'amorea. I fondamenti della Morale Cristiana*. Siena: Cantagalli, 2008.

MENDOZA, Flores F. *El error sobre las circunstancias modificativas de la responsabilidad criminal en el ordenamiento jurídico español*. Granada: Comares, 2004.

MESTIERI, João. *Teoria elementar do direito criminal*. Rio de Janeiro: J. Mestieri, 1990.

MEZGER, Edmund. *Tratado de Derecho penal*. Tradução de José Arturo Rodríguez Muñoz. Tomo I. Madrid: Revista de Derecho Privado, 1957.

MILHEIRO, Tiago Caiado; VIEIRA, Frederico Soares. *Do erro sobre a punibilidade*. Lisboa: Quid Juris, 2011.

MILL, John Stuart. *Sobre la libertad*. Tradução de Josefa Sainz Pulido. Madrid: Aguilar, 1974.

MIR, Jose Cerezo. *Curso de Derecho penal español – parte general*. Madrid: Tecnos, 1998. v. II.

_____. *Derecho penal. PG (lecciones 26-40)*. Madrid: Universidad Nacional de Educación a Distancia, 2000.

MIR, Jose Cerezo... [et al.]. *El nuevo código penal:* presupuestos y fundamientos. *Libro homenaje al professor doctor Don Angel Tório Lopez*. Granada: Comares, 1999.

MIRABETE, Julio Fabbrini. *Manual de direito penal*. São Paulo: Atlas, 1987. v. 1.

MOLINA, Antonio Garcia-Pablos de. *Derecho penal:* introducción. Madrid: Servicio de Publicaciones Universidad Complutense, 1995.

_____. *Derecho penal – parte general*. Lima: Juristas Editores E.I.R.L, 2009.

MORENO, Abraham Castro. *El por qué y el para qué de las penas (Análisis crítico sobre los fines de la pena)*. Madrid: Dykinson, 2008.

MUÑIZ, Jose Manuel Valle. *El elemento subjetivo de justificación y la graduación del injusto penal*. Barcelona: PPU, 1994.

MUNHOZ NETTO, Alcides. *A ignorância da antijuridicidade em matéria penal*. Rio de Janeiro: Forense, 1978.

NAVARRETE, Miguel Polaino. La punibilidad en la encrucijada de la dogmática jurídico penal y la politica criminal. In: *Criminalidad actual y derecho penal*. Córdoba, 1988.

NINO, Carlos Santiago. *Los límites de la responsabilidad penal*. Buenos Aires: Astrea, 2006.

NORONHA, Edgard Magalhães. *Direito penal*. 28. ed. São Paulo: Saraiva, 1991. v. I.

NUCCI, Guilherme de Souza. Manual de direito penal, 10ª ed, Rio de Janeiro: Forense, 2014.

BIBLIOGRAFIA

NUVOLONE, Pietro. *Il diritto penale del fallimento e delle altre procedure concursali*. Milano: Giuffré, 1955.

_____. O sistema do direito penal, vol. 1, trad. Ada Pellegrini Grinover, São Paulo: Revista dos Tribunais, 1981.

OLIVARES, Gonzales Quintero; PRATS, Morales Fermin; PRATS, Miguel J. *Manual de derecho penal, parte general*. Madrid: Aranzadi, 1999.

OLIVARES, Gonzalo Quintero. *Parte general del derecho penal*. 3. ed. Pamplona: Aranzadi, 2009.

OLIVEIRA JR., Gonçalo Farias de. O direito premial brasileiro: breve excursus acerca dos aspectos dogmáticos, Intertemas, Revista do Curso de Mestrado em Direito, vol. 2, Presidente Prudente: Associação Educacional Toledo, 2001.

ORDEIG, Enrique Gimbernat. *Estudios de derecho penal*. Madrid: Tecnos, 1998.

_____. *O futuro do direito penal: (tem algum futuro a domática-jurídico penal?)*. Tradução de Mauricio Ribeiro Lopes. Barueri: Manole, 2004.

_____. *Estudios sobre los delitos de omisión*. 2. ed. Buenos Aires: Editorial B de F, 2013.

ORTS, Miguel Polaino. Dogmática penal para todo? In: BUOMPADRE, Jorge Eduardo (Dir.). *Cuestiones actuales en derecho penal tendencias y perspectivas*. Resistencia-Chaco: Contexto, 2012.

PAGLIARO, A. *Principi di diritto penale, parte generale*. 4. ed. Milano: Giuffré, 1993.

PALAZZO, Francesco. *Corso di diritto penale – parte generale*. 5. ed. Torino: G. Giappichelli, 2013.

PASAMAR, Boldova Miguel Angél. *Lecciones de consecuencias jurídicas del delito*. Coordenado por Luis Gracia Martin. 3. ed. Valencia: Tirant lo Blanch, 2004.

PASTOR, Daniel R. *Acerda de presupuestos e impedimentos procesales y sus tendencias actuales. Nuevas formulaciones en las Ciencias penales (Homenaje al prof. Claus Roxin)*. Córdoba: La Lectura, 2001.

PASTOR, Daniel R. (Dir.); GUZMÁN, Nicolas (Coord.). Problemas actuales de la parte general del derecho penal, Buenos Aires: Ad-Hoc, 2010.

PATERNITI, Filippo. Appunti sulla non punibilità. *L'indice Penale*, Padova: CEDAM, v. 8, n. 1, 2005.

PAZ, Maria Isabel Garcia de. El moderno derecho penal y la anticipación de la tutela penal, Valladolid: Secretariado de Puclicaciones e Intercâmbio Científico, Universidade de Valladolid, 1999.

PEÑA, Manuel Diego Luzón. Punibilidad. In: *Enciclopedia jurídica básica*. Madrid: Civitas, 1995. v. IV.

_____. *Punibilidad, la ciencia penal del derecho penal ante el nuevo siglo. Libro homenaje ao*

Prof. Dr. Don Jose Cerezo Mir. Madrid: Tecnos, 2002.

PEÑA, Diego-Manuel Luzón... [et al.]. *Custiones actuales de la teoria del delito.* Tradução Jose Manuel Paredes Castañon. Madrid: McGraw-Hill; Interamericana de España, 1999.

PERALTA, Jose Milton. *Motivos reprováveis. Una investigación acerca de la relevancia de las motivaciones individuales para el derecho penal liberal.* Madrid/Barcelona/Buenos Aires: Marcial Pons, 2012.

PÉREZ, Carlos Martinez. *Las condiciones objetivas de punibilidad.* Madrid: Edersa, 1989.

_____. *Condiciones objetivas de punibilidad y presupuestos de procedibilidad. Criminologia y derecho penal al servicio de la persona (libro homenaje al prof. Antonio Beristain.* San Sebastian: Instituto Vasco de Criminologia, 1989.

PÉREZ, Carlos Martinez-Bujan. *Los delitos contra la hacienda pública y la seguridad social.* Madrid: Tecnos, 1995.

Pérez, Laura Pozuelo. *El desistimiento em la tentativa y la conducta postdelictiva.* Valencia: Tirant lo Blanch, 2003.

PÉREZ, Octavio Garcia. *La punibilidade nel Derecho penal.* Pamplona: Aranzadi, 1997.

PINTO, Frederico de Lacerda da Costa. A categoria da punibilidade na teoria do crime, tomos I e II, Coimbra: Almedina, 2013.

PISAPIA, G. D. Fondamento e limiti delle cause di esclusione della pena. *Rivista Italiana de Diritto e Procedura Penale,* 1952.

PRADO, Luiz Régis. Apontamentos sobre a punibilidade e suas condicionantes positiva e negativa. *Revista dos Tribunais,* São Paulo, n. 776, jun. 2000.

_____. *Curso de direito penal brasileiro, parte geral,* 6ª ed., São Paulo: Revista dos Tribunais, 2006. v. 1.

_____. Curso de direito penal brasileiro, parte especial, 2ª ed., São Paulo: Revista dos Tribunais, 2002, v. 2.

PUENTE, Jose LLamas Garcia. Nuestra concepción de las excusas absolutórias, Anuário de derecho penal y ciências penales, vol. 34, Madrid, 1981.

PUIG, Santiago Mir. *Funcion de la pena y teoria del delito em el estado social y democrático de derecho.* 2. ed. Barcelona: Bosch, 1982.

_____. *Derecho penal, parte general.* 7. ed. Buenos Aires: B de F, 2004.

RAMÍREZ, Juan Bustos. *Manual de Derecho penal español – parte general.* Barcelona: Ariel, 1984.

_____. *Control social y sistema penal.* Barcelona: PPU, 1987.

_____. Necesidad de la pena, función simbólica y bien jurídico medio ambiente, in, Pena y Estado, Barcelona, fascículo 1, 1991.

BIBLIOGRAFIA

_____. *Obras completas*. Tomo I. Lima: Ara, 2005.

RAMÍREZ, Juan Bustos; MALARÉE, Hernán Hormazábal. *Lecciones de derecho penal – parte general*. Madrid: Trotta, 2006.

RAMOS, Rodriguez Luiz. *Compendio de derecho penal*. Madrid: Trivium, 1986.

REMESAL, Vicente Javier. *El comportamiento postdelictivo*. Leon: Universidad de Leon – Secretariado de Publicaciones, 1985.

RIOS, Rodrigo Sanchez. Reflexões sobre o delito econômico e a sua delimitação. *Revista dos Tribunais*, São Paulo, n. 775, maio 2000.

_____. Tutela penal da seguridade social, São Paulo: Dialética, 2001.

_____. *Das causas de extinção da punibilidade nos delitos econômicos*. São Paulo: Revista dos Tribunais, 2003.

RIPOLLÉS, Antonio Quintano. Curso de derecho penal, t. I, Madrid: Revista de derecho penal privado, 1963.

RIPOLLÉS, Jose Luiz Díez. Recensión a *Rechtfertigung und Entschuldigung im deutschen und spanischen Recht* de Walter Perron. In: *Anuario de Derecho Penal y Ciencias Penales*, 1988.

RIVERA, Ernesto Luquín. *Hacia um sistema penal legítimo*. México: Fontamara, 2009.

ROBINSON, Paul H. *Principios distributidos del derecho penal. A quién debe sancionarse y e en qué medida*. Tradução de Manuel Cancio e Iñigo Ortiz de Urbina. Madrid/Barcelona/Buenos Aires: Marcial Pons, 2012.

ROCCO, Arturo. *L'oggetto del reato e della tutela giuridica penale, contributo alle teorie generali del reato e della pena*. Torino: Fratelli Bocca, 1913.

RODRIGUES, Anabela Miranda. *A determinação da medida da pena privativa de liberdade*. Coimbra: Coimbra Editora, 1995.

RODRIGUES, Luiz Ramos. *Compendio de derecho penal, parte general*. Madrid: Trivium, 1986.

ROMEIRO, Jorge Alberto. *Da ação penal*. 2. ed. Rio de Janeiro: Forense, 1978.

_____. Perdão Judicial, Revista de Criminologia e Direito Penal, n. 10, Rio de Janeiro, 1965.

ROSAL, Juan Manoel Cobo del. La punibilidade nel sistema de la parte general del Derecho penal español. In: *Estudios penales y criminológicos*. Santiago de Compostela: Universidade de Santiago de Compostela, 1983. v. VI.

ROSAL, Juan Manoel Cobo del; ANTON, Tomás S. Vives. *Derecho penal – parte general*. Valencia: Tirant lo Blanch, 1999.

ROSENTHAL, Sergio. A lei 9.430-96 e os crimes tributários, Boletim do Instituto Brasileiro de Ciências Criminais, n. 52, São Paulo: IBCCRIM, 1997.

ROXIN, Claus. *Problemas basicos del derecho penal*. Tradução de Diego-Manuel Luzón Peña.

Madrid: Reus, 1976.

_____. Que queda de la culpabilidad en derecho penal. *Cuadernos de Política Criminal*, Madrid: Edersa, n. 30, p. 673 e ss., 1986.

_____. *Política criminal y estrutura del delito*. Tradução de Juan Bustos Ramírez y Hernán Homazábal Malarée. Barcelona: PPU, 1992.

_____. *Derecho penal – parte general*. Tomo I. Tradução de Diego-Manuel Luzón Peña; Miguel Díaz Y Garcia Conlledo e Javier de Vicente Remesal. Madrid: Civitas, 1997.

_____. *Derecho procesal penal*. Traducción de Gabriela E. Córdoba e Daniel R. Pastor. Buenos Aires: Editores del Puerto, 2000.

_____. *Política criminal e sistema jurídico-penal*. Tradução de Luís Greco. Rio de Janeiro: Renovar, 2000.

_____. La evolución de la Política criminal, el derecho penal y el proceso penal. Tradução de Carmen Gómez Rivero y María del Carmen García Cantizano. Valencia: Tirant lo Blanch, 2000.

_____. *La teoria del delito em la discussión actual*. Tradução de Manuel Abanto Vasquez. Lima: Grijley, 2007.

_____. *Sistema del hecho punible/1. Acción e imputacion objetiva*. 1. ed. Buenos Aires: Hammurabi, 2013.

RUGGIERO. Voce Punibilità. In: *Enciclopedia del diritto*. Milano: Giuffré, 1988. v. XXXVIII.

SANCHÉZ, Bernardo Feijó. *Retribuición y prevención general. Un estúdio sobre la teoria de la pena y las fuciones del derecho penal*. Buenos Aries: Editorial B de F, 2007.

SÁNCHEZ, Jesus-Maria Silva. Política criminal em la dogmatica: algunas cuestinoes sobre su contenido y limites. In: *Política criminal y nuevo derecho penal* (libro homenaje a Claus Roxin. Barcelona: Bosch, 1997.

_____. *A expansão do direito penal. Aspectos da política criminal nas sociedades pós-industriais*. Tradução de Luiz Otávio de Oliveira Rocha. São Paulo: Revista dos Tribunais, 2002.

_____. *Aproximación al derecho penal contemporâneo*. Barcelona: Bosch, 1992.

_____. *La expansión del derecho penal. Aspectos de la política criminal en las sociedades postindustriales*. 2. ed. Madrid: Civitas, 2001.

_____. Introducción: dimensiones de la sistematicidad de la teoria do delito. In: JÜRGEN, Wolter; FREUND, Georg. *El sistema integral del derecho penal*: delito, determinación de la pena y proceso penal. Madrid: Marcial Pons, 2004.

_____. Política criminal y técnica legislativa en matéria de delitos contra el médio ambiente, Cuadernos de doctrina y jurisprudência penal, n. 4-5, Buenos Aires: Ad-Hoc, 1997.

SANCINETTI, Marcelo A. Error de prohibición y error de punibilidad. *Doctrina Penal*, nº

BIBLIOGRAFIA

s 29 a 32, Buenos Aires: Depalma, 1985.

_____. *Casos de derecho penal.* Buenos Aires: Hammurabi, 2005.

SANTOS, Juarez Cirino dos. *A moderna teoria do fato punível.* Rio de Janeiro: Freitas Bastos, 2000.

SANTOS JR. Belisario dos. Previo esgotamento da via administrativa e ação penal contra a ordem tributária, Boletim do Instituto Brasileiro de Ciências Criminais, n. 47, São Paulo: IBCCRIM, 1996.

SANZBERRO, Guadalupe Pérez. *Reparación y conciliación en el sistema penal.* Granada: Comares, 1999.

SAUER, Guillermo. *Derecho penal – parte general.* Tradução de Juan del Rosal y Jose Cerezo. Barcelona: Bosch, 2000.

SCHIMIDT, Andrei Zenkner. *Exclusão da punibilidade em crimes de sonegação fiscal.* Rio de Janeiro: Lumen Juris, 2003.

SCHÜNEMANN, Bernd. Introducción al razonamiento sistemático en derecho penal. In: *El sistema moderno del derecho penal:* cuestiones fundamentales. Madrid: Tecnos, 1991.

_____. (Org.). *El sistema moderno del derecho penal.* 2. ed. Tradução de Jesús Maria Silva Sánchez. Buenos Aires: Editorial B de F, 2012.

SHIMAJUKO, Shikara Vásquez. *La imputación de los resultados tardios.* Buenos Aires: Editorial B de F, 2013.

SILVEIRA, V. Cesar da. *Dicionário de direito romano.* São Paulo: Editora Bushatsky, 1957.

SILVELA, Luis. *El derecho penal estudiado en princípios y en la legislación vigente en España – segunda parte.* Madrid: Ricardo Fé, 1879.

SOUZA, Luciano Anderson de. *Expansão do direito penal e globalização.* São Paulo: Quartier Latin, 2007.

SOUZA, Nelson Bernardes de, Crimes contra a ordem tributária e processo administrativo, Revista Brasileira de Ciências Criminais, n. 18, São Paulo: Revista dos Tribunais, 1997.

SPOLANSKY, Norberto Eduardo. Delito, error y excusas absolutórias. *Cuadernos de doctrina y jurisprudencia penal,* Buenos Aires, a. 3, n. 4-5, 1997.

STORTONI, Luigi. Profili Constituzionali della non punibilità. *Rivista Italiana di Diritto e Procedura penale,* Milano, v. 27, 1984.

STRATENWERTH, Günter. *Derecho penal – parte general I.* Tradução de Romero. Madrid: Edersa, 1982.

TAVARES, Juarez. *Teoria do injusto penal.* Belo Horizonte: Del Rey, 2000.

_____. Teorias do delito, São Paulo: Revista dos Tribunais, 1980.

TIEDEMANN, Klaus. Sullo stato della teoria dell'errore, con particolare riferimento al diritto penale dell'economia e alle leggi speciali. *Rivista Trimestrale di Diritto Penale Dell'economia*, ano VIII, n. 1, CEDAM, p. 71, gen.-mar. 1995.

TOLEDO, Francisco de Assis. *O erro no direito penal*. São Paulo: Saraiva, 1977.

_____. *Princípios básicos de direito penal*. 4. ed. São Paulo: Saraiva, 1991.

TOLEDO, Octavio de; TOCILDO, Huerta. *Derecho penal*. 2. ed. Madrid: Castellanos, 1986.

TORON, Alberto Zacharias; TORIHARA, Edson Junji. Crimes tributários e condição de procedibilidade, Boletim do Instituto Brasileiro de Ciências Criminais, São Paulo: IBCCRIM, n. 52, 1997

TORRES, Sérgio Gabriel. *Derecho penal de emergência*. Buenos Aires: Ad-Hoc, 2008.

TREPAT, Elena Farré. *La tentativa de delito*. 2. ed. Buenos Aires-Montevideo: B de F - Edisofer, 2011.

UBALDO, Giuliani. *Il problema giuridico dele condizioni di punibilità*. Padova: Cedam, 1966.

URZÚA, Enrique Cury. *Derecho penal, parte general*. 3. ed. Santiago, Chile: Ediciones Uniersidad Catolica de Chile, 2004.

_____. Derecho penal, parte general, tomo I, Santiago do Chile: Jurídica de Chile, 1982.

VASSALI, Giuliano. Cause di non punibilità. In: *Enciclopedia del diritto*. Milano, 1960. v. VI.

VERO, Giancarlo de. *Corso di diritto penali*. 2. ed. Torino: G. Giapppichelli, 2012.

WESSELS, Johaness. *Direito penal*. Tradução de Juarez Tavares. Porto Alegre: Sergio Fabris, 1976.

_____. *Derecho penal*. Traducción de Conrado A. Finzi. Buenos Aires: Depalma, 1980.

WOLTER, Jürgen. Las causas constitucionales de exclusión del tipo, del injusto y de la punibilidad como cuestión central de la teoria del delito en la actualidad. In: PEÑA, Diego-Manuel Luzón... [et al.]. *Custiones actuales de la teoria del delito*. Tradução de Jose Manuel Paredes Castañon. Madrid: McGraw-Hill; Interamericana de España, 1999.

_____. Estudios sobre la dogmatica y la ordenación de las causas materiales de exclusion, del sobreseimiento del proceso, de la renuncia a la pena y de la atenuación de la misma. Estructuras de un sistema integral que abarque el delito, el proceso penal y la determinación de la pena. In: *El sistema integral del derecho penal. Delito, determinación de la pena y proceso penal*. Madrid: Marcial Pons, 2004.

YACOBUCCI, Guillermo Jorge; GOMES, Luiz Flávio. *As grandes transformações do Direito Penal tradicional*. São Paulo: Revista dos Tribunais, 2005.

ZAFFARONI, Eugenio Raul. *Tratado de derecho penal*. Tomo IV. Buenos Aires: Ediar, 1982.

_____. *Tratado de derecho penal*. Tomo V. Buenos Aires: Ediar, 1988.

_____. *Em busca das penas perdidas*: a perda da legitimidade do sistema penal. Tradução de Vânia Romano Pedrosa e Amir Lopes da Conceição. Rio de Janeiro: Revan, 1991.

BIBLIOGRAFIA

_____. *El enemigo en el derecho penal.* Buenos Aires: Ediar, 2006.

ZAFFARONI, Eugênio Raul... [et al.]. *Derecho penal – parte general.* Buenos Aires: Ediar, 2002.

ZAFFARONI, Eugenio Raul; PIERANGELI, José Henrique. *Manual de direito penal brasileiro.* São Paulo: Revista dos Tribunais, 1997.

ZANOTTI, Marco. *Reflesioni in margine ala concezione processuale delle condizioni di punibilitá, Archivio Penale, 1.* Roma: Bulzoni, 1984.

ZAPATER, Enrique Bacigalupo. El error sobre las excusas absolutórias. *Cuadernos de Política Criminal,* Madrid, n. 6, 1978.

ZIELINSKI, Diethart. *Disvalor de la acción y disvalor de resultado em el concepto de ilícito. Análisis de la estructura de la fundamentación y exclusion del ilícito.* Tradução de Marcelo A. Sancinetti. Buenos Aires: Hammurabi, 1990.

ZIPF, Heinz. *Introducción a la política criminal.* Tradução de Migule Izquierdo Macías-Picavea. Madrid: Edersa, 1979.

ÍNDICE

AGRADECIMENTOS 7

APRESENTAÇÃO.. 9

PREFÁCIO 13

SUMÁRIO... 23

INTRODUÇÃO 25

CAPÍTULO I
A COMPLEXA QUESTÃO QUANTO AOS CRITÉRIOS
DE IDENTIFICAÇÃO DA CATEGORIA DA PUNIBILIDADE 33

CAPÍTULO II
PROPOSTA DE DELIMITAÇÃO DA CATEGORIA DA PUNIBILIDADE 71

CAPÍTULO III
A BUSCA DE FUNDAMENTAÇÃO REFERENTE À EXISTÊNCIA
DE CRITÉRIO PARA A UNIFICAÇÃO DA CATEGORIA 95

CAPÍTULO IV
A CONFORMAÇÃO DAS ESPÉCIES DO GÊNERO PUNIBILIDADE 131

CAPÍTULO V
DELIMITAÇÃO ANTE FIGURAS AFINS................................. 175

CAPÍTULO VI
REPERCUSSÕES RELEVANTES NA TEORIA DO DELITO 203

BIBLIOGRAFIA 245